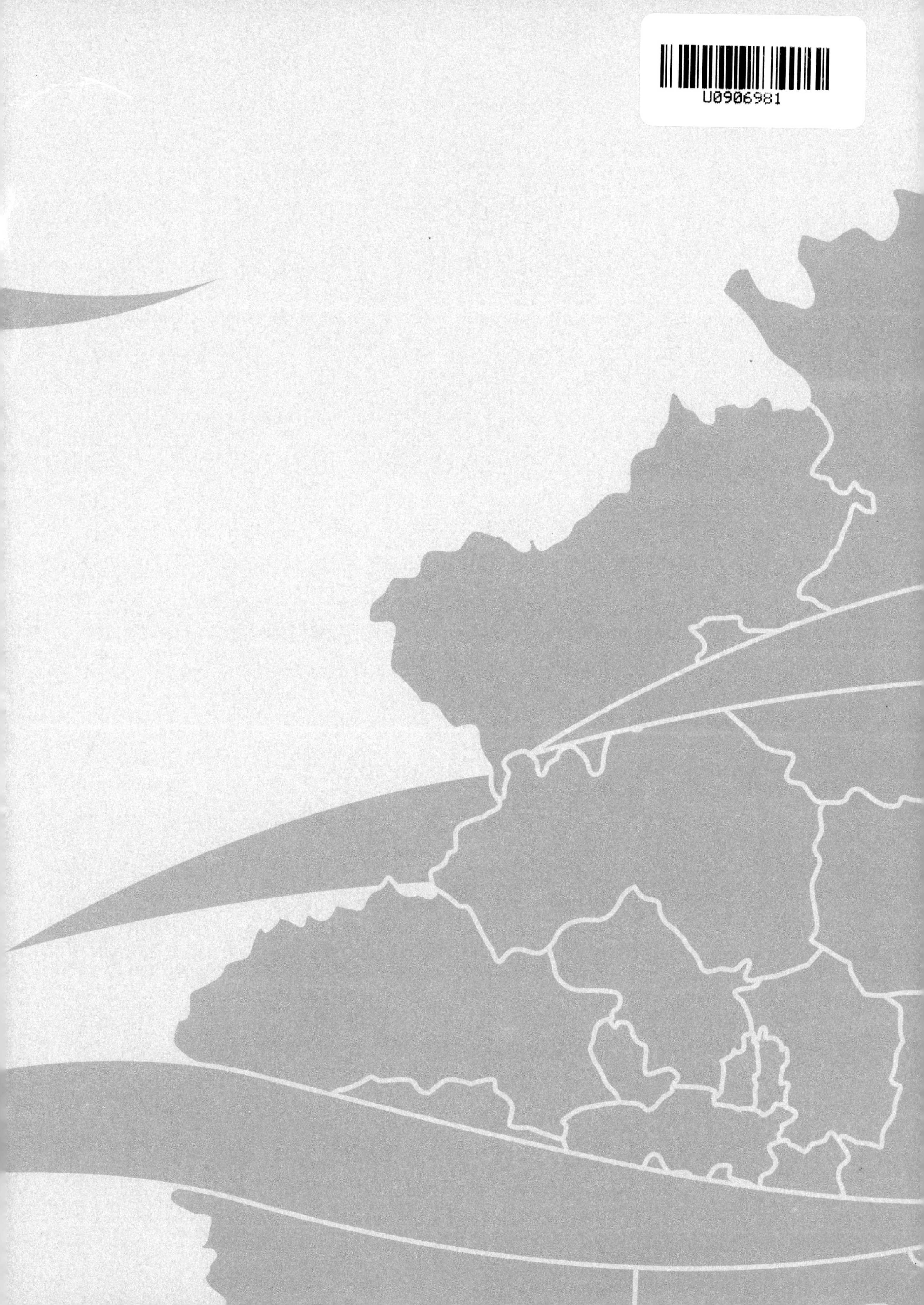

北京

BEIJING AREA STATISTICAL YEARBOOK 2011

北京区域统计年鉴

北京市统计局
国家统计局北京调查总队 编

北京日报报业集团
同心出版社

图书在版编目（CIP）数据

北京区域统计年鉴. 2011 / 北京市统计局，国家统计局北京调查总队编. -- 北京：同心出版社，2011.12

ISBN 978-7-5477-0300-7

Ⅰ. ①北… Ⅱ. ①北… ②国… Ⅲ. ①统计资料 – 北京市 – 2011 – 年鉴 Ⅳ. ①C832.1-54

中国版本图书馆CIP数据核字(2011)第219768号

责任编辑：张 迪

出版发行：同心出版社

地　　址：北京市东城区朝阳门南小街6号楼303

邮　　编：100010

电　　话：发行部：(010)65255876　65251756

总编室：(010)65252135

印　　刷：北京时捷印刷有限公司

彩页设计：高 立(天宫视传)

经　　销：各地新华书店

版　　次：2011年12月第1版

2011年12月第1次印刷

开　　本：787×1092 1/16

印　　张：18（彩插2.5）

字　　数：300千字

定　　价：180.00元

北京市行政区划示意图

怀柔区
延庆县
密云县
昌平区
平谷区
顺义区
海淀区
门头沟区
石景山区
东城区
西城区
朝阳区
丰台区
通州区
房山区
大兴区

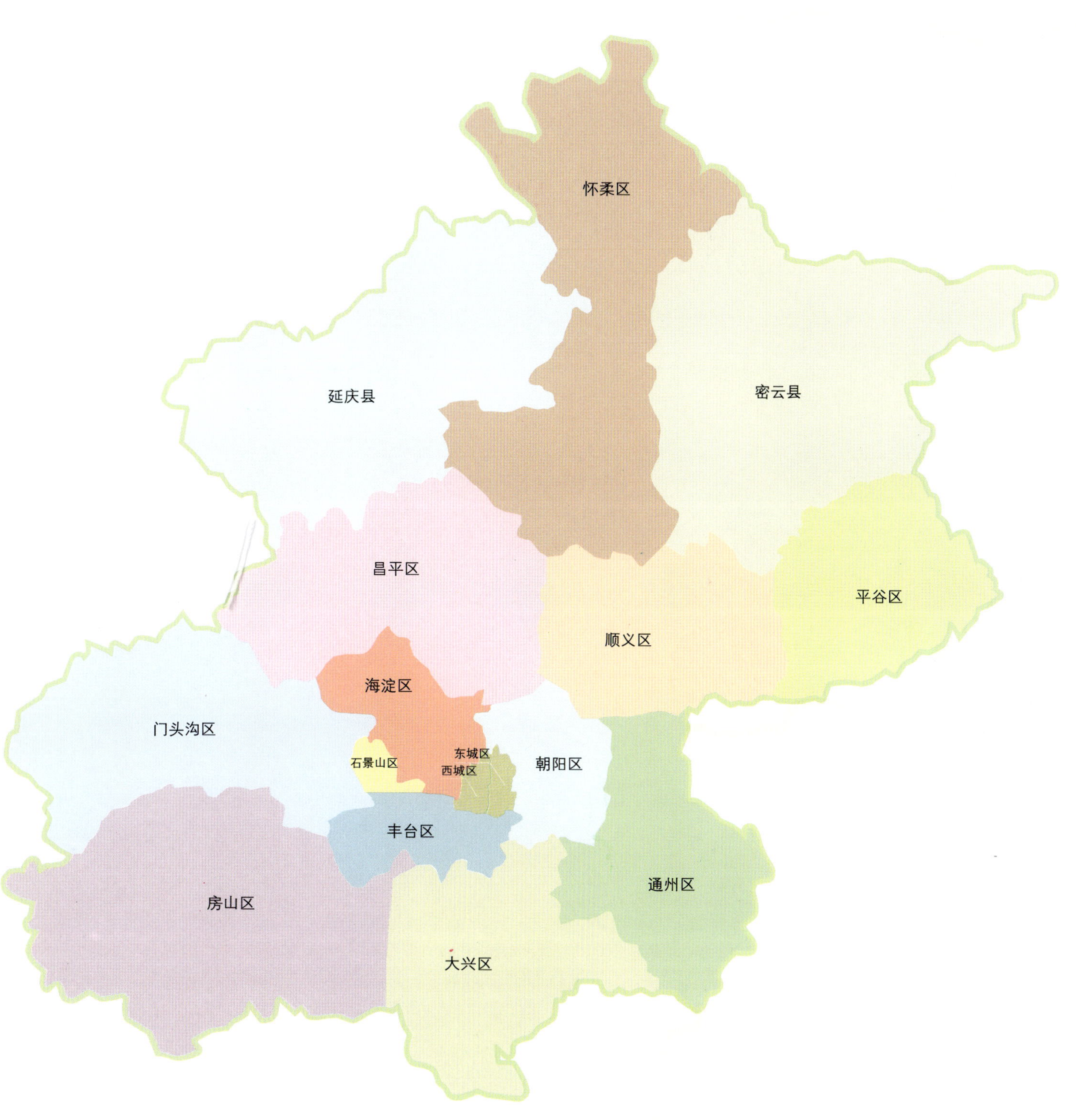

2010

东城区

首都文化中心区 世界城市窗口区

地区生产总值 1223.6 亿元

0　4.6　95.4

三次产业结构(%)

91.9 常住人口(万人)

22.0 外来人口(万人)

30684 城镇居民人均可支配收入(元)

22826 企业法人数(个)

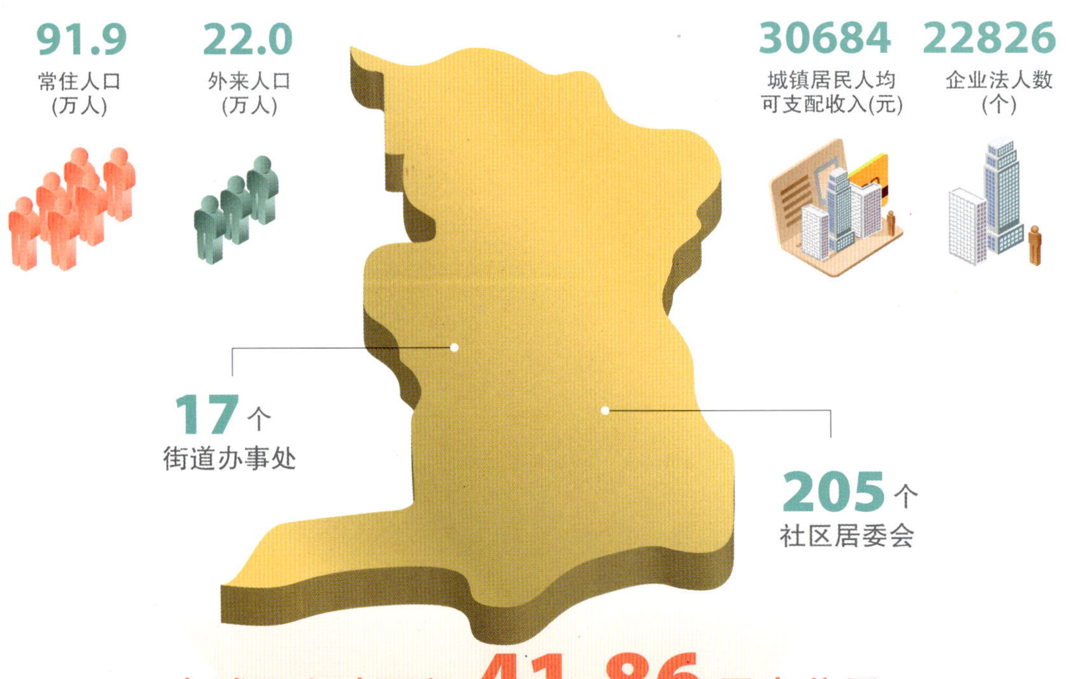

17个 街道办事处

205个 社区居委会

东城区土地面积 41.86 平方公里

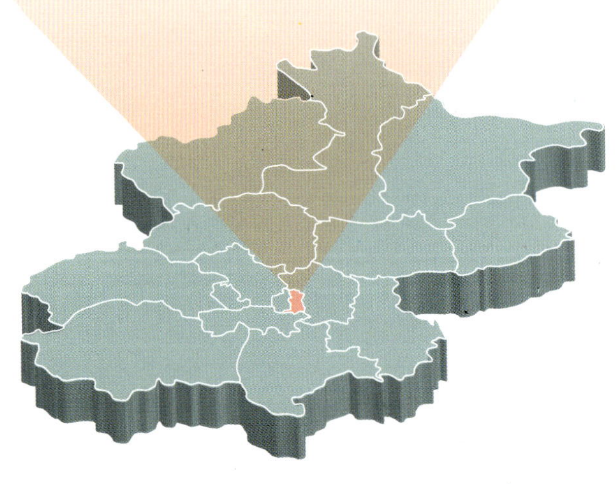

东城区

·前门大街夜景 ·鲜鱼口美食街开市 ·雍和园

·东二环发展带

·故宫和天坛

·南中轴路永定门

旅游综合收入(亿元)

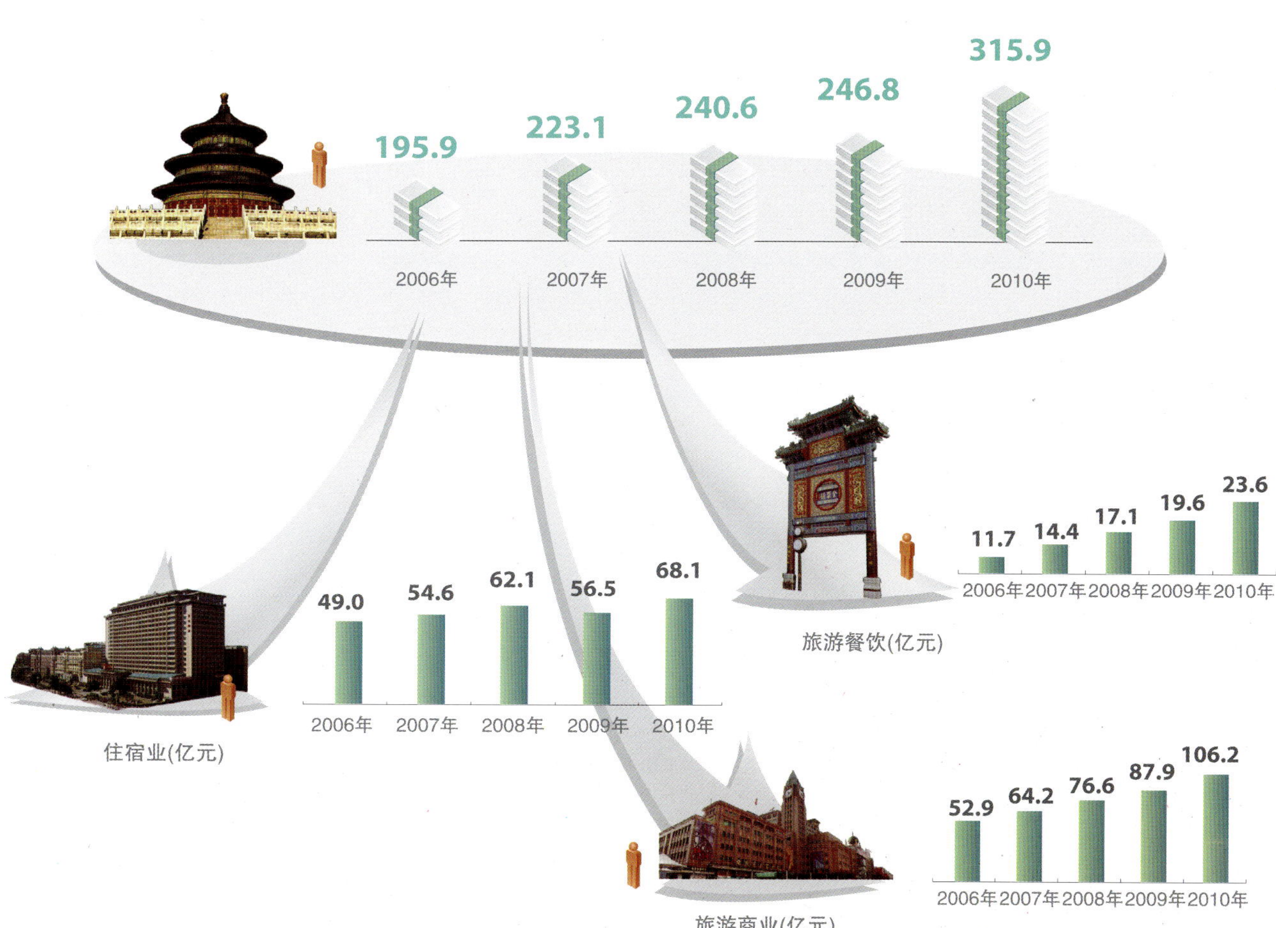

2010

西城区

服务立区、金融强区、文化兴区

地区生产总值 2057.7 亿元

0　10.8　89.2

三次产业结构(%)

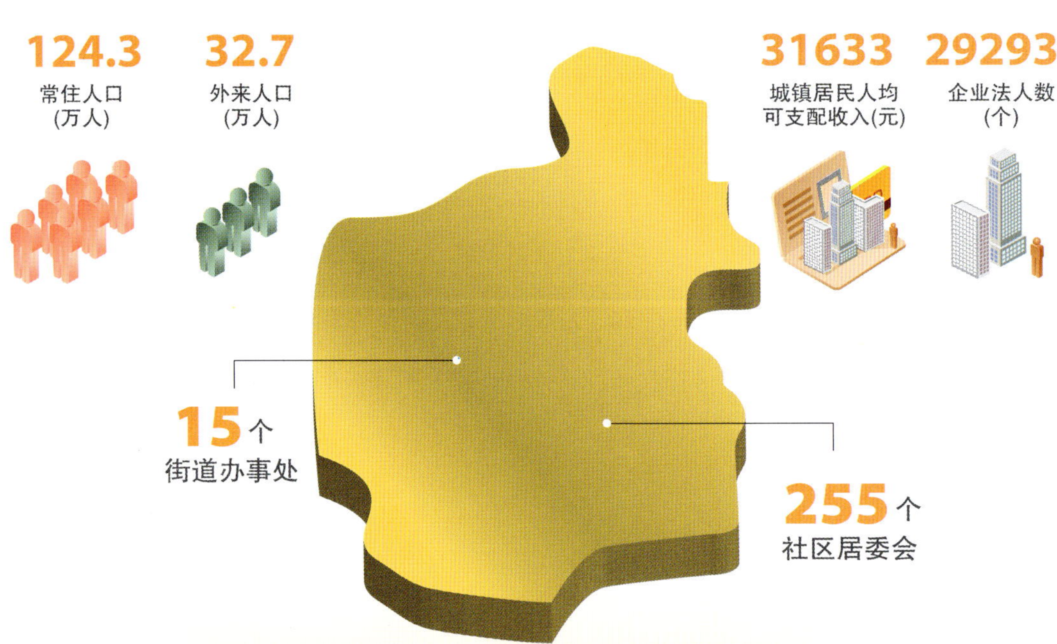

西城区土地面积 50.53 平方公里

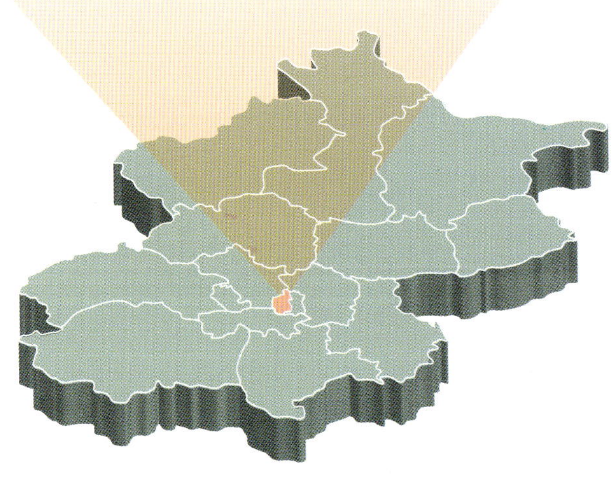

·琉璃厂 ·宣南文化博物馆 ·国家大剧院内景

·北京产权交易所

·金融街

·北海公园

金融业增加值(亿元)

社会消费品零售额(亿元)

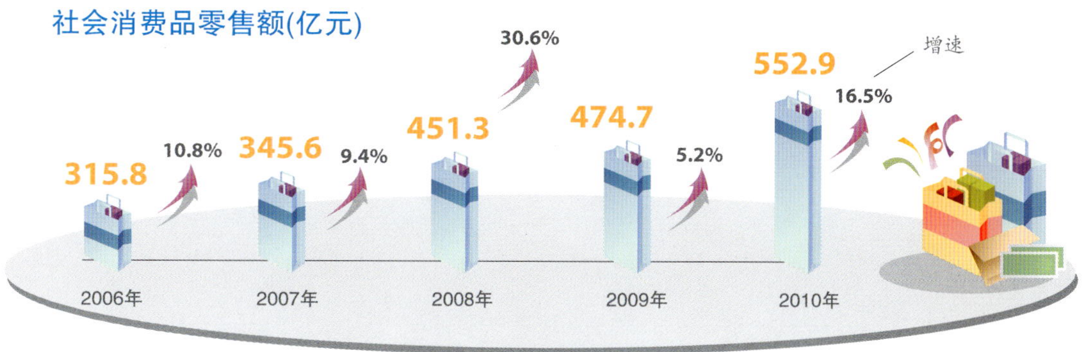

旅游业综合收入(亿元)

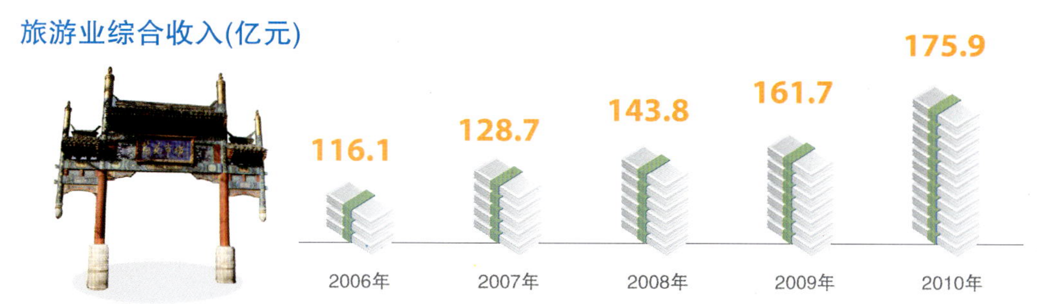

2010

朝阳区

魅力新四区　精彩新朝阳

地区生产总值 2804.2 亿元

0.05　11.44　88.51

三次产业结构(%)

354.5 常住人口(万人)

151.5 外来人口(万人)

30134 城镇居民人均可支配收入(元)

18331 农村居民人均纯收入(元)

78049 企业法人数(个)

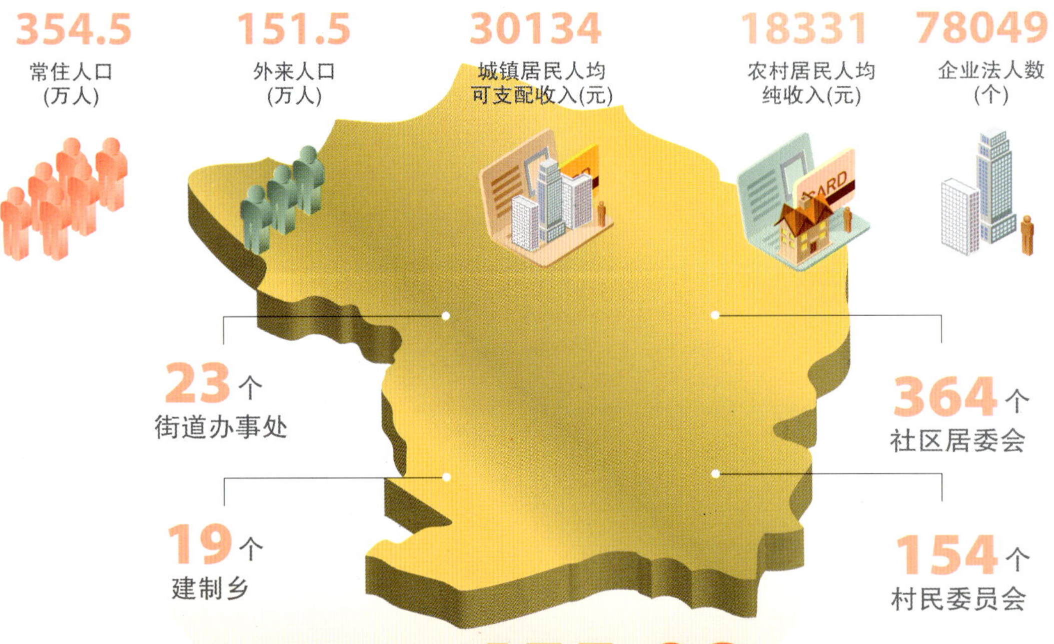

23个 街道办事处

19个 建制乡

364个 社区居委会

154个 村民委员会

朝阳区土地面积 455.08 平方公里

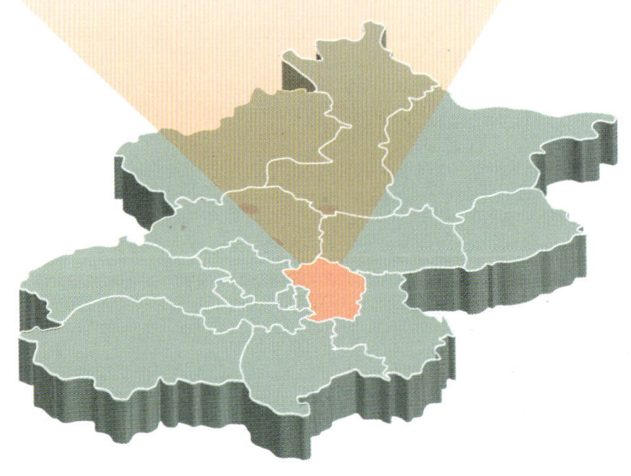

朝阳区

· 望京科技园

· 摩托罗拉大楼

· 来广营绿化隔离带

· 北京商务中心区

· 国家体育场

规模以上文化创意产业收入(亿元)

2006年	2007年	2008年	2009年	2010年
829.6	1003.2	1173.4	1284.0	1625.5

2010年共有企业1914家，收入同比增长26.6%

跨国公司地区总部数(家)

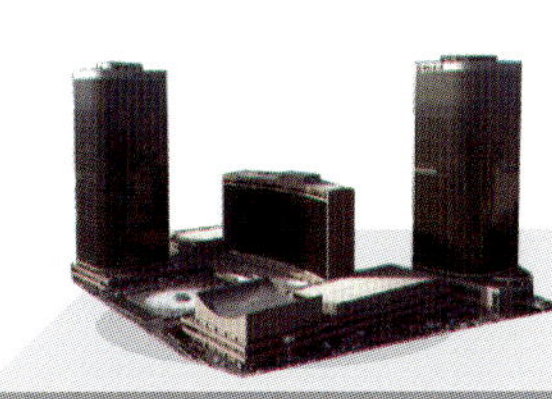

2006年	2007年	2008年	2009年	2010年
26	29	29	48	60

2010年跨国公司地区总部数占全市比重73%

实际使用外资金额(亿美元)

2006年	2007年	2008年	2009年	2010年
19.3	20.1	21.6	21.8	24.0

2010年同比增长10.3%，占全市37.8%

2010

丰台区

两带四区助推丰台崛起

地区生产总值 734.8 亿元

三次产业结构(%)

0.1　24.2　75.6

211.2	81.3	27081	14544	34694
常住人口(万人)	外来人口(万人)	城镇居民人均可支配收入(元)	农村居民人均纯收入(元)	企业法人数(个)

16个	2个	3个	291个	68个
街道办事处	建制镇	建制乡	社区居委会	村民委员会

丰台区土地面积 305.8 平方公里

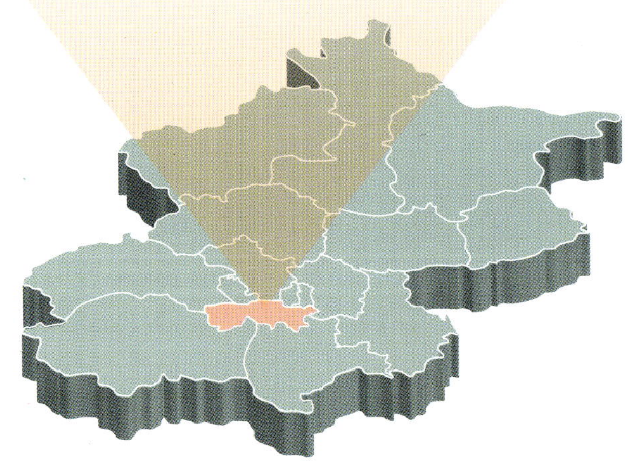

丰台区

· 雕塑园

· 总部基地

· 北宫森林公园

· 世界花卉大观园

· 丰益花园

· 北京南站

中关村科技园区丰台园总收入(亿元)

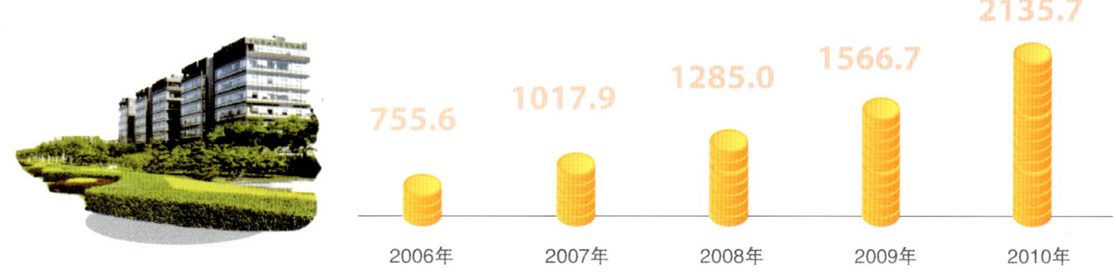

城镇居民人均可支配收入(元)

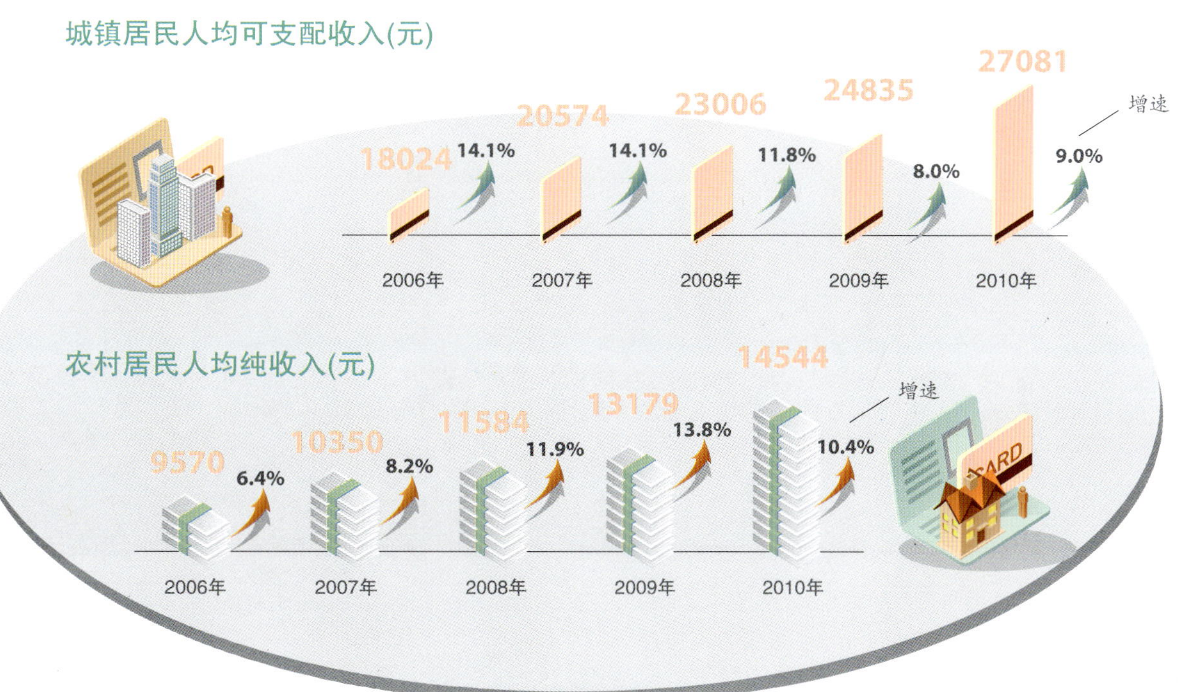

2010

石景山区

创意创智CRD 宜商宜居石景山

地区生产总值 295.5 亿元

0 43.0 57.0

三次产业结构(%)

61.6 常住人口(万人)

20.7 外来人口(万人)

28051 城镇居民人均可支配收入(元)

11594 企业法人数(个)

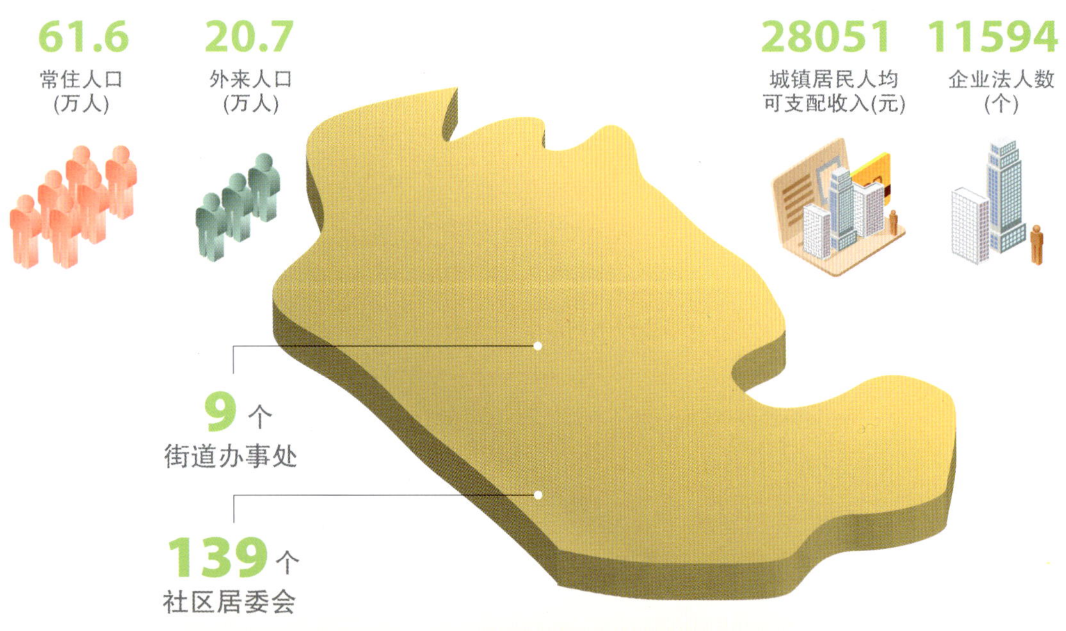

9 个 街道办事处

139 个 社区居委会

石景山区土地面积 **84.32** 平方公里

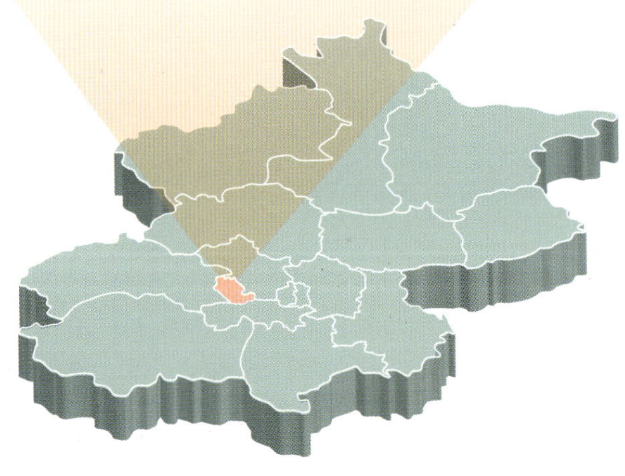

石景山区

· 永定河日落

· 滨河生态新风貌

· 永定河边新景观

· 西部新商圈

· 首钢发展愿景

规模以上文化创意产业营业收入(亿元)

2006年	2007年	2008年	2009年	2010年
51.3	53.0	92.9	97.5	166.0

现代服务业增加值占地区生产总值比重(%)

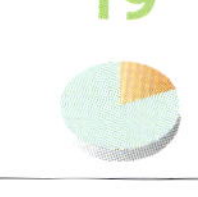

2006年	2007年	2008年	2009年	2010年
19	21	31	39	40

专利授权量(项)

2006年	2007年	2008年	2009年	2010年
170	207	265	377	1020

"十一五"末期是初期的6倍

空气质量二级及好于二级天数(天)

2006年	2007年	2008年	2009年	2010年
193	200	243	245	247

2010年空气质量二级及以上天数比例为68.8%

2010

海淀区

文化之海 创意之淀

地区生产总值 2771.6 亿元

0.05 14.40 85.55

三次产业结构(%)

328.1 常住人口(万人)

125.6 外来人口(万人)

33351 城镇居民人均可支配收入(元)

17661 农村居民人均纯收入(元)

86549 企业法人数(个)

22个 街道办事处

591个 社区居委会

5个 建制镇

2个 建制乡

84个 村民委员会

海淀区土地面积 430.73 平方公里

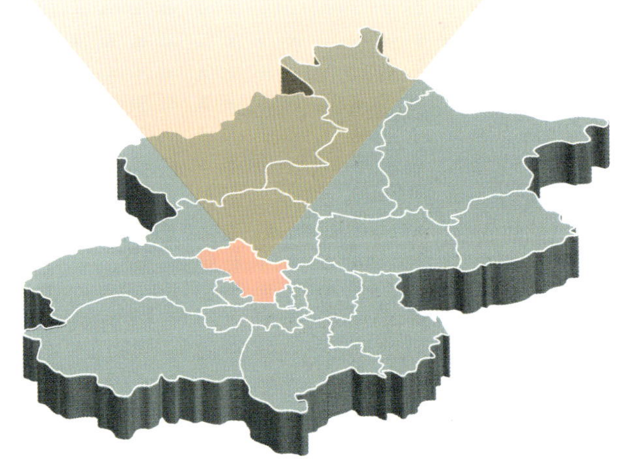

海淀区

中关村科技园区海淀园总收入(亿元)

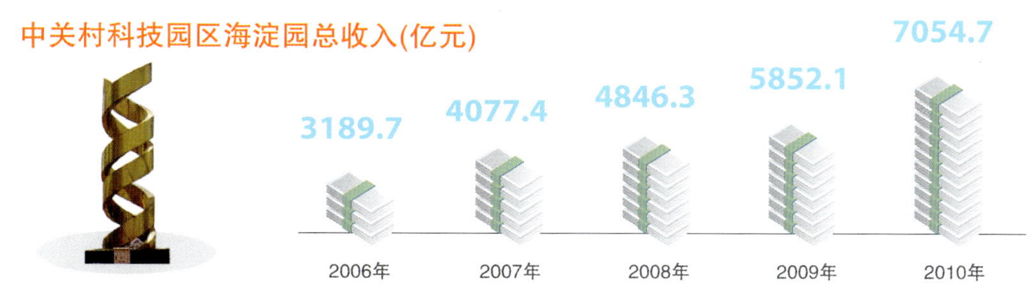

普通高等学校招生人数(人)

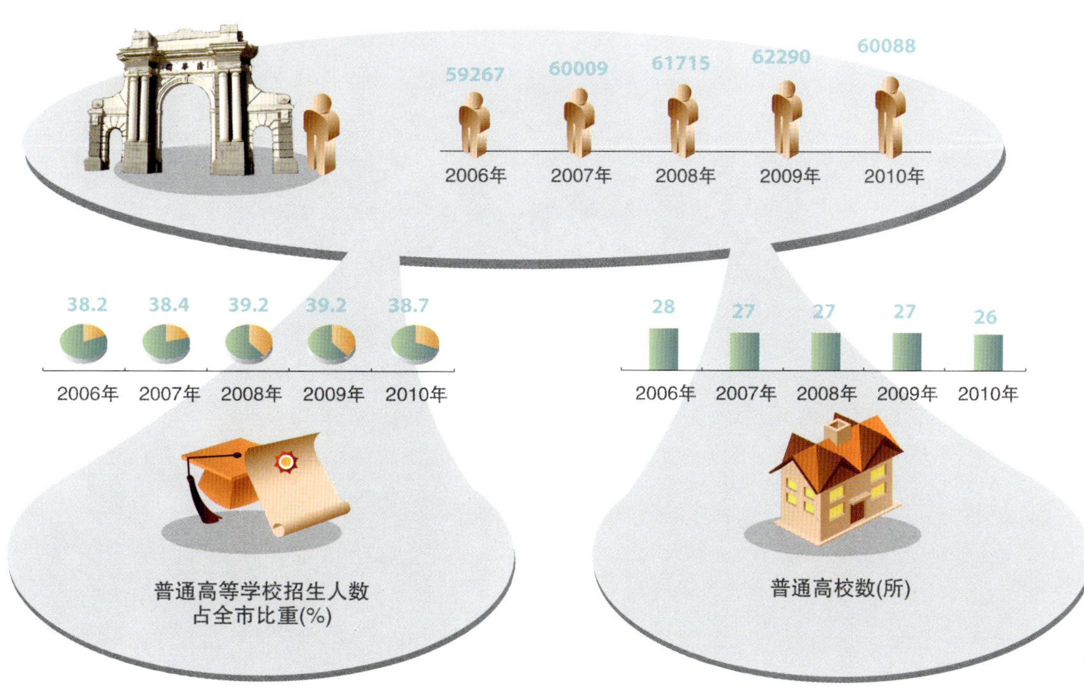

2010

房山区

首都高端制造业新区和现代生态休闲新城

地区生产总值 371.5 亿元

3.9 64.0 32.1

三次产业结构(%)

94.5 常住人口(万人)

19.5 外来人口(万人)

23769 城镇居民人均可支配收入(元)

12492 农村居民人均纯收入(元)

9865 企业法人数(个)

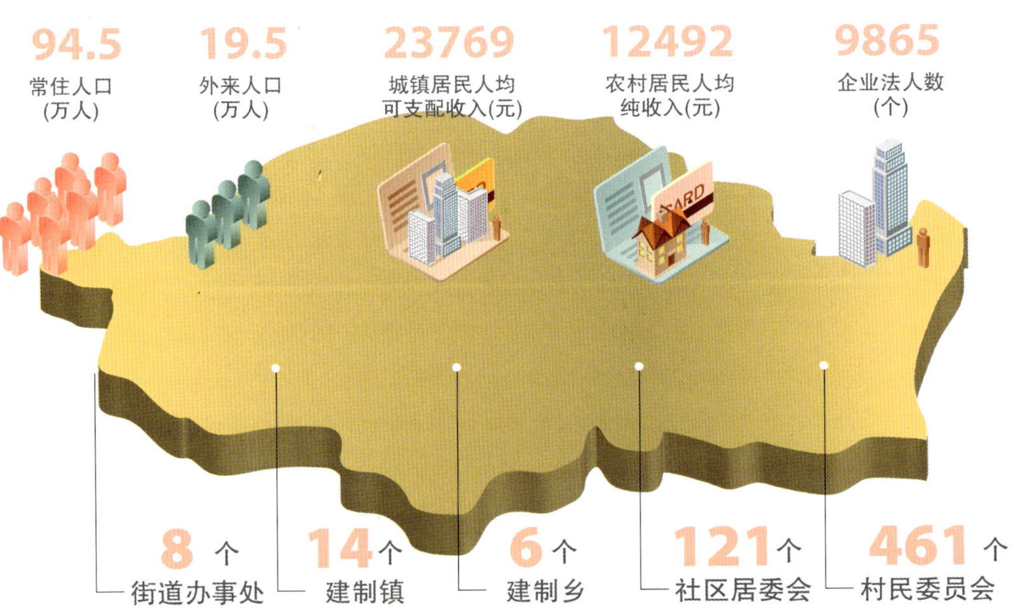

8 个 街道办事处

14 个 建制镇

6 个 建制乡

121 个 社区居委会

461 个 村民委员会

房山区土地面积 1989.54 平方公里

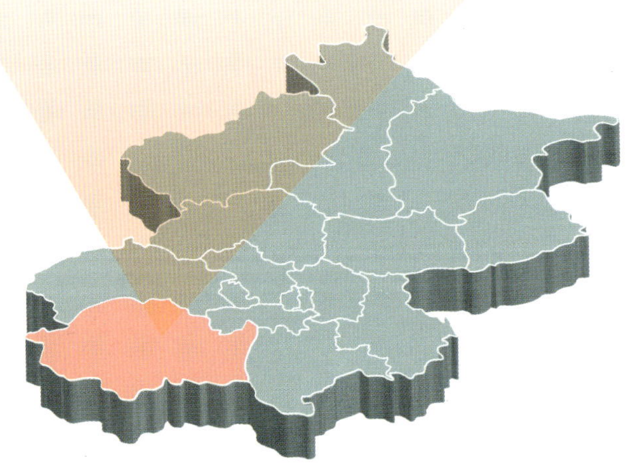

· 长安汽车

· 霞云岭乡堂上村纪念馆

· 高铁飞架长阳镇

· 石化新材料基地

· CSD长阳半岛

高技术制造业总产值(万元)

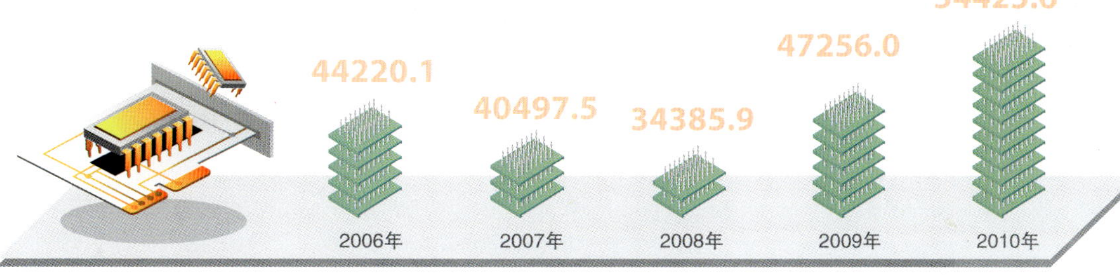

设施农业播种面积(公顷)

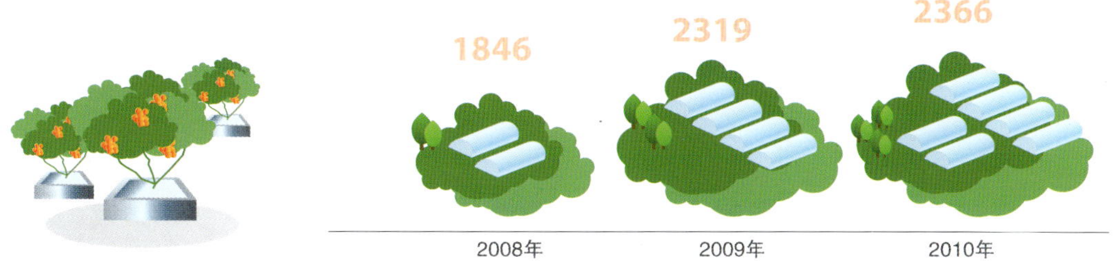

空气质量二级及好于二级天数比例(%)

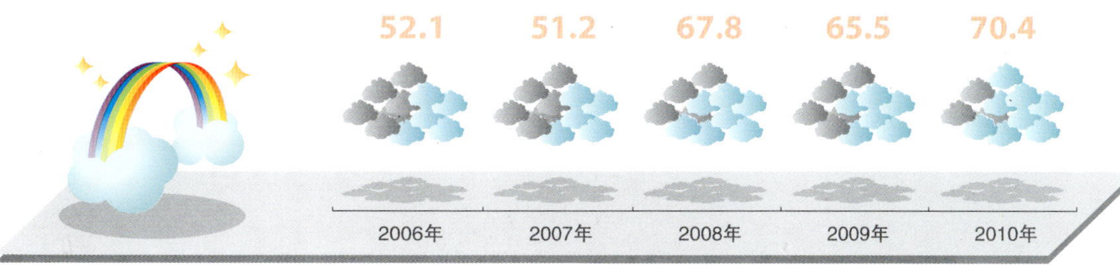

2010

通州区

北京发展新磁极 首都功能新载体

地区生产总值 344.8 亿元

4.3 48.6 47.1

三次产业结构(%)

118.4 常住人口(万人)

43.5 外来人口(万人)

24427 城镇居民人均可支配收入(元)

12613 农村居民人均纯收入(元)

15764 企业法人数(个)

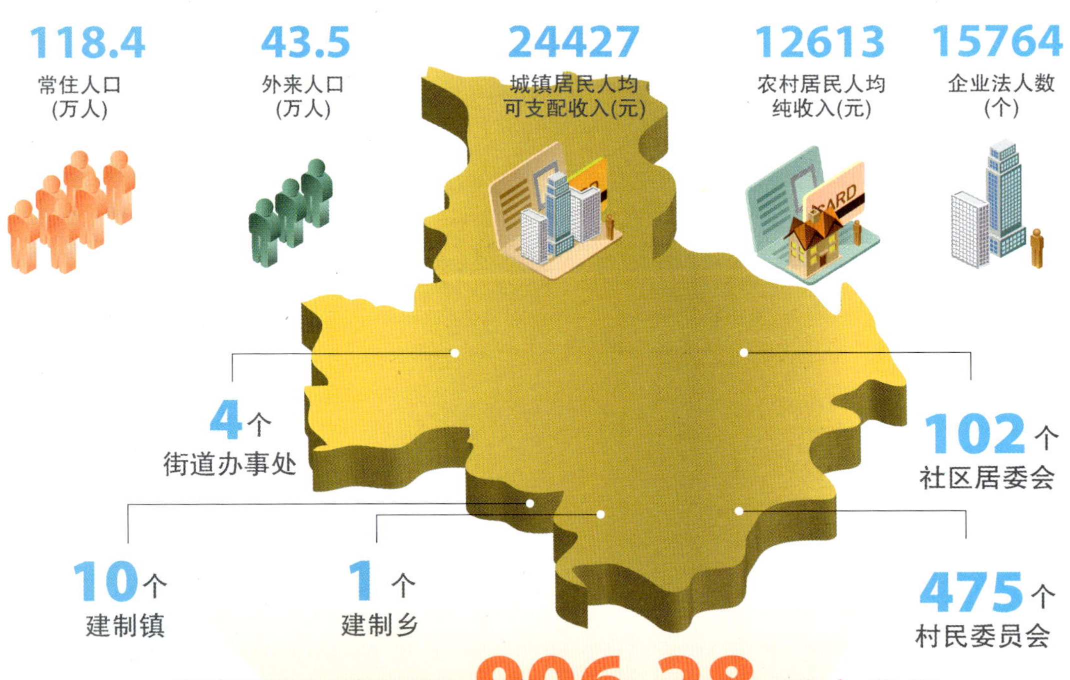

4个 街道办事处

102个 社区居委会

10个 建制镇

1个 建制乡

475个 村民委员会

通州区土地面积 906.28 平方公里

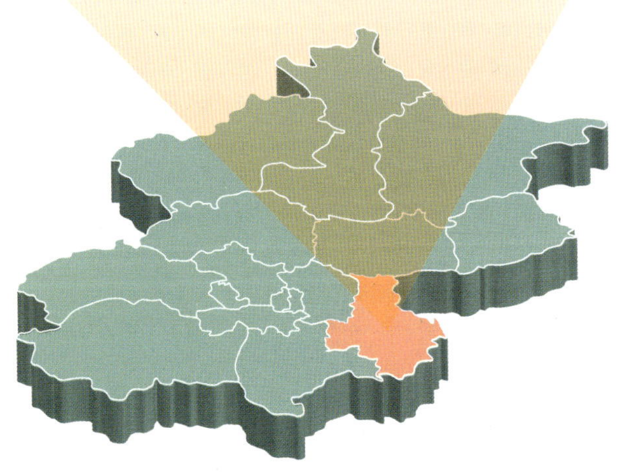

通州区

· 北京通州物流基地

· 家乐福商圈

· 宋庄文化创意产业聚集区

· 京杭大运河北起点

· 通州大运河

物流企业数(个)

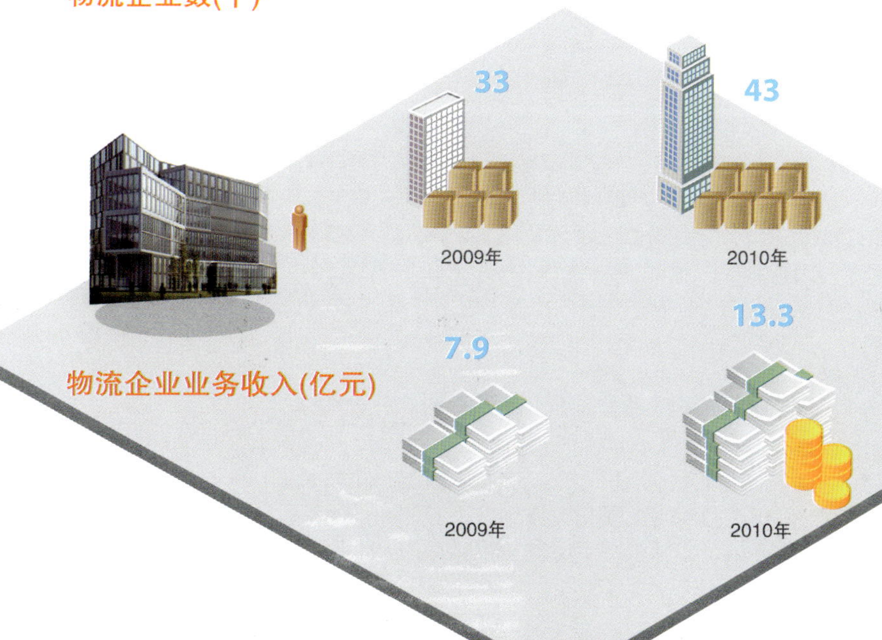

物流企业业务收入(亿元)

规模以上文化创意产业收入(亿元)

68.9

78.0

2009年　2010年

2010

顺义区

打造临空经济区 建设世界空港城

地区生产总值 867.9 亿元

2.6 43.0 54.4

三次产业结构(%)

87.7	27.9	24825	12898	10369
常住人口(万人)	外来人口(万人)	城镇居民人均可支配收入(元)	农村居民人均纯收入(元)	企业法人数(个)

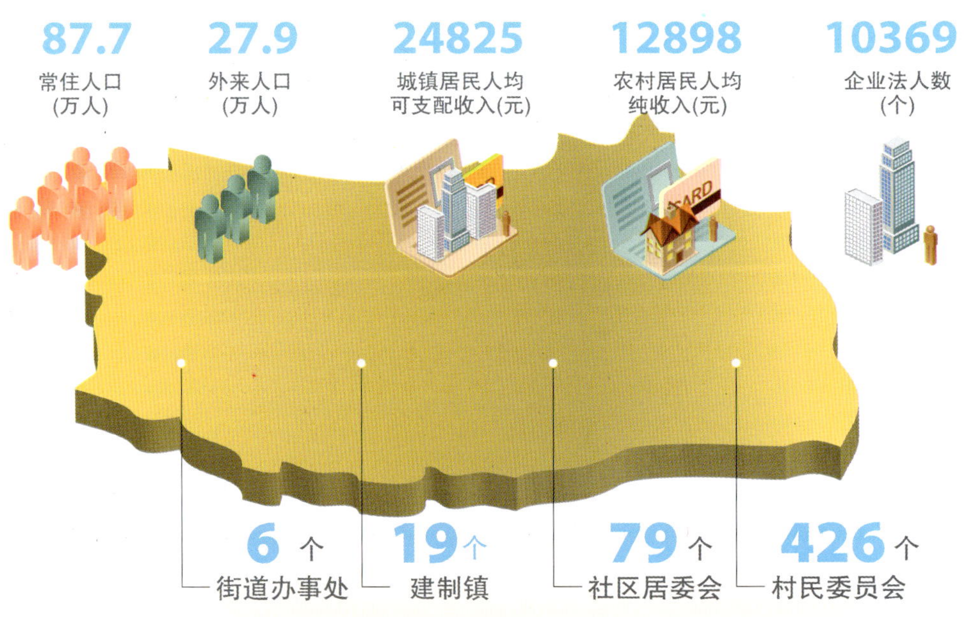

6 个 街道办事处

19个 建制镇

79 个 社区居委会

426个 村民委员会

顺义区土地面积 1019.89 平方公里

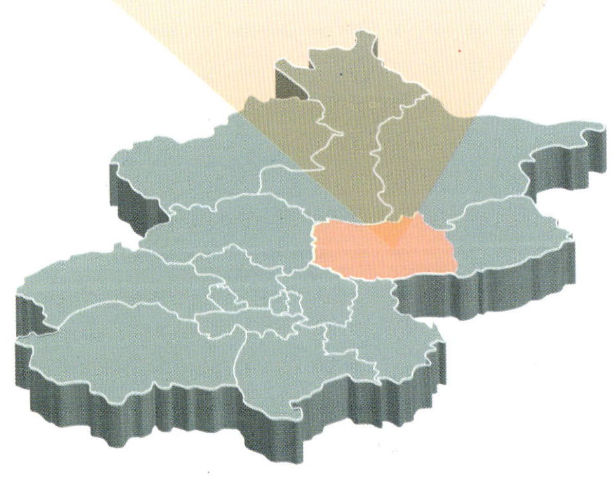

·索纳塔

·现代汽车生产流水线

·天竺综合保税区

·和谐广场

·汉石桥湿地

·北京国际鲜花港

汽车制造业产值(亿元)

2006年	2007年	2008年	2009年	2010年
411.6	356.7	416.7	714.7	937.0

2010年占全区规模以上工业总产值比重为50.6%

航空航天器制造业产值(亿元)

2006年	2007年	2008年	2009年	2010年
18.2	19.8	23.5	25.2	30.8

2010年实现产值是2005年的1.7倍

2010

昌平区

打造京北创新中心、国际科教新城

地区生产总值 399.9 亿元

1.4　49.1　49.5

三次产业结构(%)

166.1 常住人口(万人)

84.7 外来人口(万人)

24428 城镇居民人均可支配收入(元)

12548 农村居民人均纯收入(元)

13962 企业法人数(个)

2个 街道办事处

15个 建制镇

177个 社区居委会

303个 村民委员会

昌平区土地面积 1343.54 平方公里

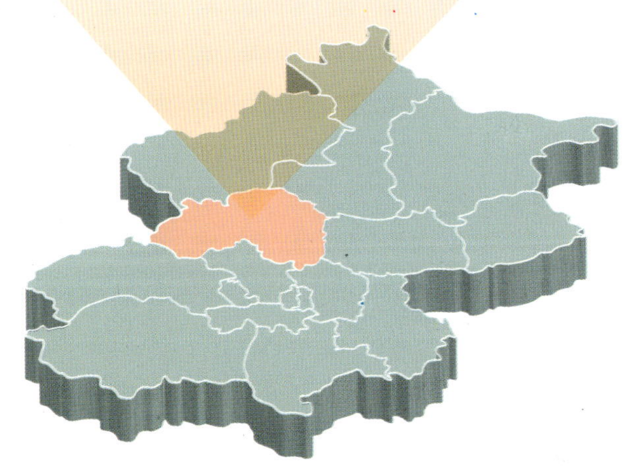

·北汽福田

·汽车文化消费节开幕

·专访人口普查工作

·第二届职工运动会入场式

·昌平南环大桥

·特色农业草莓采摘

规模以上工业总产值(亿元)

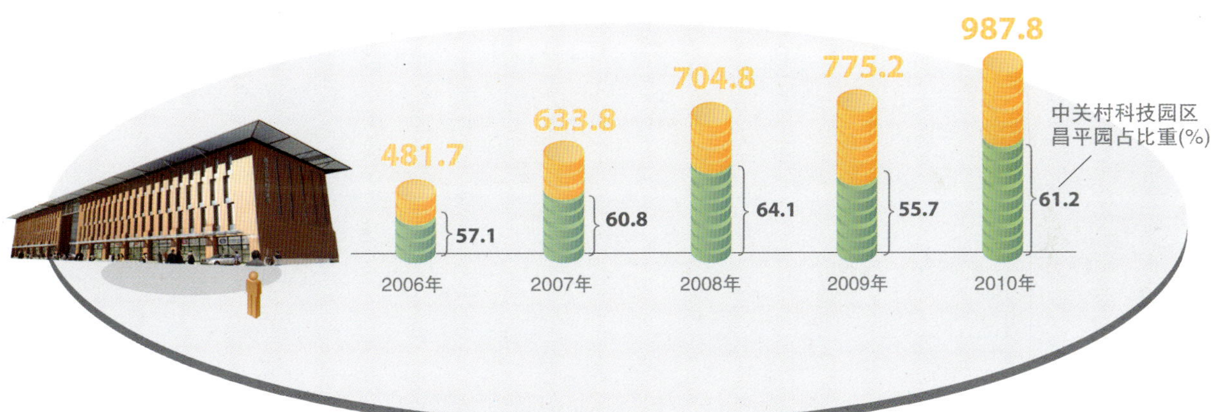

观光、民俗旅游接待人次(万人次)

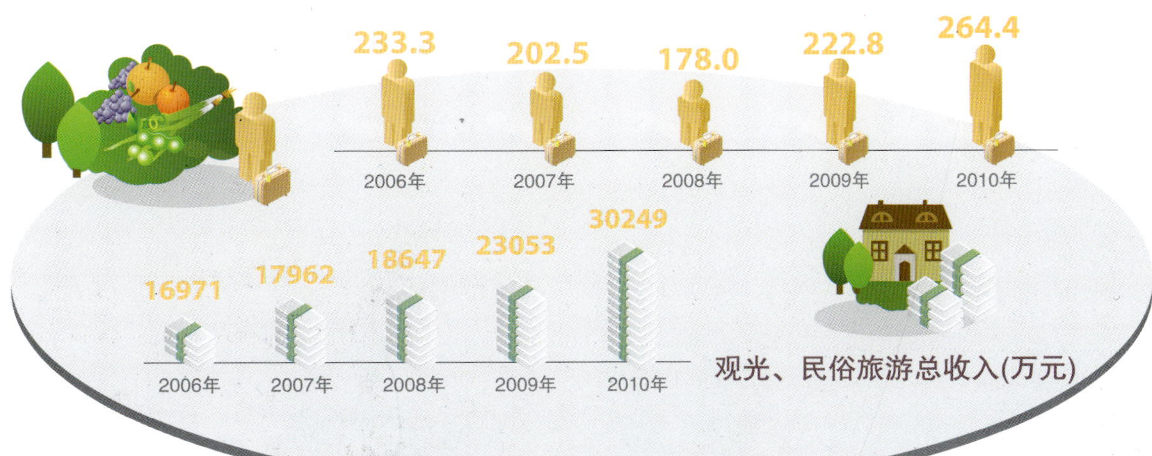

2010

大兴区

走一体化、高端化、国际化道路 建设宜居宜业和谐新大兴

地区生产总值 311.9 亿元

5.6 37.6 56.8

三次产业结构(%)

136.5 常住人口(万人)

64.4 外来人口(万人)

24368 城镇居民人均可支配收入(元)

12335 农村居民人均纯收入(元)

18474 企业法人数(个)

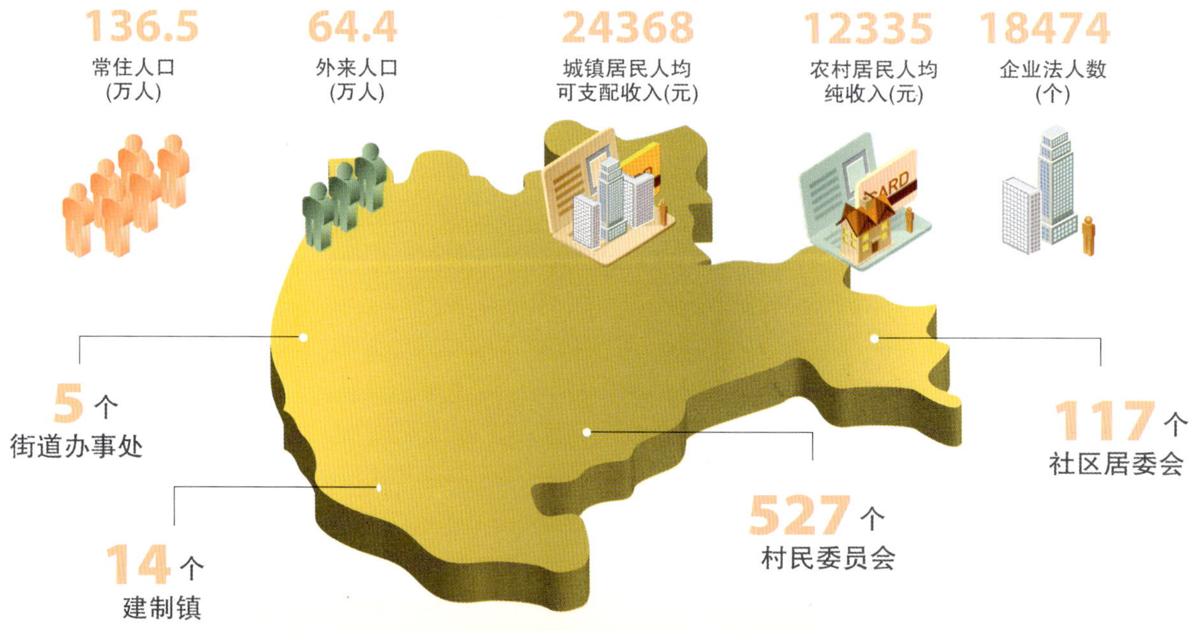

大兴区土地面积 1036.32 平方公里

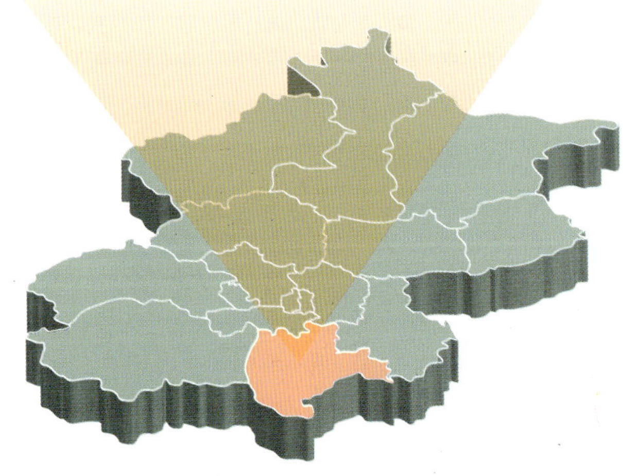

大兴区

· 大兴线黄村火车站站点

· 大兴兴城广场

· 彩虹新城社区

· 南海子公园开门迎客

· 南海子公园一角

· 采摘的喜悦

· 满树红梨

规模以上文化创意产业收入(亿元)

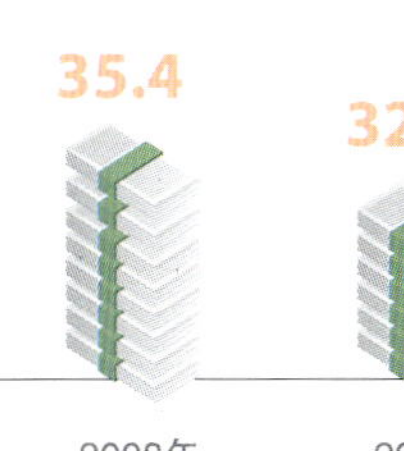
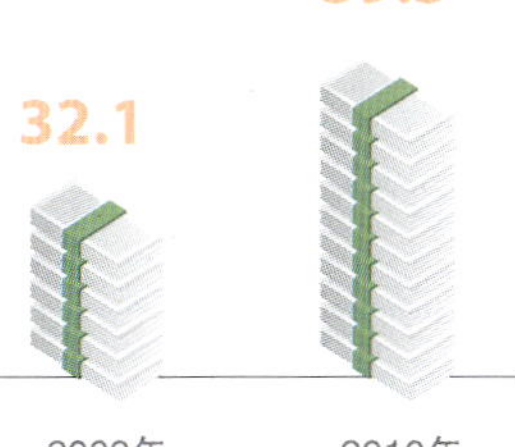

2006年	2007年	2008年	2009年	2010年
24.1	31.2	35.4	32.1	39.3

生猪出栏（万头）

2006年	2007年	2008年	2009年	2010年
62.0	53.8	57.2	59.2	59.6

房地产开发投资（亿元）

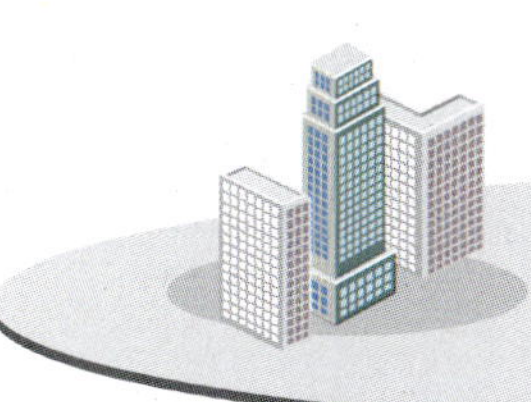
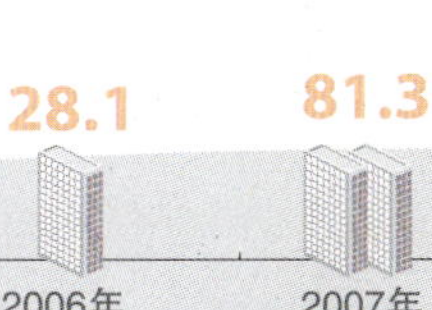
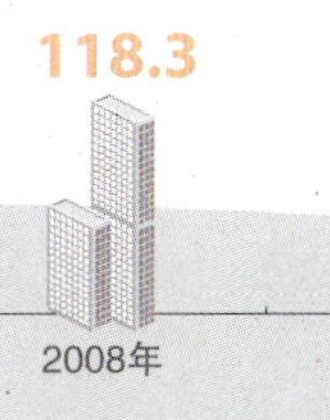
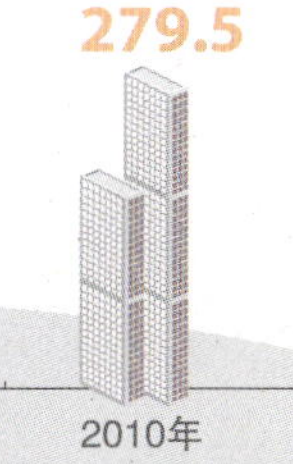

2006年	2007年	2008年	2009年	2010年
28.1	81.3	118.3	175.7	279.5

门头沟区

绿色生态门头沟

地区生产总值  86.4 亿元

1.63 51.44 46.93

三次产业结构(%)

29.0	4.7	25313	12672	4550
常住人口(万人)	外来人口(万人)	城镇居民人均可支配收入(元)	农村居民人均纯收入(元)	企业法人数(个)

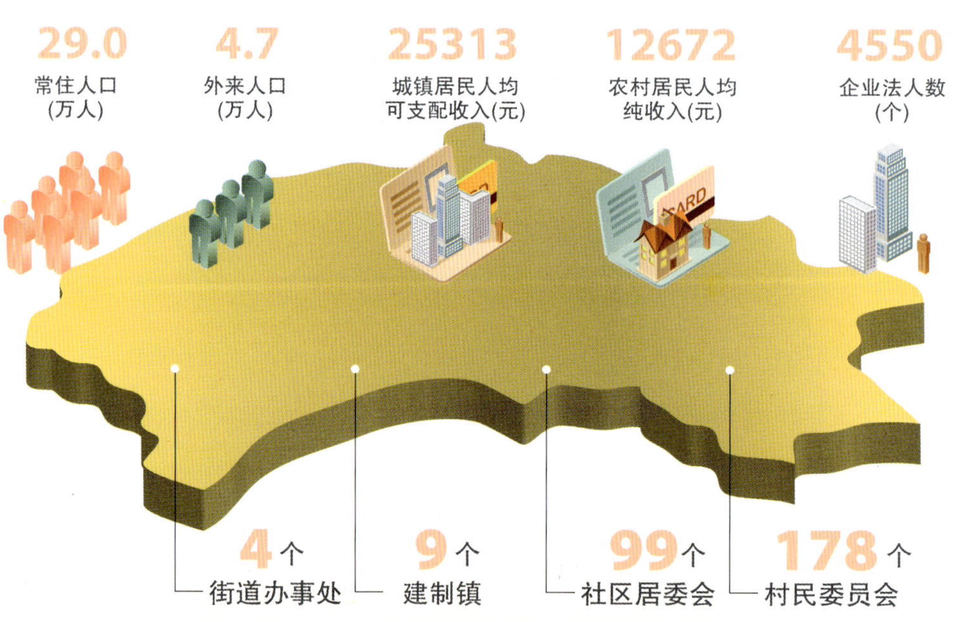

4个 街道办事处

9个 建制镇

99个 社区居委会

178个 村民委员会

门头沟区土地面积 1450.70 平方公里

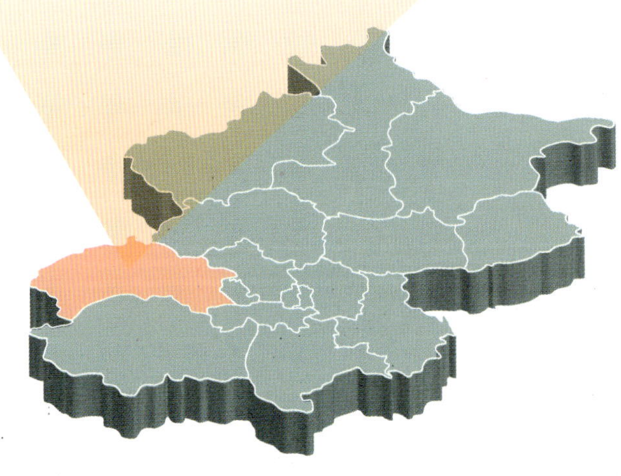

·山地徒步大会开幕

·船的韵律

·垂钓休闲好去处

·古村月夜

·莲湖公园

观光、民俗旅游接待人次(万人次)

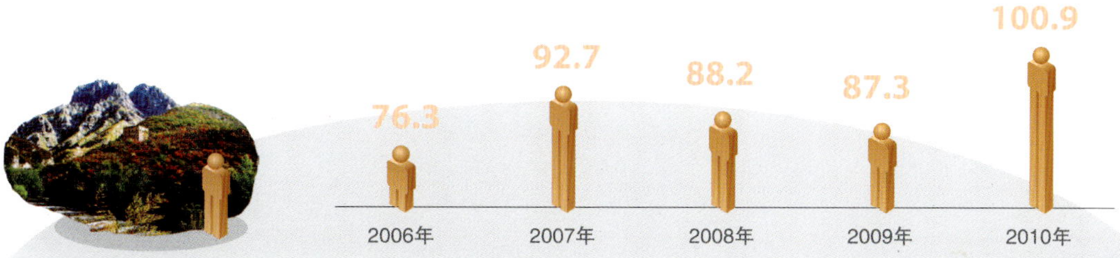

2006年	2007年	2008年	2009年	2010年
76.3	92.7	88.2	87.3	100.9

观光、民俗旅游收入(万元)

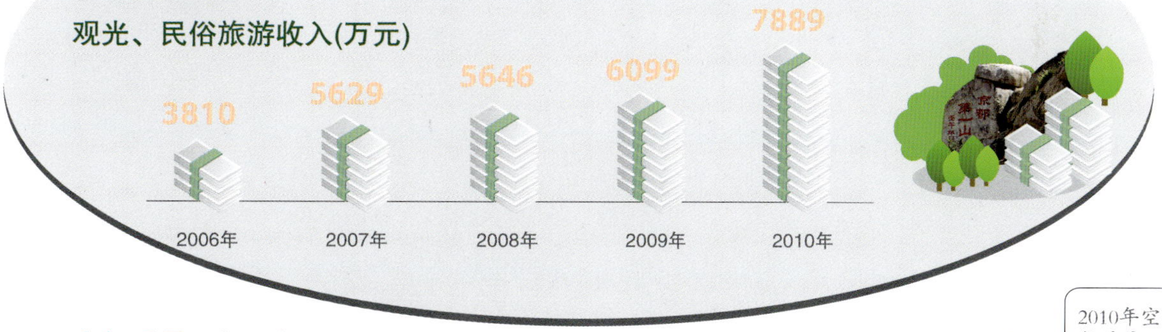

2006年	2007年	2008年	2009年	2010年
3810	5629	5646	6099	7889

空气质量二级及好于二级天数(天)

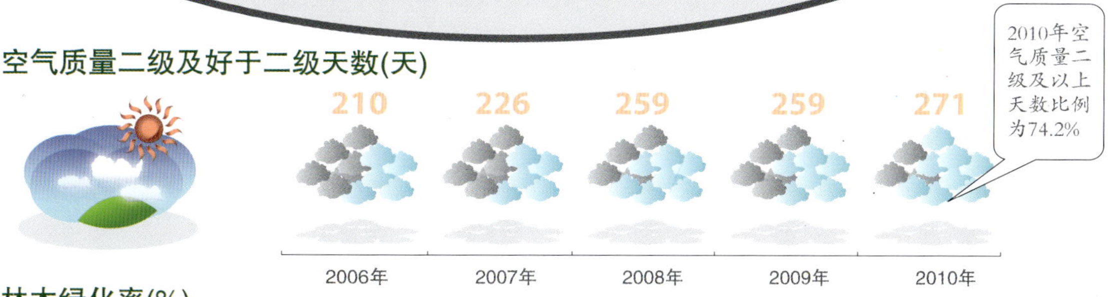

2006年	2007年	2008年	2009年	2010年
210	226	259	259	271

2010年空气质量二级及以上天数比例为74.2%

林木绿化率(%)

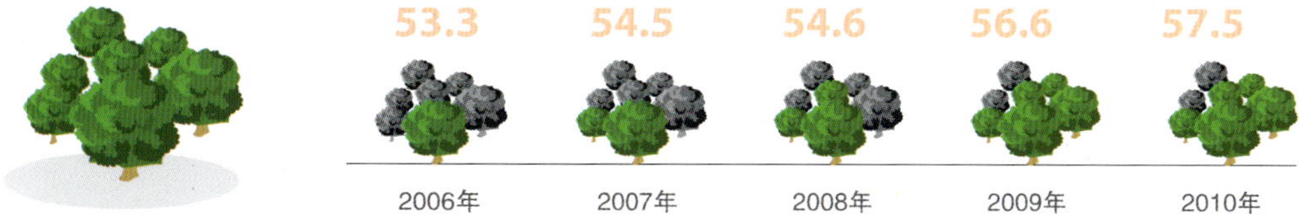

2006年	2007年	2008年	2009年	2010年
53.3	54.5	54.6	56.6	57.5

2010

怀柔区

休闲养生佳地 影视文化新都

4.6 60.6 34.8

三次产业结构(%)

37.3 常住人口(万人)

10.3 外来人口(万人)

23428 城镇居民人均可支配收入(元)

12256 农村居民人均纯收入(元)

4683 企业法人数(个)

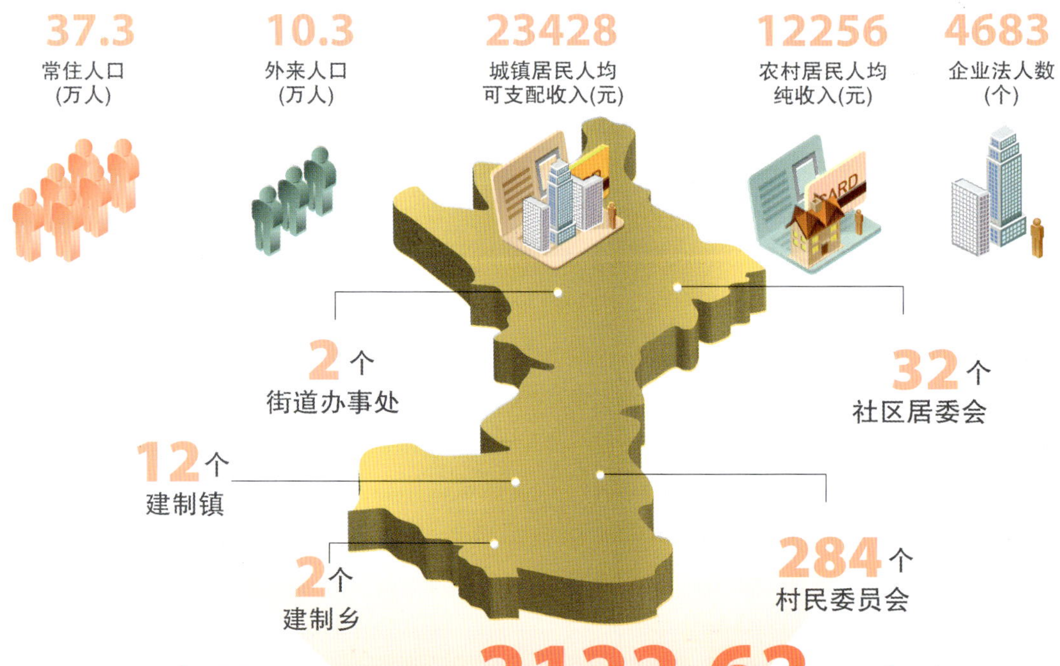

怀柔区土地面积 **2122.62** 平方公里

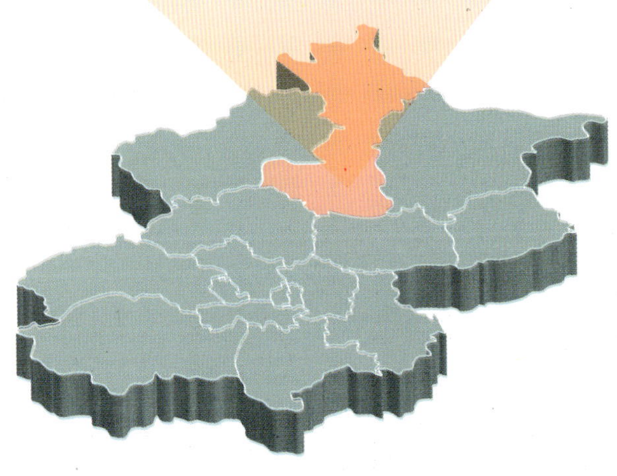

怀柔区

影人酒店奠基

生机盎然的凤翔广场

中影摄影棚

青山脚下

选梨王

北京鹿世界科普主题公园

圣泉寺

北京老爷车博物馆

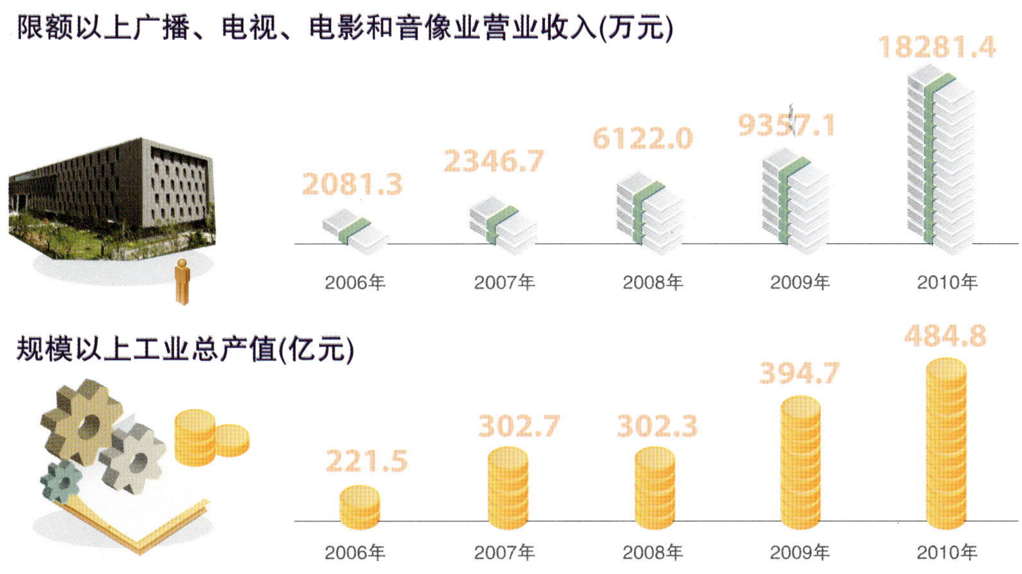

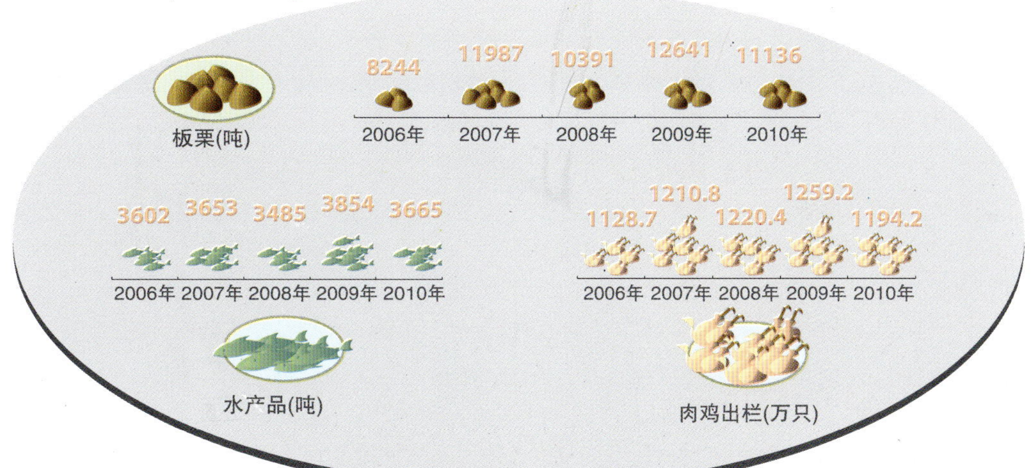

2010

平谷区

生态绿谷 京津商谷 绿能新谷 中国乐谷

地区生产总值 117.9 亿元

10.7 46.5 42.8

三次产业结构(%)

41.6	4.9	23606	12036	4220
常住人口(万人)	外来人口(万人)	城镇居民人均可支配收入(元)	农村居民人均纯收入(元)	企业法人数(个)

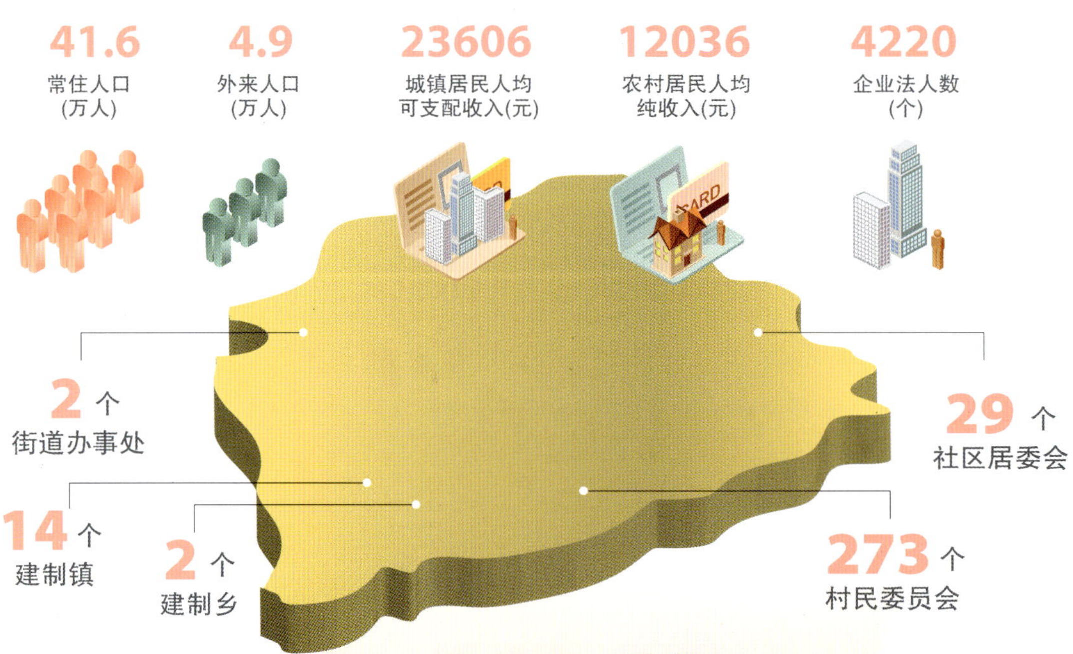

平谷区土地面积 950.13 平方公里

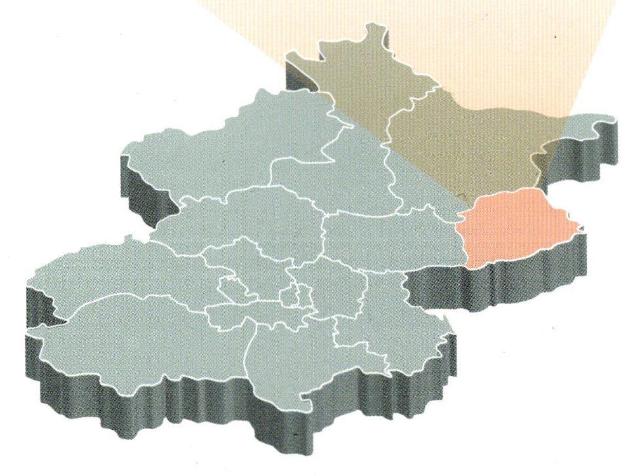

平谷区

·平谷镇罗营翡翠红叶

·玻璃台新农村

·山区风光

·大华山桃园

·刘店丫髻山景区

·大兴庄设施菊花生产

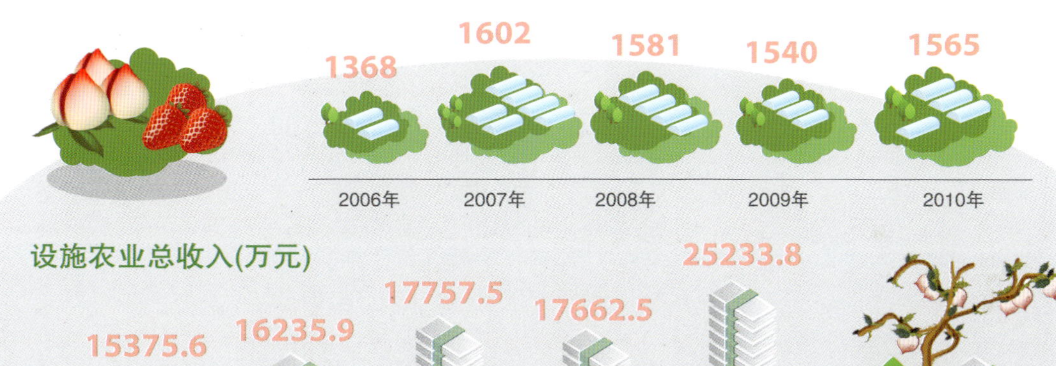

设施农业播种面积(公顷)

2006年	2007年	2008年	2009年	2010年
1368	1602	1581	1540	1565

设施农业总收入(万元)

2006年	2007年	2008年	2009年	2010年
15375.6	16235.9	17757.5	17662.5	25233.8

旅游综合收入(万元)

2006年	2007年	2008年	2009年	2010年
42014	50602	55934	66276	82234

森林覆盖率(%)

2006年	2007年	2008年	2009年	2010年
60.4	60.6	60.7	62.7	62.7

2010

密云县

绿色国际休闲之都

地区生产总值 141.5 亿元

11.6 45.2 43.2

三次产业结构(%)

46.8	6.9	23438	11858	5025
常住人口(万人)	外来人口(万人)	城镇居民人均可支配收入(元)	农村居民人均纯收入(元)	企业法人数(个)

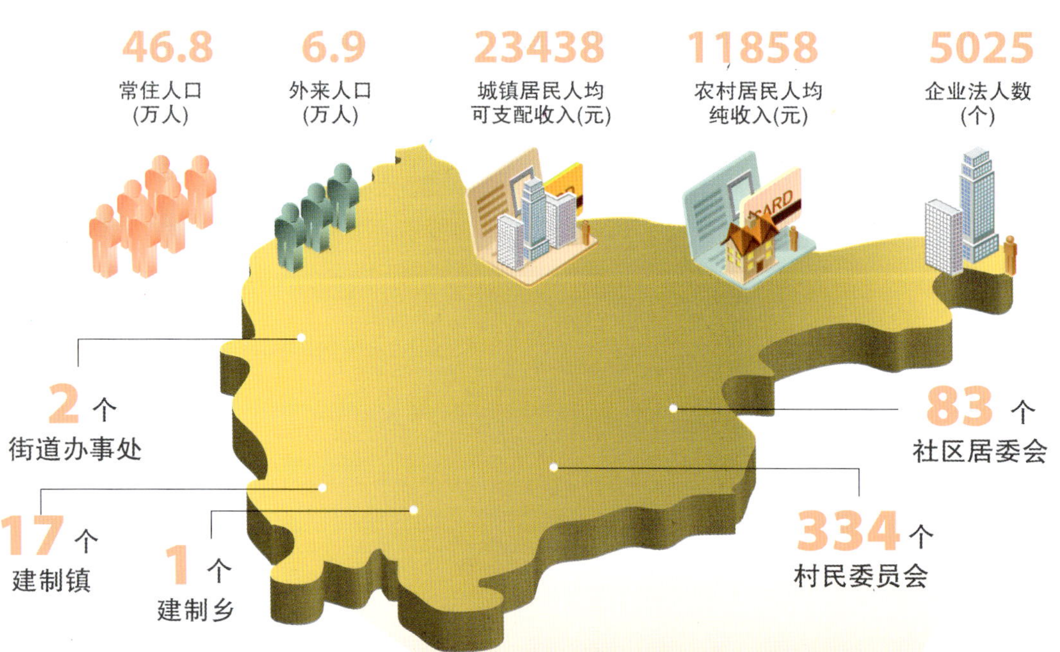

密云县土地面积 2229.45 平方公里

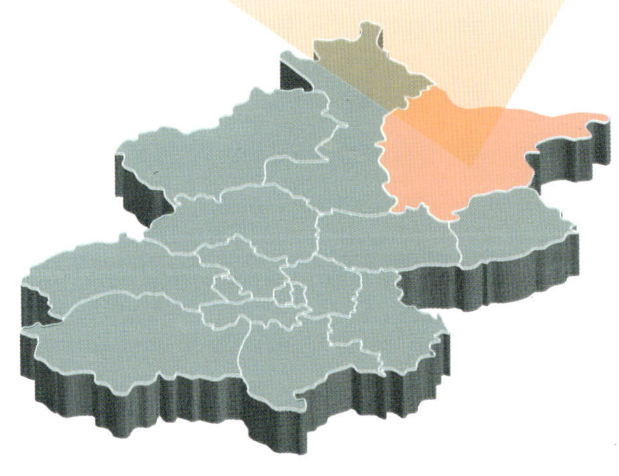

·社区风光

·新农村建设

·春色

·夏荷

·秋收

·冬雪

全社会固定资产投资(亿元)

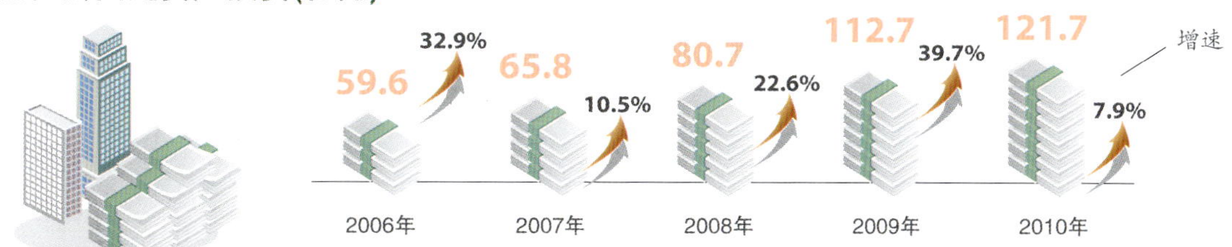

空气质量二级及好于二级天数(天)

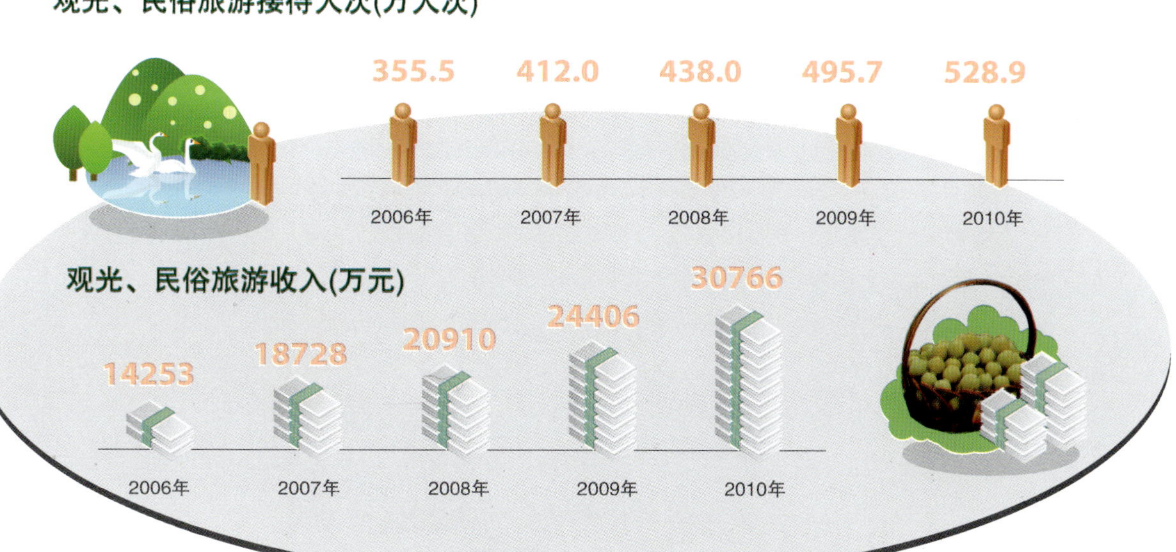

2010

延庆县

生态旅游 休闲名区

地区生产总值 67.7 亿元

三次产业结构(%)：12.66　28.06　59.29

31.7	3.9	23329	11531	1856
常住人口(万人)	外来人口(万人)	城镇居民人均可支配收入(元)	农村居民人均纯收入(元)	企业法人数(个)

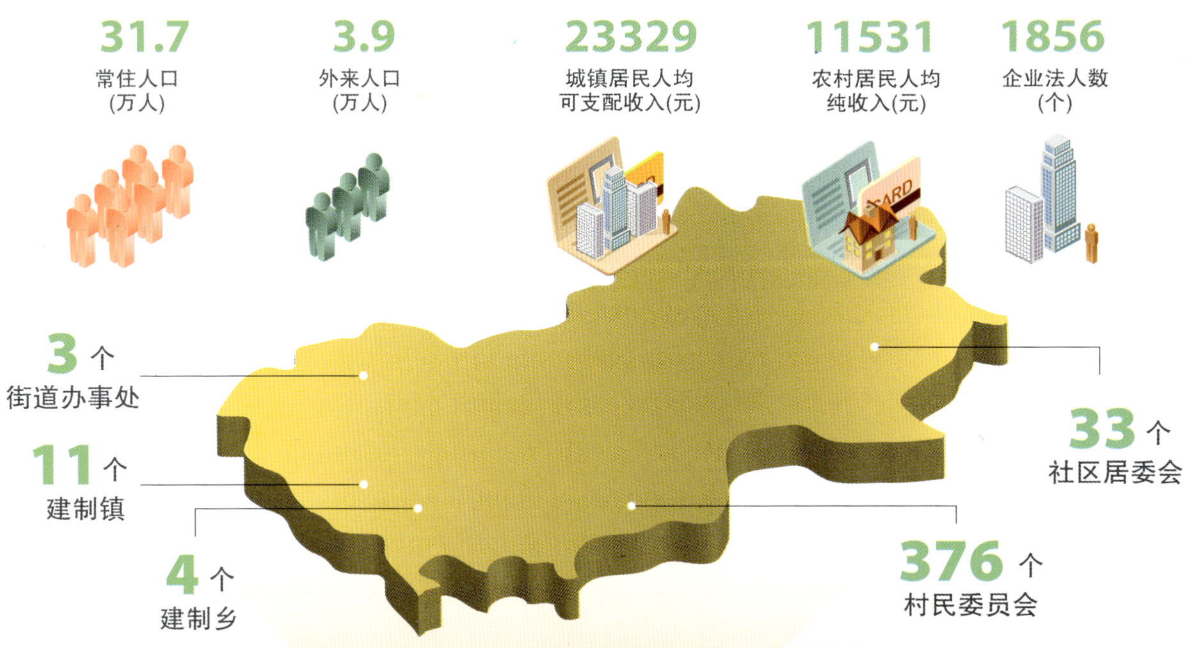

延庆县土地面积 1993.75 平方公里

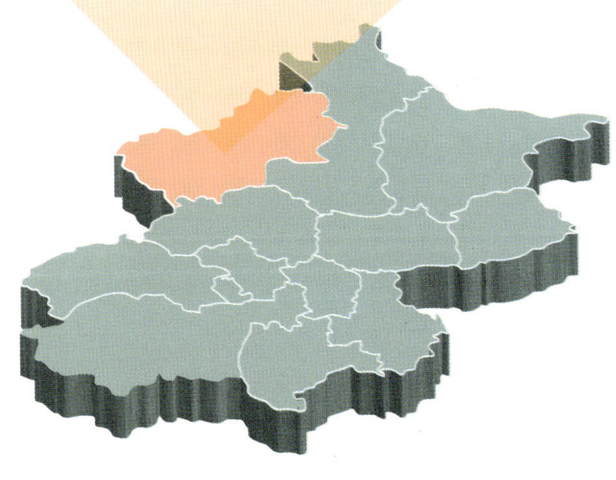

·八达岭长城

·千家店百里山水画廊葵花园

·广积屯村香味葡萄园区

·首届北京国际骑游大会

·北京国际马球公开赛延庆开赛

·石京龙滑雪场

·夏都公园

接待海内外游客数(万人次)

2006年	2007年	2008年	2009年	2010年
1121.7	1316.9	1158.6	1464.1	1530.9

旅游综合收入(亿元)

2006年	2007年	2008年	2009年	2010年
13.1	15.0	14.3	16.5	18.3

设施农业播种面积(公顷)

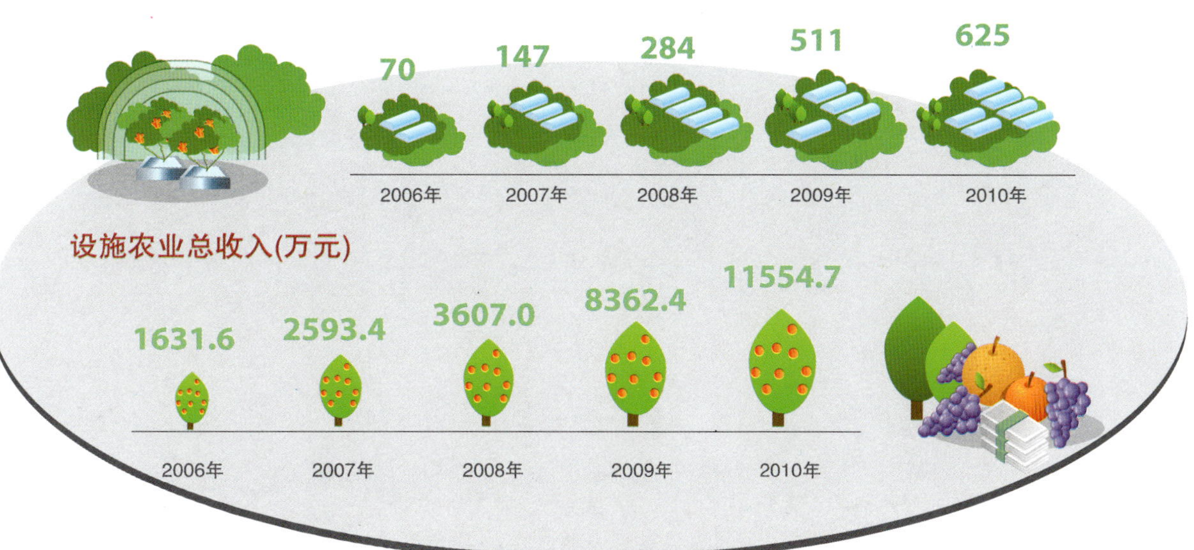

《北京区域统计年鉴2011》编辑委员会

编 辑 说 明

《北京区域统计年鉴2011》是一部全面、系统反映北京市各区县2010年经济社会发展状况的资料性年刊，同时收录了华北五省市、国内三大都市圈、港澳台地区及世界主要国家2010年经济社会发展状况数据资料。

1、全书共包括十二个部分，分别为北京概览，北京区县概览，北京市四大功能区，北京山区、平原概览，北京开发区，北京特色经济区域，华北五省市经济社会发展比较，四大直辖市经济社会发展比较，三大都市圈发展比较，北京在全国的位置，港澳台地区及世界主要国家统计资料，附录（即“十一五”时期主要指标数据及指标解释）。

2、本书采用《国民经济行业分类和代码GB/T4754－2002》；分区县资料，除特殊说明外，全部为“在地”（即：法人经营地）口径，资料年度为2010年；受口径和资料来源不同等原因影响，书内所列分区县数据可能与区县统计局出版的统计年鉴中刊载的数据有所不同，请读者在使用时加以注意；分区县资料中若未单独列出北京经济技术开发区，则大兴区中包括。

3、本年鉴在篇章设置和内容上又进行了调整和补充：

在“北京区县概览”篇中增加了工业总产值按轻重工业、大中小型分组数据；企业单位数按轻重工业和注册类型分组数据；增加了应交增值税和从业人员年平均人数等工业数据；增加了“农业机械总动力”、“化肥使用量(折纯量)”、“农村用电量”、“有效灌溉面积”等农业资料。

将原“北京山区概览”篇改为“北京山区、平原概览”，增加了反映平原的基本情况及主要经济指标、人民生活情况的数据。

继续丰富“北京四大功能区”篇中的经济社会指标。

按照新规划完善“北京特色经济区域”篇的统计范围，并对指标设置进行了规范调整。

将原附录篇“港澳台地区及世界主要国家统计资料”单独另立篇章，在附录中增加“十一五”时期主要指标数据，以及统计指标解释。

4、书中的分区县数据，均由北京市统计局、国家统计局北京调查总队各有关业务处提供；部门数据均在表下注有资料来源；全国及外省市统计资料摘自《中国统计年鉴》、《中国区域经济统计年鉴》及相关省市统计年鉴。

5、本书中使用的符号说明：“…”表示数据不足本表最小单位；“空格”表示该项指标数据不详或没有数据；“#”表示其中项目；“‖”表示不在同一分组类中的其中项。

6、本书配有电子光盘，具有数据加工等功能。

目　录

第一篇　北京概览

第二篇　北京区县概览

第三篇　北京市四大功能区

第四篇　北京山区平原概览

第五篇　北京开发区

第七篇 华北五省市经济社会发展比较

第八篇 四大直辖市经济社会发展比较

第九篇 三大都市圈发展比较

第十篇 北京在全国的位置

第十一篇 港澳台地区及世界主要国家统计资料

附录篇　“十一五”时期主要指标数据及指标解释

第一篇

BEIJING AREA STATISTICAL YEARBOOK

北京概览

BEIJING GAILAN

1-1 "十一五"时期主要监测指标

项　　目		2005	2006	2007	2008	2009	2010
城镇登记失业率	(%)	2.11	1.98	1.84	1.82	1.44	1.37
居民消费价格指数(上年=100)	(%)	101.5	100.9	102.4	105.1	98.5	102.4
地方财政一般预算收入比上年增长	(%)	23.5	21.5	33.6	23.1	10.3	16.1
万元地区生产总值能耗比上年降低(可比价)	(%)	4.17	5.37	7.02	7.74	5.76	4.04
万元地区生产总值水耗比上年降低(可比价)	(%)	11.07	12.01	11.38	7.56	8.12	10.14
农民养老保险参保率	(%)	25.0	29.3	36.6	85.0	90.0	92.0
新型农村合作医疗参合率	(%)	80.3	86.9	88.9	92.9	95.7	96.7
空气质量达到二级及好于二级天数比例	(%)	64.1	66.0	67.4	74.9	78.1	78.4
化学需氧量(COD)排放量	(万吨)	11.60	10.99	10.65	10.13	9.89	9.20
二氧化硫(SO_2)排放量	(万吨)	19.06	17.55	15.17	12.32	11.88	11.50
全市林木绿化率	(%)	50.5	51.0	51.6	52.1	52.6	53.0
城市绿化覆盖率	(%)	42.0	42.5	43.0	43.5	44.4	45.0
人均公园绿地面积	(平方米)	12.0	12.0	12.6	13.6	14.5	15.0
地区生产总值比上年增长(可比价)	(%)	12.1	13.0	14.5	9.1	10.2	10.3
第三产业增加值比重	(%)	69.6	71.9	73.5	75.4	75.5	75.1
研究与试验发展内部经费							
支出相当于地区生产总值比例	(%)	5.45	5.33	5.35	5.58	5.50	5.82
高新技术产品出口占地区出口的比重	(%)	31.5	36.6	36.7	33.2	36.2	34.9
接待入境旅游者人数	(万人次)	362.9	390.3	435.5	379.0	412.5	490.1
城镇居民人均可支配收入实际增长	(%)	11.2	12.2	11.2	7.0	9.7	6.2
农村居民人均纯收入实际增长	(%)	8.1	8.7	8.2	6.5	13.4	8.1

1-2 主要年份国民经济和社会发展总量与速度指标

项目		总量指标				
		1990	1995	2000	2005	2007
人口与就业						
人　口						
年末全市常住人口	(万人)	1086.0	1251.1	1363.6	1538.0	1633.0
按性别分						
男性人口	(万人)	545.0	627.0	710.9	778.7	829.0
女性人口	(万人)	541.0	624.1	652.7	759.3	804.0
按城乡分						
城镇人口	(万人)	798.0	946.2	1057.4	1286.1	1379.9
乡村人口	(万人)	288.0	304.9	306.2	251.9	253.1
年末户籍人口	(万人)	1032.2	1070.3	1107.5	1180.7	1213.3
就　业						
从业人员年末人数	(万人)	627.1	665.3	619.3	878.0	942.7
#城镇单位在岗职工人数	(万人)	454.9	470.9	434.2	448.4	478.9
年末实有城镇登记失业人员	(万人)	1.67	2.19	3.32	10.57	10.63
宏观经济						
国民经济核算						
地区生产总值	(亿元)	500.8	1507.7	3161.7	6969.5	9846.8
第一产业	(亿元)	43.9	73.5	79.3	88.7	101.3
第二产业	(亿元)	262.4	645.8	1033.3	2026.5	2509.4
第三产业	(亿元)	194.5	788.4	2049.1	4854.3	7236.1
人均地区生产总值	(元/人)	4635	12690	24127	45993	61274
固定资产投资						
全社会固定资产投资	(亿元)	179.2	841.5	1297.4	2827.2	3966.6
#房地产开发投资	(亿元)	22.5	352.8	522.1	1525.0	1995.8
#国有单位	(亿元)	154.2	514.2	765.8	897.7	1343.0
全社会房屋施工面积	(万平方米)	2864.9	5524.3	6995.9	14096.2	14146.7
全社会房屋竣工面积	(万平方米)	1081.2	1530.2	2358.2	4679.2	3866.4
财　政						
地方财政收入	(亿元)	74.0	115.3	398.4	1007.4	1882.0
#一般预算	(亿元)			345.0	919.2	1492.6
地方财政支出	(亿元)	66.5	154.4	490.3	1137.3	2067.7
#一般预算	(亿元)			443.0	1058.3	1649.5
价格指数(上年=100)						
居民消费价格指数	(%)	105.4	117.3	103.5	101.5	102.4
商品零售价格指数	(%)	104.1	112.6	98.9	99.7	100.8
农产品生产价格指数	(%)	101.9	130.6	95.0	102.9	114.4
工业品出厂价格指数	(%)	107.9	107.3	102.5	101.3	99.7
原材料、燃料、动力购进价格指数	(%)	114.8	106.7	100.0	111.4	105.0
固定资产投资价格指数	(%)		113.9	101.0	100.7	102.8
能源消费总量	(万吨标准煤)	2709.7	3533.3	4144.0	5521.9	6285.0
产　业						
农村经济						
耕地面积	(万公顷)	41.3	39.4	32.9	23.3	23.2
农林牧渔业总产值(现价)	(亿元)	70.2	164.4	188.6	239.3	272.3
主要农产品产量						
粮　食	(万吨)	264.6	259.8	144.2	94.9	102.1
蔬　菜	(万吨)	356.1	397.3	466.3	373.1	340.1
禽　蛋	(万吨)	25.8	28.5	16.0	16.0	15.6
牛　奶	(万吨)	21.7	20.6	30.3	64.2	62.2
肉　类	(万吨)	26.8	39.8	50.5	53.3	47.9

注：1. 地区生产总值绝对值按现价计算，发展速度按可比价格计算。
2. 2007年及以前在岗职工人数包括乡及乡以上独立核算法人单位，不包括乡镇企业、私营单位和个体工商户；2008年及以后包括乡镇企业。

1–2 续表1

			速度指标(%)						
2008	2009	2010	指　数(2010年为以下各年)						
			1990	1995	2000	2005	2007	2008	2009
1695.0	1755.0	1961.9	180.7	156.8	143.9	127.6	120.1	115.7	111.8
861.6	896.2	1013.0	185.9	161.6	142.5	130.1	122.2	117.6	113.0
833.4	858.8	948.9	175.4	152.0	145.4	125.0	118.0	113.9	110.5
1439.1	1491.8	1686.4	211.3	178.2	159.5	131.1	122.2	117.2	113.0
255.9	263.2	275.5	95.7	90.4	90.0	109.4	108.9	107.7	104.7
1229.9	1245.8	1257.8	121.9	117.5	113.6	106.5	103.7	102.3	101.0
980.9	998.3	1031.6	164.5	155.1	166.6	117.5	109.4	105.2	103.3
526.1	560.4	587.7	129.2	124.8	135.4	131.1	122.7	111.7	104.9
10.33	8.16	7.73	462.9	353.0	232.8	73.1	72.7	74.8	94.7
11115.0	12153.0	14113.6	865.6	494.8	303.7	171.6	132.6	121.6	110.3
112.8	118.3	124.4	122.9	117.7	109.9	107.0	104.1	102.9	98.4
2626.4	2855.5	3388.4	709.7	423.7	269.9	157.6	126.6	125.5	113.7
8375.8	9179.2	10600.8	1157.0	576.3	326.5	178.7	135.5	120.4	109.3
66797	70452	75943	502.4	316.1	214.2	139.9	114.7	108.9	102.4
3848.5	4858.4	5493.5	3065.6	652.8	423.4	194.3	138.5	142.7	113.1
1908.7	2337.7	2901.1	12893.8	822.3	555.7	190.2	145.4	152.0	124.1
1388.6	2316.8	1907.3	1236.9	370.9	249.1	212.5	142.0	137.4	82.3
14145.3	14380.6	15572.1	543.5	281.9	222.6	110.5	110.1	110.1	108.3
3840.7	4252.6	3908.4	361.5	255.4	165.7	83.5	101.1	101.8	91.9
2282.0	2678.8	3810.9	5149.2	3306.4	956.6	378.3	202.5	167.0	142.3
1837.3	2026.8	2353.9			682.3	256.1	157.7	128.1	116.1
2400.9	2820.9	4065.0	6110.9	2632.7	829.0	357.4	196.6	169.3	144.1
1959.3	2319.4	2717.3			613.4	256.8	164.7	138.7	117.2
105.1	98.5	102.4							
104.4	97.8	100.4							
112.3	98.3	106.5							
103.3	94.4	102.2							
115.8	88.6	110.5							
107.8	97.1	102.5							
6327.1	6570.3	6954.1	256.6	196.8	167.8	125.9	110.6	109.9	105.8
23.2									
303.9	315.0	328.0	467.2	199.5	173.9	137.1	120.5	107.9	104.1
125.5	124.8	115.7	43.7	44.5	80.2	121.9	113.3	92.2	92.7
321.3	317.1	303.0	85.1	76.3	65.0	81.2	89.1	94.3	95.5
15.2	15.4	15.1	58.5	53.0	94.4	94.4	96.8	99.3	98.3
66.4	67.4	64.1	295.3	311.1	211.5	99.8	103.0	96.5	95.1
45.1	47.2	46.3	172.7	116.4	91.7	86.9	96.8	102.6	98.0

1–2 续表2

项　　目		总量指标				
		1990	1995	2000	2005	2007
工　业						
工业增加值(现价，规模以上)	(亿元)		473.1	776.0	1627.0	2159.4
工业总产值(现价，规模以上)	(亿元)	625.9	1493.3	2842.0	6946.2	9648.4
轻工业	(亿元)	262.2	472.2	719.3	1164.9	1505.5
重工业	(亿元)	363.7	1021.1	2122.7	5781.3	8142.9
工业企业主要经济指标(规模以上)						
资产总计	(亿元)	498.3	2582.6	4612.7	12829.8	16215.5
负债总额	(亿元)		1528.8	2676.4	4706.7	6508.3
主营业务收入	(亿元)	610.5	1590.4	2821.4	7279.1	10440.2
利润总额	(亿元)	48.9	85.3	127.1	413.5	695.6
建　筑						
建筑业施工企业总产值	(亿元)	94.7	426.6	812.5	1894.0	2576.8
建筑业施工企业年末从业人员	(万人)	60.2	82.6	56.6	67.2	51.7
运　输						
货物周转量	(亿吨公里)	268.8	323.1	299.6	457.7	449.0
铁　路	(亿吨公里)	206.7	239.3	200.2	310.8	268.5
公　路	(亿吨公里)	57.5	76.2	82.6	85.5	79.3
民　航	(亿吨公里)	4.5	7.5	16.8	28.2	37.6
管　道	(亿吨公里)	0.15	0.07	0.04	33.3	63.7
旅客周转量	(亿人公里)	119.8	207.7	314.0	838.1	960.3
邮　电						
邮电业务总量	(亿元)	11.9	56.1	214.7	413.0	672.6
固定电话用户	(万户)	33.3	150.5	451.2	943.5	914.5
主线普及率	(线/百人)	3.1	12.0	33.1	61.3	56.0
移动电话用户	(万户)	0.3	16.9	347.2	1459.8	1598.3
移动电话普及率	(户/百人)	0.03	1.4	25.5	94.9	97.9
商　业						
社会消费品零售额	(亿元)	345.1	950.4	1658.7	2911.7	3835.2
吃类商品	(亿元)	136.8	405.7	471.4	751.0	940.4
穿类商品	(亿元)	45.6	138.9	198.8	282.4	359.3
用类商品	(亿元)	154.6	387.9	932.0	1643.7	2205.2
烧类商品	(亿元)	8.1	17.9	56.5	234.6	330.3
对外经济贸易和旅游						
北京地区进出口总额	(亿美元)	236.4	370.4	494.0	1255.1	1930.0
进口额	(亿美元)	192.3	267.9	374.3	946.4	1440.7
出口额	(亿美元)	44.1	102.5	119.7	308.7	489.3
实际利用外商直接投资额	(亿美元)	2.8	14.0	24.6	35.3	50.7
接待入境旅游者人数	(万人次)	100.0	207.0	282.1	362.9	435.5
旅游外汇收入	(亿美元)	6.6	21.8	27.7	36.2	45.8
金融保险						
金融机构(含外资)本外币存款余额	(亿元)			11526.0	28969.9	37700.3
金融机构(含外资)本外币贷款余额	(亿元)			6407.9	15335.5	19861.5
原保险保费收入	(亿元)			93.4	498.2	498.1

注：1. 工业增加值按生产法计算。
　　2. 邮电业务总量2000年及以前按1990年不变价格计算，以后按2000年不变价格计算。

1-2 续表3

			速度指标(%)						
			指　数(2010年为以下各年)						
2008	2009	2010	1990	1995	2000	2005	2007	2008	2009
2037.6	2282.2	2751.7							
10413.1	11039.1	13699.8	2188.8	917.4	482.0	197.2	142.0	131.6	124.1
1674.3	1766.7	2000.1	762.8	423.6	278.1	171.7	132.9	119.5	113.2
8738.8	9272.4	11699.8	3216.9	1145.8	551.2	202.4	143.7	133.9	126.2
16802.4	19540.7	22750.6	4565.6	880.9	493.2	177.3	140.3	135.4	116.4
8085.0	9874.6	11548.1		755.4	431.5	245.4	177.4	142.8	116.9
11275.8	12173.1	14807.1	2425.4	931.0	524.8	203.4	141.8	131.3	121.6
557.0	742.9	1028.3	2102.9	1205.6	809.1	248.7	147.8	184.6	138.4
3066.2	4059.7	5196.0	5486.8	1218.0	639.5	274.3	201.6	169.5	128.0
47.0	56.2	59.9	99.5	72.5	105.8	89.1	115.9	127.4	106.6
454.2	441.2	513.7	191.1	159.0	171.4	112.2	114.4	113.1	116.4
253.5	229.4	257.5	124.5	107.6	128.6	82.8	95.9	101.6	112.2
84.1	87.9	101.6	176.8	133.3	122.9	118.8	128.1	120.8	115.6
35.7	35.5	48.2	1080.3	643.8	287.7	171.3	128.3	135.2	135.8
80.9	88.4	106.4				319.8	167.1	131.4	120.3
1042.0	1146.5	1399.5	1168.2	673.9	445.7	167.0	145.7	134.3	122.1
800.8	917.5	1108.9			516.4	268.5	164.9	138.5	120.9
884.9	893.1	885.6	2659.9	588.3	196.3	93.9	96.8	100.1	99.2
52.2	50.9	45.1							
1616.2	1825.4	2117.7	705900.0	12530.8	609.9	145.1	132.5	131.0	116.0
95.3	104.0	107.9							
4645.5	5309.9	6229.3	1805.1	655.4	375.6	213.9	162.4	134.1	117.3
1073.3	1180.0	1331.0	972.9	328.1	282.3	177.2	141.5	124.0	112.8
411.7	473.8	548.4	1202.7	394.8	275.9	194.2	152.7	133.2	115.8
2799.4	3278.2	3884.0	2512.3	1001.3	416.7	236.3	176.1	138.7	118.5
361.1	377.9	465.9	5751.5	2602.6	824.5	198.6	141.0	129.0	123.3
2716.9	2147.9	3016.6	1276.1	814.4	610.6	240.3	156.3	111.0	140.4
2141.9	1664.3	2462.2	1280.4	919.1	657.8	260.2	170.9	115.0	147.9
575.0	483.6	554.4	1257.1	540.9	463.2	179.6	113.3	96.4	114.6
60.8	61.2	63.6	2271.4	454.3	258.5	180.2	125.4	104.6	104.0
379.0	412.5	490.1	490.1	236.8	173.7	135.1	112.5	129.3	118.8
44.6	43.6	50.4	763.6	231.2	181.9	139.2	110.0	113.0	115.8
43980.7	56960.1	66584.6			577.7	229.7	176.6	151.4	116.9
23010.7	31052.9	36479.6			569.3	237.9	183.7	158.5	117.5
585.9	697.6	966.5			1034.7	194.0	194.0	164.9	138.5

1–2 续表4

项　　目		总量指标				
		1990	1995	2000	2005	2007
教育、文化、科技、卫生						
教　育						
在校学生数	（万人）		238.0	229.9	226.4	319.6
专任教师数	（万人）		17.7	16.7	17.5	19.6
文　化						
公共图书馆总藏数	（万册、万件）	2205	2629	3020	3626	3940
专业艺术剧团国内演出场次	（场）	7527	6728	7610	8934	10076
科　技						
研究与试验发展经费内部支出	（亿元）			155.7	379.5	527.1
技术合同成交总额	（亿元）	20.3	41.2	140.3	434.4	882.6
专利授权量	（件）	2268	4025	5905	10100	14954
卫　生						
卫生机构个数	（个）	4953	4955	6176	4818	6189
卫生机构病床数	（万张）	5.9	6.7	7.1	7.9	8.4
卫生技术人员数	（万人）	11.2	11.6	11.6	12.0	13.9
#执业医师	（万人）	5.1	5.4	5.2	5.1	5.5
注册护师（士）	（万人）	3.5	3.7	4.0	4.3	5.1
生活与环境						
婚　姻						
登记结婚对数	（万对）	9.3	8.5	8.0	9.7	11.8
离婚对数	（万对）	1.5	2.0	2.7	3.4	3.7
居　住						
城镇居民人均住宅使用面积	（平方米）	11.17	13.34	16.75	20.13	21.50
农村居民人均住房面积	（平方米）	20.62	24.74	28.91	36.94	39.54
生　活						
城镇居民人均可支配收入	（元）	1787.1	5868.4	10350	17653	21989
农村居民人均纯收入	（元）	1297.1	3208.5	4687	7860	9559
金融机构（含外资）储蓄						
存款余额	（亿元）				8315.8	9743.5
定　期	（亿元）				5586.8	6029.4
活　期	（亿元）				2729.0	3714.1
工　资						
城镇单位在岗职工工资总额	（亿元）	118.9	382.0	695.5	1520.1	2194.3
城镇单位在岗职工平均工资	（元）	2653	8144	15726	34191	46507
市政建设						
全社会用电量	（亿千瓦时）	150.5	222.6	384.4	570.5	667.0
自来水销售总量	（亿立方米）	5.3	6.8	7.5	7.2	7.8
居民燃气用户	（万户）	176.1	219.8	291.9	458.5	556.4
城市公共交通客运量	（亿人次）	33.5	37.2	40.7	51.8	48.8
环　境						
城市绿化覆盖率	（%）	28.00	32.68	36.50	42.00	43.00
污水处理率	（%）	7.3	19.4	39.4	62.4	76.2
空气质量二级及好于二级的天数	（天）			177	234	246

注：1. 北京地区用电量来源于北京市电力公司，2000年以前工业用电量不包含输配损失和发电企业自产自用电量。
2. 从2001年开始，有关职工的指标调整为在岗职工的指标。2007年及以前城镇单位在岗职工工资包括乡及乡以上独立核算法人单位，不包括乡镇企业、私营单位和个体工商户；2008年及以后包括乡镇企业。
3. 城镇住户调查的口径范围：2006年及以前年份抽样调查样本覆盖城八区；2007年样本覆盖18个区县，共3000户；2008年及以后调查样本为5000户。
4. 2004—2007年的城镇居民人均住宅使用面积根据2007年房屋普查进行了调整。
5. 离婚对数包括在民政部门登记的对数和经法院调离和判离的对数。
6. 2010年起，卫生机构中的卫生院数据并入到社区卫生服务中心（站）等其他卫生机构。

1-2 续表5

2008	2009	2010	速度指标(%)						
			指　数(2009年为以下各年)						
			1990	1995	2000	2005	2007	2008	2009
320.9	321.4	330.0		138.6	143.5	145.7	103.2	102.8	102.7
19.9	20.4	20.7		117.0	123.7	118.3	105.6	103.8	101.4
4100	4368	4613	209.2	175.5	152.7	127.2	117.1	112.5	105.6
10663	9684	10483	139.3	155.8	137.8	117.3	104.0	98.3	108.3
620.1	668.6	821.8			527.8	216.5	155.9	132.5	122.9
1027.2	1236.2	1579.5	7792.3	3836.5	1125.9	363.6	179.0	153.8	127.8
17747	22921	33511	1477.6	832.6	567.5	331.8	224.1	188.8	146.2
6523	6603	6539	132.0	132.0	105.9	135.7	105.7	100.2	99.0
8.6	9.0	9.3	157.3	138.8	130.4	117.5	110.9	107.7	103.1
15.0	16.0	17.1	153.3	147.5	148.1	142.7	122.8	114.1	106.6
5.9	6.2	6.6	129.5	121.9	127.9	130.3	119.9	112.2	105.8
5.5	6.2	6.7	194.7	183.3	168.7	156.9	132.3	121.6	109.3
14.8	18.2	13.8	148.5	163.1	172.2	143.0	117.1	93.6	76.0
3.8	4.1	4.4	298.1	218.1	165.2	128.4	120.1	116.9	106.5
21.56	21.61	19.49							
39.40	39.42	40.62	197.0	164.2	140.5	110.0	102.7	103.1	103.0
24725	26738	29073	1626.8	495.4	280.9	164.7	132.2	117.6	108.7
10747	11986	13262	1022.4	413.3	283.0	168.7	138.7	123.4	110.6
12538.1	15329.2	17585.2				211.5	180.5	140.3	114.7
8440.9	9960.8	11052.0				197.8	183.3	130.9	111.0
4097.3	5368.3	6533.2				239.4	175.9	159.5	121.7
2874.3	3227.2	3789.1	3186.8	991.9	544.8	249.3	172.7	131.8	117.4
54913	58140	65683	2475.8	806.5	417.7	192.1	141.2	119.6	113.0
689.7	739.1	809.9	538.2	363.9	210.7	142.0	121.4	117.4	109.6
8.1	8.7	8.9	169.2	131.4	118.3	124.6	114.7	110.4	102.7
591.0	600.0	634.2	360.1	288.5	217.3	138.3	114.0	107.3	105.7
59.3	65.9	69.0	206.1	185.6	169.6	133.2	141.3	116.4	104.7
43.50	44.40	45.00							
78.9	80.3	81.0							
274	285	286							

1-3 主要年份国民经济和社会发展结构指标

单位：%

项　　目	1990	1995	2000	2003	2004	2005	2007	2008	2009	2010
人口与就业										
常住人口										
按性别分										
男	50.2	50.1	52.1	52.3	52.2	50.6	50.8	50.8	51.1	51.6
女	49.8	49.9	47.9	47.7	47.8	49.4	49.2	49.2	48.9	48.4
按城乡分										
城　镇	73.5	75.6	77.5	79.1	79.5	83.6	84.5	84.9	85.0	86.0
农　村	26.5	24.4	22.5	20.9	20.5	16.4	15.5	15.1	15.0	14.0
就　业										
从业人员年末人数										
第一产业	14.5	10.6	11.8	8.9	7.2	7.1	6.5	6.4	6.2	6.0
第二产业	44.9	40.7	33.6	32.1	27.3	26.3	24.2	21.2	20.0	19.6
第三产业	40.6	48.7	54.6	59.0	65.5	66.6	69.3	72.4	73.8	74.4
宏观经济										
国民经济核算										
地区生产总值										
第一产业	8.8	4.9	2.5	1.7	1.4	1.3	1.0	1.0	1.0	0.9
第二产业	52.4	42.8	32.7	29.7	30.8	29.1	25.5	23.6	23.5	24.0
第三产业	38.8	52.3	64.8	68.6	67.8	69.6	73.5	75.4	75.5	75.1
投　资										
全社会固定资产投资										
城　镇	88.2	94.4	91.9	92.7	92.3	91.8	92.2	92.4	90.1	91.1
农　村	9.7	4.8	6.5	6.1	7.7	8.2	7.8	7.6	9.9	8.9
资金来源结构										
国家预算内资金	25.3	7.7	7.4	2.9	3.2	2.8	1.7	2.0	1.4	1.2
国内贷款	16.7	13.4	26.0	28.2	21.7	23.2	24.4	26.9	34.9	26.6
利用外资	11.2	20.5	3.6	2.0	3.2	1.6	1.3	1.5	0.5	0.5
债券、自筹和其他资金	46.8	58.4	63.0	66.9	71.9	72.4	72.6	69.6	63.3	71.6
财　政										
一般预算财政收入主要税种										
#增值税			13.3	12.7	9.3	10.6	9.0	8.6	8.9	8.9
营业税			43.2	44.5	44.8	41.7	40.3	35.5	37.1	36.3
企业所得税			16.8	15.8	16.3	17.9	20.7	27.1	21.2	21.8
个人所得税			16.3	9.7	9.9	9.2	9.1	9.3	8.8	9.1
能源消费总量										
第一产业	3.9	3.4	2.5	2.1	1.7	1.6	1.5	1.5	1.5	1.4
第二产业	63.5	65.9	58.5	53.3	51.8	49.0	44.5	40.3	38.7	39.2
第三产业	19.0	17.9	26.1	29.9	31.9	34.8	38.0	41.3	42.0	41.7
生活消费	13.6	12.8	12.9	14.6	14.6	14.7	16.0	16.9	17.8	17.7

1-3 续表1

单位：%

项 目	1990	1995	2000	2003	2004	2005	2007	2008	2009	2010
产 业										
农 业										
农林牧渔业产值结构										
农 业	55.6	52.8	46.7	36.0	35.4	38.0	42.4	42.2	46.4	47.0
林 业	1.3	1.7	2.8	5.5	4.9	5.2	6.5	6.7	5.5	5.1
牧 业	39.8	41.8	46.4	50.9	52.9	50.5	45.0	46.2	43.2	42.6
渔 业	3.3	3.7	4.1	4.1	3.8	3.6	3.7	3.2	3.3	3.5
农林牧渔服务业				3.6	3.1	2.7	2.4	1.6	1.7	1.8
工 业										
规模以上工业主要行业增加值结构										
#医药制造业		1.6	3.6	4.5	2.9	3.0	3.8	5.7	6.0	5.6
黑色金属冶炼及压延加工业		20.1	8.9	8.4	13.9	14.0	10.9	5.4	3.2	1.1
交通运输设备制造业		9.4	3.7	10.7	9.5	8.7	9.0	10.4	13.6	16.6
通信设备、计算机及其他电子设备制造业		9.9	24.7	19.4	13.0	16.7	16.8	14.2	8.8	8.7
电力、热力的生产和供应业		7.0	6.4	6.7	11.4	11.8	16.4	17.6	14.3	14.9
建筑业										
建筑业总产值结构										
#国有企业	68.7	69.1	44.8	32.1	27.9	27.4	15.1	9.5	8.9	6.3
集体企业	31.3	26.4	21.7	9.0	5.2	4.7	3.3	2.3	2.2	2.0
港澳台商投资企业		1.4	1.4	0.9	0.9	1.2	1.9	2.1	1.4	1.0
外商投资企业		1.2	2.0	1.9	1.7	1.7	2.1	1.9	1.5	1.8
交通运输业										
货运量结构(按运输方式分)										
铁 路	11.4	9.2	8.5	7.3	6.2	6.1	9.3	7.9	7.4	6.6
公 路	87.5	90.4	91.2	91.7	92.3	92.4	86.0	85.4	85.2	85.1
民 航	0.04	0.05	0.11	0.15	0.23	0.24	0.47	0.42	0.44	0.55
管 道	1.0	0.3	0.2	0.8	1.3	1.2	4.2	6.3	7.0	7.7
客运量结构(按运输方式分)										
铁 路	50.4	45.1	24.2	14.3	10.9	9.5	34.5	5.9	6.1	6.3
公 路	46.7	47.7	70.7	81.7	83.3	85.3	46.3	91.1	90.7	89.7
民 航	2.9	7.2	5.1	4.0	5.7	5.2	19.2	2.9	3.2	4.0
国内贸易										
社会消费品零售额										
吃类商品	39.6	42.7	28.4	26.0	24.5	25.8	24.5	23.1	22.2	21.4
穿类商品	13.2	14.6	12.0	11.0	9.2	9.7	9.4	8.8	8.9	8.8
用类商品	44.8	40.8	56.2	59.0	58.6	56.5	57.5	60.3	61.8	62.4
烧类商品	2.4	1.9	3.4	4.0	7.7	8.1	8.6	7.8	7.1	7.5
对外贸易										
地区出口商品										
#一般贸易		70.6	65.9	62.0	57.9	54.5	50.6	52.1	41.9	45.0
加工贸易		21.3	29.6	32.7	35.3	39.6	41.4	36.0	44.2	42.1
地区进口商品										
#一般贸易		84.4	87.3	89.3	88.6	85.2	85.6	89.0	85.9	88.7
加工贸易		5.2	3.5	6.1	6.1	8.2	8.1	5.7	7.9	5.9
国际旅游										
接待入境旅游者人数										
外国人	63.7	80.5	84.4	82.5	85.0	85.9	87.9	88.6	83.1	86.0
港澳台同胞	34.6	17.6	15.6	17.5	15.0	14.1	12.1	11.4	16.9	14.0

注：1. 从2003年起农业统计执行新《国民经济行业分类标准》及按生产者价格计算，农林牧渔业总产值中含农林牧渔服务业产值。
2. 2010年农业按照新的《统计用产品分类目录》，将原归属林业产值的核桃、板栗等林产品调整至农业产值，并对2009年数据作了调整。

1-3 续表2

单位：%

项　　目	1990	1995	2000	2003	2004	2005	2007	2008	2009	2010
教育、科技、卫生										
教　育										
在校学生结构										
#高等教育	8.3	9.0	14.0	24.8	28.1	46.2	45.9	47.7	48.9	49.5
中等教育	32.5	41.0	48.7	42.5	40.1	29.7	26.3	24.4	23.0	22.1
小学教育	59.0	49.6	36.8	23.8	22.5	16.9	20.9	20.6	20.1	19.8
专任教师结构										
#高等教育	24.6	22.7	22.2	23.1	25.6	32.7	34.6	35.2	35.6	35.9
中等教育	38.3	38.6	40.5	38.6	37.4	33.6	33.1	30.7	30.0	29.1
小学教育	36.7	37.9	36.8	29.9	28.3	25.3	25.9	24.5	24.2	23.9
科　技										
研究与试验发展(R&D)人员折合全时当量结构										
基础研究						12.9	11.7	12.8	14.2	15.2
应用研究						29.8	27.0	26.5	24.3	27.1
试验发展						57.3	61.3	60.6	61.5	57.7
研究与试验发展(R&D)经费内部支出结构										
基础研究						10.1	8.1	8.2	10.5	11.6
应用研究						27.8	20.1	21.9	22.9	26.4
试验发展						53.1	62.9	60.5	66.5	62.0
卫　生										
卫生技术人员结构										
#执业医师	45.6	46.7	44.6	42.7	42.0	42.2	39.5	39.2	38.9	38.5
注册护士	31.0	31.7	34.5	35.6	35.6	35.8	36.5	36.9	38.4	39.3
生活、环境										
生　活										
城镇居民消费结构										
食品(恩格尔系数)	54.2	48.5	36.3	31.7	32.2	31.8	32.2	33.8	33.2	32.1
衣　着	14.8	15.1	8.9	8.1	8.7	8.9	9.9	9.5	10.0	10.4
居　住	3.5	4.5	6.9	8.6	8.7	7.9	8.1	7.8	7.2	7.9
家庭设备用品及服务	10.4	8.8	12.9	6.3	6.8	6.4	6.4	6.7	6.8	6.9
医疗保健	1.4	2.9	6.9	8.9	9.7	9.8	8.4	9.5	7.8	6.7
交通和通信	1.5	4.7	7.1	15.2	12.8	14.7	15.2	13.9	15.5	17.2
教育文化娱乐服务	11.5	10.2	15.1	17.7	17.3	16.5	15.6	14.5	14.8	14.6
其他商品和服务	2.7	5.2	5.8	3.5	3.8	4.0	4.2	4.3	4.7	4.2
农村居民消费结构										
食品(恩格尔系数)	50.7	49.6	36.7	31.7	32.6	32.8	32.1	34.3	32.4	30.9
衣　着	9.5	10.9	7.6	7.1	7.4	7.8	7.7	7.8	7.7	7.7
居　住	19.2	9.7	15.7	19.8	17.1	16.2	17.0	16.9	19.4	21.8
家庭设备用品及服务	8.0	7.6	7.3	5.8	5.4	6.2	5.7	6.3	6.5	5.6
医疗保健	3.8	4.8	8.0	8.3	8.7	9.0	9.4	9.9	9.5	8.9
交通和通信	1.7	4.1	6.3	10.1	11.2	11.0	12.8	11.6	12.1	13.1
文教娱乐用品及服务支出	6.6	10.6	14.4	15.4	15.8	15.1	13.2	11.5	10.5	9.7
其他商品和服务	0.6	2.8	4.0	1.7	1.8	1.9	2.1	1.8	1.9	2.4
环　境										
空气质量达到二级及好于二级天数比例			48.4	61.4	62.6	64.1	67.4	74.9	78.1	78.4

1-4 国民经济和社会发展比例和效益指标

项　　目		2010	2009
人口与就业			
人　口			
常住人口出生率	(‰)	7.48	8.06
常住人口死亡率	(‰)	4.41	4.56
常住人口自然增长率	(‰)	3.07	3.50
就　业			
城镇登记失业率	(%)	1.37	1.44
就业弹性系数		0.32	0.17
宏观经济			
国民经济核算			
地区生产总值	(%)	100.0	100.0
第一产业	(%)	0.9	1.0
第二产业	(%)	24.0	23.5
第三产业	(%)	75.1	75.5
全社会劳动生产率	(元/人)	139057	122807
第一产业	(元/人)	20129	18898
第二产业	(元/人)	168451	140319
第三产业	(元/人)	140968	126872
固定资产投资			
全社会固定资产投资相当于			
地区生产总值比例	(%)	38.9	40.0
财　政			
地方财政收入相当于			
地区生产总值比例	(%)	27.0	22.0
地方财政支出相当于			
地区生产总值比例	(%)	28.8	23.2
能源消费			
能源消费弹性系数		0.57	0.38
电力消费弹性系数		0.92	0.70
万元地区生产总值能耗(现价)	(吨标准煤)	0.49	0.54
万元地区生产总值水耗(现价)	(立方米)	24.94	29.92
产　业			
规模以上工业企业效益			
综合效益指数	(%)	236.36	210.87
总资产贡献率	(%)	8.31	7.56
资产保值增值率	(%)	115.89	110.88

1-4 续表1

项　目		2010	2009
资产负债率	(%)	50.76	50.53
流动资产周转率	(次)	1.81	1.77
成本费用利润率	(%)	7.38	6.43
全员劳动生产率	(元/人)	221639	189529
产品销售率	(%)	98.74	98.78
建筑业			
全员劳动生产率	(元/人)	253939	249137
产值竣工率	(%)	42.7	50.8
面积竣工率	(%)	20.2	23.0
邮电通信业			
移动电话普及率	(户/百人)	107.9	104.0
固定电话主线普及率	(线/百人)	45.1	50.9
国内贸易			
人均社会消费品零售额	(元)	33518.8	30782.0
教育、科技、文化、卫生			
教　育			
学龄儿童入学率	(%)	99.96	100.00
平均每一专任教师负担学生数			
高等学校	(人)	16.6	16.5
普通中学	(人)	10.2	10.0
小学学校	(人)	13.2	13.0
科　技			
研究与试验发展经费内部支出			
相当于地区生产总值比例	(%)	5.82	5.50
文　化			
每万人拥有公共图书馆	(个)	0.01	0.01
每万人拥有博物馆	(个)	0.08	0.09
卫　生			
婴儿死亡率	(‰)	3.29	3.49
孕产妇死亡率	(1/10万)	12.14	14.55
平均每千人口拥有执业医师数(户籍人口)	(人)	5.24	5.00
平均每千人口拥有医院床位数(户籍人口)	(张)	6.83	6.62
家庭、生活、环境、灾害			
家　庭			
少儿抚养比(常住人口)	(%)	10.4	12.2
老年抚养比(常住人口)	(%)	10.5	14.2
生　活			
城镇与农村居民收入比例			
(以农村居民收入为1)		2.19	2.23
城镇居民人均住房使用面积	(平方米)	19.49	21.61
农村居民人均住房面积	(平方米)	40.62	39.42
环境、灾害			
人均公园绿地面积	(平方米)	15.00	14.50
平均每起火灾直接经济损失	(元)	7684.3	28363.5
平均每起交通事故直接经济损失	(元)	5627.5	5360.4

1-5 北京一日

项　　目		2010	2009
每天创造的财富			
地区生产总值	(万元)	386674.0	332958.9
第一产业	(万元)	3408.2	3241.1
第二产业	(万元)	92832.9	78232.9
工　业	(万元)	75726.0	63098.6
建筑业	(万元)	17106.8	15134.2
第三产业	(万元)	290432.9	251484.9
#交通运输、仓储和邮政业	(万元)	19506.8	15249.3
地方财政收入	(万元)	104408.4	73391.1
地方财政支出	(万元)	111369.0	77284.0
发电量	(万千瓦时)	7365.3	6643.4
汽车生产量	(辆)	4117	3482
移动电话机生产量	(台)	750355	585076
每天收入与消费量			
城镇居民人均可支配收入	(元)	79.7	73.3
城镇居民人均消费性支出	(元)	54.6	49.0
农村居民人均纯收入	(元)	36.3	32.8
农村居民人均生活消费支出	(元)	27.7	25.0
在岗职工平均工资	(元)	180.0	159.3
社会消费品零售额	(万元)	170665.8	145476.7
机动车销售量	(辆)	3923	3145
生活消费用电量	(万千瓦时)	3817.4	3528.6
居民家庭用自来水	(万立方米)	124.1	115.1
每天其他活动			
地区出口额	(万美元)	15188.9	13248.8
旅游外汇收入	(万美元)	1381.9	1194.5
国内旅游收入	(万元)	66441.1	58753.4
接待入境旅游人数	(人次)	13427	11301
接待国内旅游者人数	(人次)	490411	445397
市内公共交通客运量	(万人次)	1889.8	1804.9
报刊、图书印数量	(万份、万册、万张)		2804.7
每天人口和婚姻变动			
出生人口(户籍)	(人)	279	299
死亡人口(户籍)	(人)	250	171
登记结婚对数	(对)	378	498
离婚对数	(对)	120	113

注：1. 在岗职工范围包括乡镇企业。
　　2. 离婚对数包括在民政部门登记的对数和经法院调离和判离的对数。

第二篇

BEIJING AREA STATISTICAL YEARBOOK

北京区县概览

BEIJING QUXIAN GAILAN

2-1 土地利用状况（2008年）

单位：平方公里

区　县	土地面积	农用地	#耕　地	建设用地	未利用地
全　市	**16410.54**	**10959.81**	**2316.88**	**3377.15**	**2073.58**
东城区	25.34			25.34	
西城区	31.62			31.62	
崇文区	16.52			16.52	
宣武区	18.91			18.91	
朝阳区	455.08	137.25	47.26	308.93	8.89
丰台区	305.80	78.75	31.61	203.26	23.80
石景山区	84.32	31.79	2.14	49.44	3.10
海淀区	430.73	194.89	26.90	229.24	6.60
房山区	1989.54	1159.06	282.78	350.55	479.94
通州区	906.28	561.87	350.35	309.02	35.39
顺义区	1019.89	603.97	310.31	328.24	87.69
昌平区	1343.54	921.67	117.76	365.20	56.68
大兴区	1036.32	667.75	381.17	311.94	56.63
门头沟区	1450.70	1091.28	18.17	95.35	264.07
怀柔区	2122.62	1568.02	97.51	133.37	421.23
平谷区	950.13	713.84	123.67	126.98	109.31
密云县	2229.45	1540.66	229.33	329.52	359.27
延庆县	1993.75	1689.03	297.92	143.73	160.99

注：由于全国第二次土地调查结果尚未正式发布，本表中土地利用状况数据截止到2008年。
资料来源：北京市国土资源局。

2-2 行政区划 (2010年)

单位：个

区　县	街道办事处	建制镇	建制乡	社区居委会	村民委员会
全　市	**140**	**142**	**40**	**2717**	**3943**
东城区	17			205	
西城区	15			255	
朝阳区	23		19	364	154
丰台区	16	2	3	291	68
石景山区	9			139	
海淀区	22	5	2	591	84
房山区	8	14	6	121	461
通州区	4	10	1	102	475
顺义区	6	19		79	426
昌平区	2	15		177	303
大兴区	5	14		117	527
门头沟区	4	9		99	178
怀柔区	2	12	2	32	284
平谷区	2	14	2	29	273
密云县	2	17	1	83	334
延庆县	3	11	4	33	376

资料来源：北京市民政局。

2-3 法人单位数（2010年）

单位：个

区 县	法人单位数合计			#企业法人
		单产业法人	多产业法人	
全 市	**384973**	**368824**	**16149**	**354252**
东 城 区	25917	24401	1516	22826
西 城 区	33114	30836	2278	29293
朝 阳 区	81331	78005	3326	78049
丰 台 区	36441	35356	1085	34694
石景山区	12439	11902	537	11594
海 淀 区	90280	87150	3130	86549
房 山 区	11748	11211	537	9865
通 州 区	16954	16502	452	15764
顺 义 区	12003	11570	433	10369
昌 平 区	15748	15115	633	13962
大 兴 区	20379	19691	688	18474
门头沟区	5686	5309	377	4550
怀 柔 区	5948	5678	270	4683
平 谷 区	5434	5238	196	4220
密 云 县	6256	5914	342	5025
延 庆 县	2767	2568	199	1856
北京经济技术开发区	2528	2378	150	2479

2-4 户籍人口数

单位：万人

区　县	户籍人口数			
	2010	男	女	2009
全　市	**1257.8**	**632.8**	**625.0**	**1245.8**
东城区	95.6	47.3	48.3	95.6
西城区	134.5	67.2	67.3	133.1
朝阳区	188.6	94.9	93.8	185.3
丰台区	106.3	54.0	52.3	105.2
石景山区	36.2	18.7	17.4	36.0
海淀区	219.6	111.3	108.3	215.8
房山区	76.8	38.6	38.2	76.7
通州区	66.3	32.9	33.4	65.6
顺义区	58.2	28.8	29.3	57.8
昌平区	53.3	26.9	26.4	52.3
大兴区	59.9	30.0	29.9	59.3
门头沟区	24.6	12.6	11.9	24.4
怀柔区	27.7	13.9	13.7	27.8
平谷区	39.5	19.9	19.6	39.8
密云县	42.8	21.5	21.3	43.1
延庆县	27.9	14.1	13.8	28.1

资料来源：北京市公安局。

2-5 户籍人口户数

单位：万户

区　县	户籍人口户数	
	2010	2009
全　市	**496.1**	**488.7**
东 城 区	34.3	34.3
西 城 区	46.7	46.4
朝 阳 区	73.4	71.9
丰 台 区	44.1	43.5
石景山区	13.6	13.5
海 淀 区	67.1	66.0
房 山 区	35.2	34.7
通 州 区	32.3	31.6
顺 义 区	26.1	25.9
昌 平 区	23.3	22.5
大 兴 区	24.5	23.8
门头沟区	11.7	11.4
怀 柔 区	13.3	13.2
平 谷 区	16.7	16.6
密 云 县	20.2	20.2
延 庆 县	13.4	13.3

资料来源：北京市公安局。

2-6 暂住人口数

单位：万人

区　县	暂住人口数	
	2010	2009
全　市	**886.1**	**874.9**
东 城 区	22.0	21.0
西 城 区	28.5	26.3
朝 阳 区	219.2	222.0
丰 台 区	111.7	108.9
石景山区	19.0	19.9
海 淀 区	173.0	156.1
房 山 区	20.9	19.9
通 州 区	64.8	59.6
顺 义 区	25.4	27.0
昌 平 区	84.2	89.5
大 兴 区	80.6	93.6
门头沟区	9.6	7.9
怀 柔 区	10.8	9.5
平 谷 区	6.3	4.4
密 云 县	6.9	6.0
延 庆 县	3.2	3.3

资料来源：北京市公安局。

2-7 户籍人口迁移情况（2010年）

单位：人

区　县	市外迁入人数	迁往市外人数
全　市	**185101**	**76010**
东城区	5807	985
西城区	14673	3377
朝阳区	32772	12778
丰台区	9499	1948
石景山区	3304	1057
海淀区	85923	46644
房山区	4196	419
通州区	3509	753
顺义区	3240	421
昌平区	10710	5455
大兴区	5222	1252
门头沟区	1018	159
怀柔区	1277	150
平谷区	1066	236
密云县	1644	220
延庆县	1241	156

资料来源：北京市公安局。

2-8 户籍人口自然变动情况

单位：人

区　县	出生人数		死亡人数		自然增加人数	
	2010	2009	2010	2009	2010	2009
全　市	**101662**	**109170**	**91187**	**62440**	**10475**	**46730**
东城区	6809	7432	5380	4052	1429	3380
西城区	10005	10382	6845	5701	3160	4681
朝阳区	16458	17082	9812	7303	6646	9779
丰台区	7997	8973	6729	4916	1268	4057
石景山区	2785	2841	2413	1630	372	1211
海淀区	17501	18449	8522	5649	8979	12800
房山区	6142	6669	7883	5148	-1741	1521
通州区	6022	6251	5815	4889	207	1362
顺义区	4777	5411	5986	4393	-1209	1018
昌平区	4954	5783	5506	3249	-552	2534
大兴区	6453	5945	5904	3681	549	2264
门头沟区	1593	1873	2625	1739	-1032	134
怀柔区	2145	2772	3569	1907	-1424	865
平谷区	2945	3255	4553	2957	-1608	298
密云县	3193	3587	6015	3118	-2822	469
延庆县	1883	2465	3630	2108	-1747	357

资料来源：北京市公安局。

2-9 常住人口及外来人口

单位：万人

区 县	常住人口		#外来人口	
	2010	2009	2010	2009
全 市	**1961.2**	**1755.0**	**704.5**	**509.2**
东城区	91.9	86.5	22.0	17.8
西城区	124.3	124.6	32.7	25.6
朝阳区	354.5	317.9	151.5	105.6
丰台区	211.2	182.3	81.3	52.5
石景山区	61.6	60.5	20.7	21.5
海淀区	328.1	308.2	125.6	100.1
房山区	94.5	91.2	19.5	15.0
通州区	118.4	109.3	43.5	39.9
顺义区	87.7	73.2	27.9	15.3
昌平区	166.1	102.1	84.7	39.5
大兴区	136.5	115.9	64.4	51.3
门头沟区	29.0	28.0	4.7	3.8
怀柔区	37.3	38.0	10.3	10.6
平谷区	41.6	42.7	4.9	3.3
密云县	46.8	45.8	6.9	4.8
延庆县	31.7	28.8	3.9	2.6

注：1. 表内2009年数据根据2009年人口变动情况抽样调查数据推算；2010年数据为第六次全国人口普查数据，普查标准时点为2010年11月1日零时。
2. 全市2010年底根据第六次全国人口普查数据推算结果为1961.9万人。

2-10 常住人口密度 (2010年)

区　县	常住人口 (万人)	土地面积 (平方公里)	常住人口密度 (人/平方公里)
全　市	**1961.2**	**16410.54**	**1195**
东城区	91.9	41.86	21960
西城区	124.3	50.53	24605
朝阳区	354.5	455.08	7790
丰台区	211.2	305.80	6907
石景山区	61.6	84.32	7306
海淀区	328.1	430.73	7617
房山区	94.5	1989.54	475
通州区	118.4	906.28	1307
顺义区	87.7	1019.89	860
昌平区	166.1	1343.54	1236
大兴区	136.5	1036.32	1317
门头沟区	29.0	1450.70	200
怀柔区	37.3	2122.62	176
平谷区	41.6	950.13	438
密云县	46.8	2229.45	210
延庆县	31.7	1993.75	159

注：常住人口数据为2010年第六次全国人口普查数据，普查标准时点为2010年11月1日零时。土地面积使用的是2008年数据，来自于北京市国土资源局。

2-11 城镇单位从业人员年末人数、劳动报酬总额

区 县	从业人员年末人数(人)		增长速度(%)
	2010	2009	
全 市	**6466348**	**6193478**	**4.4**
东 城 区	534213	527114	1.3
西 城 区	865433	815912	6.1
朝 阳 区	1153983	1110486	3.9
丰 台 区	648955	654896	-0.9
石景山区	167431	161523	3.7
海 淀 区	1337161	1263574	5.8
房 山 区	169009	163325	3.5
通 州 区	221214	215093	2.8
顺 义 区	356633	330330	8.0
昌 平 区	243962	232511	4.9
大 兴 区	364578	333428	9.3
门头沟区	63178	65407	-3.4
怀 柔 区	81440	78174	4.2
平 谷 区	95760	92335	3.7
密 云 县	104140	92970	12.0
延 庆 县	59258	56400	5.1

注：城镇单位是指不包括私营单位和个体工商户的独立核算法人单位(表2-11续表同此)。

2–11 续表1

区 县	从业人员年末人数(人)				从业人员劳动报酬总额(万元)		
	#国 有	#集 体	#港澳台商投资	#外商投资	2010	2009	增长速度(%)
全 市	**1889981**	**227094**	**424333**	**748518**	**41360642**	**35456211**	**16.7**
东城区	206532	7637	48071	70900	4127600	3684646	12.0
西城区	310366	14638	29285	31691	7479982	6384233	17.2
朝阳区	257194	32685	95860	215624	8434454	7332098	15.0
丰台区	196177	36095	14421	31771	2720811	2416760	12.6
石景山区	39330	4629	6900	16817	857248	761281	12.6
海淀区	471462	29253	81655	139355	9638321	8157245	18.2
房山区	49978	16266	1956	5338	691744	579932	19.3
通州区	40318	7691	8937	27117	900317	715566	25.8
顺义区	69161	24361	56754	60590	1929132	1593717	21.0
昌平区	62417	19187	7569	19120	1053636	874998	20.4
大兴区	54908	8508	54060	92577	2017316	1673588	20.5
门头沟区	17472	8878	2169	501	276925	245048	13.0
怀柔区	24244	4276	4847	12640	367973	315817	16.5
平谷区	22718	3008	3880	13738	321412	261777	22.8
密云县	31612	7692	6413	10064	340390	279109	22.0
延庆县	36092	2290	1556	675	203381	180396	12.7

2-12 城镇单位在岗职工人数、工资总额、平均工资及城镇登记失业人员

区　县	在岗职工人数(人)			在岗职工工资总额(万元)			在岗职工平均工资(元)		
	2010	2009	增长速度(%)	2010	2009	增长速度(%)	2010	2009	增长速度(%)
全　市	**5876526**	**5603939**	**4.9**	**37890732**	**32271711**	**17.4**	**65683**	**58140**	**13.0**
东城区	475366	467553	1.7	3779873	3332201	13.4	80701	71513	12.8
西城区	765431	713966	7.2	7007528	5996431	16.9	94136	85346	10.3
朝阳区	985354	948574	3.9	7053327	6070932	16.2	72989	64223	13.6
丰台区	589027	595114	-1.0	2509347	2237296	12.2	42927	38141	12.5
石景山区	156105	150271	3.9	821045	728510	12.7	53324	48298	10.4
海淀区	1219175	1138157	7.1	9027455	7554983	19.5	75732	67409	12.3
房山区	164266	158632	3.6	678532	567159	19.6	41508	36056	15.1
通州区	210401	205264	2.5	856937	675746	26.8	40707	32869	23.8
顺义区	346229	321718	7.6	1821055	1496354	21.7	53408	47000	13.6
昌平区	229228	218110	5.1	1007160	835260	20.6	44518	39075	13.9
大兴区	352504	321680	9.6	1867899	1545048	20.9	54653	48160	13.5
门头沟区	60762	62628	-3.0	271422	238702	13.7	44503	38176	16.6
怀柔区	78571	75104	4.6	351106	296505	18.4	45837	40218	14.0
平谷区	93026	89547	3.9	309752	251042	23.4	33798	28496	18.6
密云县	93237	82680	12.8	328716	268929	22.2	36991	32722	13.0
延庆县	57844	54941	5.3	199578	176613	13.0	34409	31408	9.6

注：城镇单位是指不包括私营单位和个体工商户的独立核算法人单位(表2-12续表同此)。

2-12 续表1

区　县	国有单位在岗职工平均工资(元)			集体单位在岗职工平均工资(元)			其他单位在岗职工平均工资(元)			城镇登记失业人员(人)	
	2010	2009	增长速度(%)	2010	2009	增长速度(%)	2010	2009	增长速度(%)	2010	2009
全　市	**70320**	**63239**	**11.2**	**26607**	**23553**	**13.0**	**65755**	**57911**	**13.5**	**77255**	**81550**
东城区	75932	68414	11.0	35728	32024	11.6	85064	74841	13.7	5106	6304
西城区	85573	79443	7.7	48623	42316	14.9	100725	90564	11.2	8538	8737
朝阳区	75324	69780	7.9	28311	24896	13.7	74139	64228	15.4	9467	13909
丰台区	47125	40511	16.3	23545	20702	13.7	42584	38629	10.2	9252	9009
石景山区	66794	60064	11.2	29471	24644	19.6	50075	45491	10.1	5319	5542
海淀区	79893	70833	12.8	35263	34021	3.7	74768	66733	12.0	9829	8966
房山区	59295	49783	19.1	23722	19475	21.8	35650	32091	11.1	6374	7263
通州区	60683	51479	17.9	19830	17077	16.1	36999	29592	25.0	3738	3801
顺义区	51328	46877	9.5	22567	19578	15.3	56944	49991	13.9	2214	2524
昌平区	53030	47636	11.3	16757	14503	15.5	44843	38987	15.0	3362	2821
大兴区	56874	50104	13.5	20657	18159	13.8	55239	48856	13.1	3114	2286
门头沟区	57051	49250	15.8	18440	17742	3.9	45083	38575	16.9	4260	3948
怀柔区	54434	47914	13.6	26401	28183	-6.3	43242	37388	15.7	1814	1483
平谷区	59053	46444	27.1	33147	24429	35.7	25891	22783	13.6	1296	1658
密云县	54410	49763	9.3	26783	18835	42.2	29929	24933	20.0	2403	2133
延庆县	38619	36106	7.0	20800	17999	15.6	28603	24654	16.0	1154	1146
北京经济技术开发区										15	20

注：城镇登记失业人员数据来自北京市人力资源和社会保障局。

2-13 地区生产总值

单位：亿元

区县	地区生产总值			第一产业		
	2010	2009	增长速度(%)	2010	2009	增长速度(%)
全市	**14113.6**	**12153.0**	**10.3**	**124.4**	**118.3**	**-1.6**
东城区	1223.6	1122.4	9.0			
西城区	2057.7	1815.6	13.3			
朝阳区	2804.2	2380.4	17.8	1.4	1.4	-2.0
丰台区	734.8	627.4	17.1	1.0	1.0	-0.5
石景山区	295.5	248.7	18.8			
海淀区	2771.6	2446.9	13.3	1.4	1.4	-5.2
房山区	371.5	293.5	26.6	14.5	13.8	4.6
通州区	344.8	278.9	23.6	14.8	14.1	4.5
顺义区	867.9	690.2	25.7	22.2	21.4	4.1
昌平区	399.9	342.4	16.8	5.6	5.0	11.7
大兴区	311.9	271.2	15.0	17.6	17.4	1.1
门头沟区	86.4	74.8	15.6	1.4	1.3	11.7
怀柔区	148.0	131.4	12.6	6.8	6.5	4.0
平谷区	117.9	107.0	10.2	12.7	11.2	13.0
密云县	141.5	119.5	18.3	16.4	15.3	7.6
延庆县	67.7	61.5	10.1	8.6	8.4	2.4
北京经济技术开发区	698.6	592.5	17.9			

注：1. 行业按国家2002年国民经济行业分类标准核算(下同)。
2. 增长速度全市为可比价速度(以2005年为基期)，区县为现价速度(表2-13续表同此)。
3. 地区生产总值区县合计不等于全市是由于区县中扣除了划归市一级核算部分。

2-13 续表1

单位：亿元

区　县	第二产业			工　业			建筑业		
	2010	2009	增长速度(%)	2010	2009	增长速度(%)	2010	2009	增长速度(%)
全　市	**3388.4**	**2855.5**	**13.7**	**2764.0**	**2303.1**	**14.9**	**624.4**	**552.4**	**8.3**
东城区	55.8	53.0	5.2	25.3	24.5	3.1	30.5	28.5	7.1
西城区	221.9	185.5	19.6	165.6	136.1	21.6	56.3	49.3	14.2
朝阳区	320.8	265.6	20.8	238.6	195.3	22.1	82.3	70.3	17.0
丰台区	178.1	152.5	16.8	99.0	83.5	18.6	79.1	68.9	14.7
石景山区	127.1	112.3	13.1	92.9	83.9	10.8	34.2	28.5	20.1
海淀区	399.0	382.0	4.5	264.8	260.2	1.8	134.2	121.8	10.2
房山区	237.7	179.4	32.5	207.0	149.1	38.8	30.7	30.2	1.6
通州区	167.6	118.0	42.0	129.8	87.7	48.0	37.8	30.3	24.5
顺义区	373.5	297.6	25.5	350.2	277.5	26.2	23.3	20.1	16.1
昌平区	196.3	162.6	20.7	174.5	142.3	22.6	21.7	20.3	7.2
大兴区	117.2	100.9	16.2	95.0	82.8	14.7	22.3	18.1	23.4
门头沟区	44.5	37.5	18.7	38.7	33.0	17.4	5.7	4.5	28.2
怀柔区	89.6	80.2	11.7	77.7	68.9	12.8	11.9	11.3	5.5
平谷区	54.9	47.0	16.8	41.7	36.9	12.9	13.2	10.0	31.4
密云县	63.9	54.0	18.3	48.9	40.0	22.2	15.0	14.0	7.4
延庆县	19.0	15.7	20.7	12.8	9.9	30.3	6.1	5.9	4.6
北京经济技术开发区	421.8	354.2	19.1	401.8	333.7	20.4	20.0	20.5	-2.4

2-13 续表2

单位：亿元

区　县	第三产业			交通运输、仓储和邮政业		
	2010	2009	增长速度(%)	2010	2009	增长速度(%)
全　市	**10600.8**	**9179.2**	**9.3**	**712.0**	**556.6**	**11.7**
东 城 区	1167.8	1069.3	9.2	24.8	24.0	3.5
西 城 区	1835.8	1630.1	12.6	34.8	22.6	53.9
朝 阳 区	2482.0	2113.4	17.4	134.8	116.2	16.0
丰 台 区	555.7	473.9	17.3	32.8	21.2	54.7
石景山区	168.4	136.3	23.5	5.2	4.5	17.3
海 淀 区	2371.2	2063.5	14.9	16.8	13.1	28.4
房 山 区	119.3	100.3	19.0	8.7	6.3	37.5
通 州 区	162.5	146.8	10.7	5.1	5.5	-7.1
顺 义 区	472.2	371.2	27.2	267.1	190.2	40.4
昌 平 区	198.0	174.8	13.3	4.0	3.2	27.3
大 兴 区	177.1	152.9	15.8	13.0	11.7	11.0
门头沟区	40.6	36.1	12.4	1.3	1.3	-4.8
怀 柔 区	51.6	44.7	15.3	1.1	1.4	-17.9
平 谷 区	50.5	48.8	3.3	4.0	4.6	-12.6
密 云 县	61.1	50.2	21.7	1.3	1.3	持平
延 庆 县	40.1	37.4	7.3	6.8	6.2	8.7
北京经济技术开发区	276.8	238.4	16.1	26.8	31.9	-15.9

2-13 续表3

单位：亿元

区　县	信息传输、计算机服务和软件业			批发与零售业		
	2010	2009	增长速度(%)	2010	2009	增长速度(%)
全　市	**1214.1**	**1066.5**	**10.6**	**1888.5**	**1525.0**	**20.9**
东 城 区	146.0	129.5	12.7	150.7	113.4	32.9
西 城 区	75.1	79.3	-5.3	242.6	202.0	20.1
朝 阳 区	148.6	122.4	21.4	692.3	530.2	30.6
丰 台 区	33.1	30.8	7.5	94.4	77.4	21.9
石景山区	32.8	18.6	75.8	21.1	17.3	21.7
海 淀 区	622.8	532.4	17.0	276.9	242.4	14.2
房 山 区	0.9	0.5	72.8	15.4	13.8	11.7
通 州 区	0.8	0.6	17.7	43.2	45.2	-4.3
顺 义 区	2.0	2.0	0.7	28.4	26.0	9.2
昌 平 区	11.9	11.1	7.2	19.2	23.1	-17.0
大 兴 区	2.1	1.9	10.4	23.1	20.3	13.5
门头沟区	0.1	0.1	-4.9	5.1	6.2	-17.8
怀 柔 区	0.1	0.1	-7.7	4.9	6.4	-22.6
平 谷 区	0.2	0.2	-24.6	4.7	4.4	7.9
密 云 县	0.2	0.2	9.3	6.4	7.4	-13.3
延 庆 县	0.01	0.02	-39.3	3.1	3.1	-1.3
北京经济技术开发区	22.7	22.1	3.0	168.4	148.8	13.2

2-13 续表4

单位：亿元

区 县	住宿和餐饮业			金融业		
	2010	2009	增长速度(%)	2010	2009	增长速度(%)
全 市	**317.3**	**262.5**	**15.2**	**1863.6**	**1603.6**	**8.6**
东 城 区	47.9	37.3	28.6	233.3	216.9	7.6
西 城 区	36.8	31.9	15.2	826.3	721.0	14.6
朝 阳 区	88.3	68.9	28.0	279.4	220.7	26.6
丰 台 区	20.9	17.9	17.1	67.7	50.8	33.4
石景山区	4.6	3.8	21.4	17.5	12.5	40.7
海 淀 区	63.8	52.4	21.6	270.5	227.3	19.0
房 山 区	3.8	4.0	-4.7	12.2	9.6	27.5
通 州 区	5.6	5.6	0.5	18.5	12.6	46.8
顺 义 区	10.5	8.0	31.5	42.0	37.4	12.1
昌 平 区	13.5	12.0	13.3	19.2	13.1	47.1
大 兴 区	3.4	6.9	-50.2	15.1	15.7	-4.0
门头沟区	1.4	1.7	-17.4	3.6	2.5	43.8
怀 柔 区	3.4	3.6	-5.7	5.1	4.0	28.8
平 谷 区	2.1	2.5	-15.5	5.2	4.0	28.2
密 云 县	3.5	3.2	9.7	5.2	4.1	27.7
延 庆 县	1.5	2.3	-35.3	2.6	2.3	13.7
北京经济技术开发区	6.3	0.7	825.4	10.8	1.7	545.3

2-13 续表5

单位：亿元

区　县	房地产业			租赁和商务服务业		
	2010	2009	增长速度(%)	2010	2009	增长速度(%)
全　市	**1006.5**	**1062.5**	**-14.2**	**953.2**	**809.6**	**10.0**
东 城 区	94.3	120.3	-21.6	152.4	138.0	10.4
西 城 区	98.5	120.6	-18.3	158.4	136.7	15.9
朝 阳 区	318.0	350.2	-9.2	389.9	330.7	17.9
丰 台 区	51.4	70.1	-26.7	59.4	49.1	21.0
石景山区	21.5	25.6	-16.1	9.1	7.8	16.3
海 淀 区	166.8	173.9	-4.1	113.0	92.4	22.3
房 山 区	25.6	22.3	14.7	5.4	3.6	50.3
通 州 区	40.3	34.7	16.1	4.8	4.4	11.1
顺 义 区	36.6	26.5	37.8	29.2	24.2	20.5
昌 平 区	39.0	36.7	6.1	7.9	6.8	16.3
大 兴 区	52.7	33.7	56.4	5.8	6.0	-2.9
门头沟区	7.4	6.1	22.8	1.9	1.6	15.2
怀 柔 区	9.8	8.0	22.1	1.7	1.5	13.3
平 谷 区	10.0	13.9	-27.9	1.6	1.4	13.4
密 云 县	16.4	11.1	47.5	1.6	0.1	1382.6
延 庆 县	6.3	4.5	40.3	0.8	0.7	20.9
北京经济技术开发区	1.9	4.2	-55.5	10.5	4.6	128.4

2-13 续表6

单位：亿元

区 县	科学研究、技术服务和地质勘察业			水利、环境和公共设施管理业		
	2010	2009	增长速度(%)	2010	2009	增长速度(%)
全　市	**941.1**	**816.9**	**7.9**	**75.3**	**67.2**	**4.7**
东 城 区	118.5	111.4	6.4	5.5	4.7	16.3
西 城 区	87.2	68.1	28.0	5.2	6.8	-23.5
朝 阳 区	164.5	144.9	13.5	14.2	10.6	33.2
丰 台 区	98.0	74.7	31.2	10.6	9.8	8.3
石景山区	12.9	10.6	21.4	2.1	1.8	12.8
海 淀 区	365.0	321.2	13.7	19.2	17.1	12.6
房 山 区	8.5	7.3	15.8	1.7	1.5	12.7
通 州 区	4.1	3.4	18.7	1.7	1.7	-1.3
顺 义 区	15.6	21.9	-28.8	1.6	1.5	6.1
昌 平 区	22.1	18.0	22.9	2.9	2.7	8.3
大 兴 区	9.9	9.1	9.3	1.3	1.3	5.0
门头沟区	1.6	1.1	47.3	0.6	0.5	19.0
怀 柔 区	2.8	1.2	137.7	1.6	1.4	15.4
平 谷 区	0.8	0.6	23.4	0.4	0.3	9.4
密 云 县	1.0	0.7	41.6	2.4	2.3	7.7
延 庆 县	0.9	0.9	5.5	2.2	2.0	9.2
北京经济技术开发区	24.6	21.8	12.8	2.1	1.1	89.7

2-13 续表7

单位：亿元

区　县	居民服务和其他服务业			教　育		
	2010	2009	增长速度(%)	2010	2009	增长速度(%)
全　市	**99.3**	**73.9**	**25.5**	**516.2**	**444.1**	**8.5**
东城区	5.7	4.6	24.6	24.8	22.4	10.7
西城区	9.2	8.2	12.1	42.4	37.2	13.9
朝阳区	23.4	17.0	37.6	76.6	67.8	12.9
丰台区	11.6	8.4	37.8	23.2	18.8	23.2
石景山区	3.2	2.4	38.2	11.3	9.6	16.9
海淀区	16.8	12.6	33.7	216.1	185.4	16.6
房山区	2.2	1.8	24.9	14.5	11.4	27.2
通州区	3.7	2.7	36.9	12.9	10.5	22.5
顺义区	5.7	3.6	57.5	15.5	12.9	19.8
昌平区	7.2	4.8	49.1	26.2	22.9	14.4
大兴区	3.0	2.8	6.8	20.5	17.8	14.6
门头沟区	1.8	1.3	44.4	4.7	4.0	16.6
怀柔区	1.0	0.8	22.3	6.6	5.9	10.7
平谷区	1.2	0.8	53.3	7.8	5.6	40.9
密云县	1.1	1.0	18.0	7.5	6.3	18.8
延庆县	0.8	0.6	36.4	5.2	4.9	6.3
北京经济技术开发区	1.6	0.7	139.6	0.5	0.5	3.8

2-13 续表8

单位：亿元

区 县	卫生、社会保障和社会福利业			文化、体育和娱乐业			公共管理和社会组织		
	2010	2009	增长速度(%)	2010	2009	增长速度(%)	2010	2009	增长速度(%)
全 市	**254.5**	**213.0**	**11.6**	**294.6**	**259.0**	**6.2**	**464.6**	**418.8**	**5.3**
东 城 区	39.5	33.5	18.0	44.0	38.9	13.1	80.4	74.5	8.0
西 城 区	48.6	42.4	14.7	56.1	49.7	12.7	114.7	103.6	10.7
朝 阳 区	51.4	42.4	21.3	42.1	37.4	12.7	58.6	53.9	8.7
丰 台 区	13.7	11.8	16.1	12.6	12.6	-0.5	26.4	20.6	28.3
石景山区	7.7	6.3	22.3	8.1	6.8	19.3	11.3	8.6	30.4
海 淀 区	47.1	37.6	25.5	118.7	103.3	14.9	57.5	52.5	9.6
房 山 区	6.9	5.9	16.2	0.7	0.7	5.2	12.8	11.6	10.8
通 州 区	7.2	5.1	40.2	0.9	1.0	-15.1	13.8	13.8	0.3
顺 义 区	5.3	4.8	9.8	1.2	1.6	-21.5	11.6	10.6	9.7
昌 平 区	7.9	7.0	12.8	3.8	2.2	68.8	13.1	11.1	17.8
大 兴 区	5.3	4.5	16.1	2.0	1.7	15.8	20.0	19.4	2.7
门头沟区	2.8	2.3	22.2	0.8	0.6	37.1	7.5	6.8	9.6
怀 柔 区	2.9	2.5	16.3	1.6	0.6	152.3	8.9	7.4	21.5
平 谷 区	3.2	2.6	22.6	0.7	0.3	94.4	8.7	7.6	14.0
密 云 县	2.9	2.6	11.8	0.5	0.5	3.4	11.0	9.5	15.5
延 庆 县	2.0	1.7	14.2	0.8	1.0	-17.0	7.1	7.2	-0.7
北京经济技术开发区	0.2	0.1	220.2	0.1	0.1	50.9	0.2	0.2	7.3

2-14 地方财政收入

单位：万元

区 县	地方财政收入			#地方一般预算收入		
	2010	2009	增长速度(%)	2010	2009	增长速度(%)
全 市	**38109056**	**26787737**	**42.3**	**23539301**	**20268089**	**16.1**
东 城 区	1038111	944917		1027895	933299	
西 城 区	2150274	1988421		2136259	1924981	
朝 阳 区	2342627	1906567	22.9	2313388	1883143	22.8
丰 台 区	472831	398049	18.8	456362	391719	16.5
石景山区	190679	181608	5.0	188541	179832	4.8
海 淀 区	1909391	1648042	15.9	1882756	1622426	16.0
房 山 区	1685783	527241	219.7	281573	233367	20.7
通 州 区	1746727	660860	164.3	316524	260607	21.5
顺 义 区	1457031	852298	71.0	584356	481208	21.4
昌 平 区	1402811	519579	170.0	355920	316138	12.6
大 兴 区	2596455	847589	206.3	301382	230857	30.5
门头沟区	253058	140997	79.5	106754	92666	15.2
怀 柔 区	233921	202704	15.4	182440	164675	10.8
平 谷 区	401382	136525	194.0	136489	122765	11.2
密 云 县	240237	149120	61.1	155819	129269	20.5
延 庆 县	99159	69624	42.4	71000	63500	11.8

注：1. 分区县财政收入为区县级财政收入。
2. 2009年东城区、西城区的相关指标为首都功能核心区行政区划调整前的原东城区与崇文区、原西城区与宣武区的加总数据（表2-14及续表、表2-15及续表同此）。

资料来源：北京市财政局。

2-14 续表1

单位：万元

区　县	税收收入			#增值税		
	2010	2009	增长速度(%)	2010	2009	增长速度(%)
全　市	**22515896**	**19139702**	**17.6**	**2100089**	**1797320**	**16.8**
东城区	986633	891584		59084	50018	
西城区	2075332	1875140		114227	96547	
朝阳区	2246937	1819068	23.5	225995	178946	26.3
丰台区	423468	363197	16.6	43918	41450	6.0
石景山区	172122	163968	5.0	24172	33186	-27.2
海淀区	1814439	1561855	16.2	176258	155626	13.3
房山区	257517	208823	23.3	42545	32495	30.9
通州区	292169	243459	20.0	40751	37609	8.4
顺义区	533181	449119	18.7	75398	67129	12.3
昌平区	312700	281427	11.1	43853	34581	26.8
大兴区	254532	191204	33.1	25903	22384	15.7
门头沟区	97728	82410	18.6	16002	14551	10.0
怀柔区	155412	152158	2.1	24468	19533	25.3
平谷区	124735	107584	15.9	10299	9840	4.7
密云县	113346	82233	37.8	14209	12210	16.4
延庆县	38910	43221	-10.0	4021	3532	13.8

2-14 续表2

单位：万元

区　县	#营业税			#企业所得税		
	2010	2009	增长速度(%)	2010	2009	增长速度(%)
全　市	**8554046**	**7525977**	**13.7**	**5130941**	**4304220**	**19.2**
东城区	434317	393544		215655	213419	
西城区	858452	775945		657326	561460	
朝阳区	929477	829661	12.0	540494	390813	38.3
丰台区	188437	164703	14.4	71769	61507	16.7
石景山区	71162	66267	7.4	22912	19747	16.0
海淀区	833972	724894	15.0	365018	313630	16.4
房山区	82684	65773	25.7	21910	20617	6.3
通州区	123016	93278	31.9	45358	33662	34.7
顺义区	206659	181166	14.1	108501	77509	40.0
昌平区	124470	119033	4.6	54329	47484	14.4
大兴区	124489	80829	54.0	30633	21034	45.6
门头沟区	31973	28578	11.9	17758	13255	34.0
怀柔区	52215	42296	23.5	32335	35046	-7.7
平谷区	50500	42105	19.9	29952	17480	71.4
密云县	44384	33711	31.7	20075	13363	50.2
延庆县	17413	21621	-19.5	5208	6560	-20.6

2-15 地方财政支出

单位：万元

区　县	地方财政支出			#地方一般预算支出		
	2010	2009	增长速度(%)	2010	2009	增长速度(%)
全　市	**40649711**	**28208643**	**44.1**	**27173174**	**23193658**	**17.2**
东 城 区	1282147	1244688		1155905	1093907	
西 城 区	2487461	1732289		2308080	1711263	
朝 阳 区	2280287	1686595	35.2	1680041	1402892	19.8
丰 台 区	1016918	898375	13.2	845563	822593	2.8
石景山区	509063	366622	38.9	428490	334417	28.1
海 淀 区	2691238	2018414	33.3	2160909	1843983	17.2
房 山 区	2196135	1004617	118.6	802277	781215	2.7
通 州 区	1815724	895808	102.7	742239	704147	5.4
顺 义 区	1615452	1239401	30.3	952162	818204	16.4
昌 平 区	1431995	932539	53.6	735858	672455	9.4
大 兴 区	3026920	1370844	120.8	722317	771533	-6.4
门头沟区	642694	451986	42.2	457475	372620	22.8
怀 柔 区	782620	546490	43.2	630768	490399	28.6
平 谷 区	803205	534268	50.3	523266	497780	5.1
密 云 县	788148	646725	21.9	617312	569028	8.5
延 庆 县	550448	479291	14.8	436457	432695	0.9

注：分区县财政支出为区县级实际支出，含市级下拨部分。
资料来源：北京市财政局。

2-15 续表1

单位：万元

区　县	#一般公共服务			#社会保障和就业		
	2010	2009	增长速度(%)	2010	2009	增长速度(%)
全　市	**2395705**	**2122099**	**12.9**	**2758992**	**2342924**	**17.8**
东 城 区	116190	116516		188233	173808	
西 城 区	222298	158031		258511	213688	
朝 阳 区	140593	133864	5.0	284536	239974	18.6
丰 台 区	106680	83429	27.9	152872	119699	27.7
石景山区	43085	33281	29.5	74173	64772	14.5
海 淀 区	144487	119379	21.0	327587	281465	16.4
房 山 区	101884	83450	22.1	118109	99297	18.9
通 州 区	75316	56422	33.5	96513	83956	15.0
顺 义 区	88013	80111	9.9	121722	89944	35.3
昌 平 区	82739	88360	-6.4	100835	88417	14.0
大 兴 区	71914	64465	11.6	78653	70762	11.2
门头沟区	40252	35617	13.0	57801	58922	-1.9
怀 柔 区	66540	57072	16.6	59391	44048	34.8
平 谷 区	52937	44121	20.0	67361	58251	15.6
密 云 县	72011	73081	-1.5	66126	57250	15.5
延 庆 县	40338	36551	10.4	47743	38212	24.9

2–15 续表2

单位：万元

区　县	#教　育			#医疗卫生		
	2010	2009	增长速度(%)	2010	2009	增长速度(%)
全　市	**4502155**	**3656677**	**23.1**	**1868247**	**1666270**	**12.1**
东城区	249532	235334		110495	96335	
西城区	415368	250471		142906	128928	
朝阳区	378967	314911	20.3	138850	116392	19.3
丰台区	167912	141431	18.7	66514	58453	13.8
石景山区	63598	52846	20.3	23516	34010	-30.9
海淀区	390091	322440	21.0	114519	106669	7.4
房山区	155284	117713	31.9	74754	64889	15.2
通州区	111118	78704	41.2	59342	47901	23.9
顺义区	144932	101485	42.8	73367	61934	18.5
昌平区	96023	92335	4.0	61620	45349	35.9
大兴区	134453	110245	22.0	62841	55353	13.5
门头沟区	57824	47642	21.4	29946	24622	21.6
怀柔区	71798	62078	15.7	46612	35918	29.8
平谷区	102826	67277	52.8	42746	30069	42.2
密云县	84532	71206	18.7	45645	45191	1.0
延庆县	73910	59146	25.0	45172	28240	60.0

2–15 续表3

单位：万元

区　县	#环境保护			#交通运输		
	2010	2009	增长速度(%)	2010	2009	增长速度(%)
全　市	**608541**	**540459**	**12.6**	**1549851**	**1470666**	**5.4**
东 城 区	34839	27402				
西 城 区	33016	15543				
朝 阳 区	32641	17317	88.5			
丰 台 区	20079	15453	29.9			
石景山区	2918	4782	-39.0			
海 淀 区	38885	25866	50.3			
房 山 区	34980	34818	0.5	24308	20121	20.8
通 州 区	8657	7860	10.1	7348	7308	0.5
顺 义 区	13951	12007	16.2	14133	10513	34.4
昌 平 区	20041	16876	18.8	15656	11668	34.2
大 兴 区	3477	8789	-60.4	8061	8246	-2.2
门头沟区	34912	30231	15.5	2698	2215	21.8
怀 柔 区	18093	11586	56.2	4990	6386	-21.9
平 谷 区	21406	28553	-25.0	7993	6572	21.6
密 云 县	25885	24050	7.6	8407	8845	-5.0
延 庆 县	15427	22718	-32.1	6928	7475	-7.3

注：城八区交通运输财政支出统一包含在市本级支出中。

2–15 续表4

单位：万元

区　县	#农林水事务			#城乡社区事务		
	2010	2009	增长速度(%)	2010	2009	增长速度(%)
全　市	**1586398**	**1420063**	**11.7**	**2943014**	**3478192**	**-15.4**
东城区	1280	700		186475	218078	
西城区	1910	1224		528531	584022	
朝阳区	122453	105984	15.5	203643	176124	15.6
丰台区	49884	38218	30.5	142348	220440	-35.4
石景山区	11578	9183	26.1	72691	49966	45.5
海淀区	76873	74402	3.3	488896	405777	20.5
房山区	88178	110342	-20.1	50640	98610	-48.6
通州区	83358	71631	16.4	121686	175853	-30.8
顺义区	121653	109191	11.4	88191	108272	-18.5
昌平区	93759	81042	15.7	131990	124728	5.8
大兴区	119148	101227	17.7	132242	262883	-49.7
门头沟区	63837	51707	23.5	96702	76785	25.9
怀柔区	89082	72117	23.5	117763	74201	58.7
平谷区	61550	57387	7.3	26175	79192	-66.9
密云县	134182	103639	29.5	63330	93151	-32.0
延庆县	85261	70817	20.4	53686	96542	-44.4

2-16 全社会固定资产投资额

单位：亿元

区　县	全社会固定资产投资			#国有投资		
	2010	2009	增长速度(%)	2010	2009	增长速度(%)
全　市	**5493.5**	**4858.4**	**13.1**	**1907.3**	**2316.8**	**-17.7**
东城区	180.7	286.5	-36.9	76.4	117.1	-34.8
西城区	181.7	235.7	-22.9	93.1	132.6	-29.8
朝阳区	1230.7	1104.9	11.4	311.5	491.8	-36.7
丰台区	504.6	389.3	29.6	179.6	234.0	-23.3
石景山区	154.5	136.3	13.3	91.0	88.3	3.1
海淀区	567.0	489.5	15.8	245.4	219.3	11.9
房山区	403.8	349.8	15.4	171.2	203.7	-15.9
通州区	364.7	310.2	17.6	46.3	102.0	-54.6
顺义区	413.7	343.9	20.3	141.8	161.2	-12.0
昌平区	374.4	290.5	28.9	104.1	93.1	11.9
大兴区	422.7	354.2	19.3	164.9	158.3	4.1
门头沟区	94.8	85.5	11.0	81.6	68.0	20.1
怀柔区	103.6	93.3	11.1	41.1	46.3	-11.4
平谷区	82.4	70.6	16.7	18.6	37.0	-49.8
密云县	121.7	112.7	7.9	53.8	66.7	-19.4
延庆县	55.7	48.2	15.6	34.1	31.7	7.5
北京经济技术开发区	236.6	157.2	50.5	52.9	65.6	-19.5

注：1. 本资料为按项目所在建设地址划分(表2-16续表同此)。
　　2. 城镇固定资产投资中包括房地产开发投资。

2-16 续表1

单位：亿元

区 县	#集体投资			#私营个体经济投资		
	2010	2009	增长速度(%)	2010	2009	增长速度(%)
全 市	**112.6**	**68.9**	**63.5**	**262.1**	**233.0**	**12.5**
东城区				0.37	0.44	-15.0
西城区				5.7	5.5	4.3
朝阳区	18.4	9.0	104.0	71.3	20.4	248.8
丰台区	3.0	7.1	-57.4	19.9	6.7	197.4
石景山区	1.6	0.1		2.2	0.9	138.1
海淀区	8.8	1.6	438.0	18.2	25.1	-27.5
房山区	14.8	31.6	-53.2	19.6	29.3	-33.2
通州区	12.1	2.4	408.1	15.4	27.2	-43.4
顺义区	34.1	1.2		19.1	26.4	-27.6
昌平区	6.9	4.1	66.3	20.0	25.3	-20.9
大兴区	0.9	0.9	-1.5	23.1	24.2	-4.5
门头沟区	2.4	1.7	37.3	4.2	3.3	27.5
怀柔区	7.6	6.0	27.5	9.3	7.0	33.3
平谷区	0.1	0.1	-50.4	3.2	6.4	-50.1
密云县	1.3	0.8	75.3	19.8	16.9	17.0
延庆县	0.4	2.0	-77.9	4.8	4.2	12.7
北京经济技术开发区	0.1	0.1	-21.0	5.8	3.7	57.1

2-16 续表2

单位：亿元

区 县	城镇固定资产投资			#房地产开发投资			农村投资		
	2010	2009	增长速度(%)	2010	2009	增长速度(%)	2010	2009	增长速度(%)
全 市	**5002.6**	**4378.2**	**14.3**	**2901.1**	**2337.7**	**24.1**	**490.9**	**480.2**	**2.2**
东城区	180.7	286.5	-36.9	63.1	134.2	-53.0			
西城区	181.7	235.7	-22.9	83.8	97.8	-14.4			
朝阳区	1205.5	1083.8	11.2	799.6	757.0	5.6	25.3	21.1	19.8
丰台区	498.8	376.5	32.5	333.2	149.4	122.9	5.8	12.8	-54.9
石景山区	154.5	136.3	13.3	115.7	91.5	26.5			
海淀区	541.6	484.9	11.7	246.9	206.6	19.5	25.4	4.6	454.9
房山区	321.8	257.0	25.2	164.7	93.6	76.0	82.1	92.8	-11.6
通州区	328.0	275.4	19.1	274.6	175.8	56.2	36.8	34.8	5.8
顺义区	331.1	303.3	9.2	196.1	200.8	-2.4	82.6	40.6	103.6
昌平区	341.3	254.6	34.1	230.7	172.7	33.6	33.1	35.9	-7.7
大兴区	371.8	260.0	43.0	224.8	141.5	58.9	50.9	94.3	-46.0
门头沟区	74.7	68.6	9.0	10.3	11.3	-8.8	20.1	16.9	19.0
怀柔区	66.5	51.0	30.5	26.9	23.4	15.2	37.1	42.3	-12.3
平谷区	48.7	41.3	17.7	36.8	16.2	127.4	33.7	29.3	15.1
密云县	81.2	79.1	2.7	31.4	24.2	29.7	40.4	33.6	20.2
延庆县	38.1	27.0	41.0	7.8	7.5	3.3	17.6	21.2	-16.9
北京经济技术开发区	236.6	157.2	50.5	54.7	34.2	59.8			

2-17 全社会房屋建筑施工及竣工面积

单位：万平方米

区 县	房屋建筑施工面积			房屋建筑竣工面积		
	2010	2009	增长速度(%)	2010	2009	增长速度(%)
全 市	**15572.1**	**14380.6**	**8.3**	**3908.4**	**4252.6**	**-8.1**
东城区	452.9	571.6	-20.8	99.4	162.2	-38.7
西城区	438.5	619.3	-29.2	85.5	160.7	-46.8
朝阳区	3444.8	3819.3	-9.8	915.1	1009.3	-9.3
丰台区	986.7	1142.6	-13.6	317.1	333.0	-4.8
石景山区	355.9	322.9	10.2	103.6	157.3	-34.1
海淀区	1749.1	1663.3	5.2	345.3	454.8	-24.1
房山区	1042.5	819.9	27.2	322.8	295.7	9.2
通州区	1384.2	1022.9	35.3	322.9	220.2	46.6
顺义区	1016.6	950.2	7.0	327.0	295.1	10.8
昌平区	1319.8	1240.9	6.4	245.9	462.5	-46.8
大兴区	1175.0	795.9	47.6	394.0	273.5	44.1
门头沟区	198.2	119.5	65.8	46.6	26.3	76.7
怀柔区	291.0	239.5	21.5	83.2	94.9	-12.3
平谷区	282.5	179.2	57.7	107.4	47.5	126.2
密云县	409.7	347.8	17.8	90.0	119.4	-24.6
延庆县	106.6	86.5	23.3	50.0	37.8	32.4
北京经济技术开发区	918.2	439.1	109.1	52.7	102.4	-48.6

注：此表为全社会口径，包括城镇、房地产开发、农村农户和非农户数据。

2-18 商品房基本情况

单位：万平方米

区 县	商品房施工面积			商品房竣工面积		
	2010	2009	增长速度(%)	2010	2009	增长速度(%)
全 市	**10300.9**	**9719.1**	**6.0**	**2386.7**	**2678.6**	**-10.9**
东城区	324.0	431.8	-25.0	90.3	142.2	-36.5
西城区	325.4	414.0	-21.4	55.3	112.5	-50.8
朝阳区	2844.4	3205.2	-11.3	805.1	860.9	-6.5
丰台区	824.1	895.6	-8.0	274.8	268.3	2.4
石景山区	269.4	246.9	9.1	72.5	126.4	-42.7
海淀区	994.5	1043.7	-4.7	227.4	344.1	-33.9
房山区	529.3	353.1	49.9	90.1	47.6	89.2
通州区	915.6	626.8	46.1	205.1	117.5	74.5
顺义区	612.5	612.1	0.1	163.1	186.3	-12.5
昌平区	810.9	798.4	1.6	94.0	262.3	-64.2
大兴区	808.5	426.8	89.4	180.3	40.5	344.8
门头沟区	57.2	63.6	-10.1	32.0	9.1	252.4
怀柔区	95.6	78.6	21.7	11.7	16.6	-29.8
平谷区	134.0	74.2	80.7	29.2	10.2	186.3
密云县	245.0	196.0	25.0	30.9	57.6	-46.3
延庆县	49.1	41.1	19.5	16.5	11.0	50.5
北京经济技术开发区	461.4	211.2	118.5	8.4	65.5	-87.1

2-18 续表1

单位：万平方米

区县	商品房销售面积			#住宅销售面积		
	2010	2009	增长速度(%)	2010	2009	增长速度(%)
全市	**1639.5**	**2362.3**	**-30.6**	**1201.4**	**1880.5**	**-36.1**
东城区	52.0	87.7	-40.7	18.6	39.3	-52.7
西城区	71.1	118.1	-39.9	25.4	71.5	-64.4
朝阳区	483.4	740.4	-34.7	312.2	562.1	-44.5
丰台区	127.9	150.9	-15.3	91.7	121.8	-24.7
石景山区	52.1	75.5	-31.0	36.2	53.8	-32.7
海淀区	123.8	248.6	-50.2	78.4	170.0	-53.9
房山区	80.0	138.3	-42.2	76.5	131.7	-41.9
通州区	129.7	248.9	-47.9	106.9	235.2	-54.6
顺义区	87.5	153.7	-43.1	82.3	148.5	-44.6
昌平区	129.8	168.4	-22.9	97.8	145.2	-32.7
大兴区	199.3	94.5	111.0	190.1	84.9	123.9
门头沟区	3.3	7.0	-52.6	2.0	5.4	-62.7
怀柔区	18.1	20.2	-10.0	16.4	19.8	-17.2
平谷区	9.8	23.4	-58.0	9.2	22.6	-59.2
密云县	51.9	52.1	-0.4	48.4	49.6	-2.4
延庆县	5.7	7.3	-22.3	5.2	6.6	-20.8
北京经济技术开发区	14.1	27.3	-48.4	4.1	12.5	-67.5

注：销售面积为期房与现房销售面积之和。

2-18 续表2

单位：亿元

区　县	商品房销售额			#住宅销售额		
	2010	2009	增长速度(%)	2010	2009	增长速度(%)
全　市	**2915.4**	**3259.7**	**-10.6**	**2060.5**	**2486.8**	**-17.1**
东城区	227.6	187.2	21.5	55.1	82.8	-33.5
西城区	166.4	234.8	-29.1	73.4	149.5	-50.9
朝阳区	1021.9	1270.3	-19.6	701.2	943.5	-25.7
丰台区	187.7	200.4	-6.3	136.0	165.9	-18.0
石景山区	88.8	83.5	6.4	65.0	54.5	19.3
海淀区	268.9	430.3	-37.5	190.4	310.5	-38.7
房山区	97.5	98.1	-0.6	94.3	94.4	-0.1
通州区	176.3	216.0	-18.4	152.1	206.8	-26.5
顺义区	137.0	180.5	-24.1	131.2	175.4	-25.2
昌平区	181.8	160.0	13.6	133.8	138.3	-3.2
大兴区	268.7	97.7	174.9	253.4	86.8	191.8
门头沟区	2.8	5.7	-50.7	0.7	4.2	-82.5
怀柔区	20.4	19.0	7.0	18.6	18.9	-1.7
平谷区	5.9	12.0	-50.9	5.2	11.3	-53.9
密云县	41.4	28.1	47.3	40.1	27.1	48.1
延庆县	3.5	3.8	-5.7	3.3	3.5	-4.3
北京经济技术开发区	18.8	32.3	-41.9	6.7	13.4	-50.4

注：销售额为期房与现房销售额之和。

2-19 能源基本情况 (2010年)

区　县	能源消费总量 (万吨标准煤)	万元地区生产总值能耗 (吨标准煤)	万元地区生产总值能耗下降率 (%)
全　市	**6945.1**	**0.50**	**4.04**
东城区	276.7	0.22	4.05
西城区	411.9	0.21	5.06
朝阳区	1000.5	0.38	-1.25
丰台区	383.0	0.54	6.84
石景山区	631.3	2.20	14.40
海淀区	800.8	0.29	4.76
房山区	867.8	2.54	13.67
通州区	278.6	0.85	6.39
顺义区	850.0	1.05	4.08
昌平区	317.9	0.83	3.89
大兴区	291.1	0.91	7.33
门头沟区	72.5	0.84	12.18
怀柔区	100.4	0.68	7.09
平谷区	99.0	0.84	4.14
密云县	93.4	0.70	4.30
延庆县	50.0	0.74	3.49
北京经济技术开发区	116.2	0.17	8.31

注：1. 能源消费量、万元地区生产总值能耗及下降率全市为年度核算数据，各区县及北京经济技术开发区为初步核算数据。
2. 万元地区生产总值能耗按现价计算；万元地区生产总值能耗下降率全市按可比价计算，分区县按现价计算。
3. 根据有关核算原则，在进行能源核算时，对部分无法进行区县分解的数据，由市统计局统一核算，故表中各区县及北京经济技术开发区能源消费量之和不等于全市能源消费量。

2-20 全社会用电情况（2010年）

单位：万千瓦时

区　县	合　计	第一产业	第二产业			第三产业	居民生活
				工　业	建筑业		
全　市	**8099029**	**168992**	**3278682**	**3081364**	**197319**	**3258009**	**1393346**
东城区	389545		17617	10811	6807	276728	95200
西城区	502651	1	28918	21349	7569	373885	99847
朝阳区	1332610	10081	229757	181029	48728	794286	298486
丰台区	618934	7084	126480	107145	19335	307080	178290
石景山区	362988	357	265925	262766	3159	68112	28593
海淀区	1060880	13019	116001	89070	26930	707040	224820
房山区	538755	21505	406341	398373	7968	64173	46736
通州区	403035	23426	214060	199644	14416	79168	86380
顺义区	461269	24667	226430	213780	12650	144836	65336
昌平区	507018	16905	216256	201341	14915	169309	104548
大兴区	368113	24845	187454	173594	13860	91417	64398
门头沟区	86171	1948	40436	38669	1767	25605	18182
怀柔区	134089	5793	76055	73763	2292	32877	19363
平谷区	112910	9251	67581	65244	2337	17259	18819
密云县	119813	5652	63451	58399	5052	27537	23174
延庆县	69407	4459	9665	8204	1461	42719	12564
北京经济技术开发区	226377		181791	173719	8073	35976	8609

注：表内全市合计中包括输送损失，各区县及北京经济技术开发区用电量不含输送损失，故表中各区县及北京经济技术开发区用电量之和不等于全市。
资料来源：北京市电力公司。

2-21 农村基本情况

区 县	乡镇及行政村常住户数（万户）			乡镇及行政村常住人口（万人）			乡镇及行政村从业人员（万人）			乡镇及行政村农林牧渔业从业人员（万人）		
	2010	2009	增长速度(%)	2010	2009	增长速度(%)	2010	2009	增长速度(%)	2010	2009	增长速度(%)
全 市	**216.0**	**203.8**	**5.9**	**589.4**	**572.5**	**3.0**	**347.8**	**338.7**	**2.7**	**60.1**	**60.9**	**-1.2**
朝阳区	31.8	31.7	0.4	82.3	84.2	-2.3	48.7	50.4	-3.3	0.8	1.1	-20.8
丰台区	14.3	13.6	5.4	43.1	42.8	0.6	27.2	26.6	2.3	1.3	1.4	-2.5
海淀区	17.6	16.2	9.0	51.6	50.7	1.7	32.7	33.7	-2.8	1.5	1.6	-8.4
房山区	23.5	22.8	3.0	55.4	53.8	2.8	29.0	28.5	1.9	7.6	7.3	3.7
通州区	24.6	21.8	13.1	67.0	59.5	12.6	38.8	34.8	11.7	7.1	7.1	0.9
顺义区	19.9	17.3	14.9	55.4	50.9	8.8	31.3	28.4	10.1	4.4	4.5	-2.9
昌平区	18.1	16.4	10.3	55.0	48.7	12.9	34.5	30.4	13.4	4.1	4.0	2.7
大兴区	19.8	19.1	3.9	63.2	67.1	-5.7	40.3	41.8	-3.6	10.0	10.3	-2.7
门头沟区	4.8	4.9	-1.6	10.8	10.7	0.8	5.5	5.4	2.6	1.1	1.2	-6.5
怀柔区	9.1	8.7	4.5	22.6	21.6	4.6	12.0	11.7	3.2	3.8	3.8	-0.3
平谷区	10.9	10.7	1.4	30.9	30.9	持平	17.5	17.6	-0.8	5.9	6.1	-3.7
密云县	12.4	12.2	1.8	30.9	30.4	1.6	18.0	17.6	2.2	7.6	7.6	-0.5
延庆县	9.1	8.5	6.7	21.3	21.1	0.9	12.1	11.8	2.6	5.0	5.0	-0.6

2-21 续表1

区 县	农业机械总动力（万千瓦）			化肥使用量（折纯量）（吨）			农村用电量（万千瓦小时）			有效灌溉面积（千公顷）		
	2010	2009	增长速度（%）	2010	2009	增长速度（%）	2010	2009	增长速度（%）	2010	2009	增长速度（%）
全 市	**276.0**	**271.5**	**1.7**	**136657.6**	**138236.5**	**-1.1**	**443773.6**	**439099.0**	**1.1**	**162.64**	**165.16**	**-1.5**
朝阳区	1.8	1.9	-5.3	188.7	478.3	-60.5	73452.3	74067.5	-0.8	2.29	3.43	-33.4
丰台区	4.9	5.0	-2.0	314.2	358.5	-12.4	44413.9	46340.0	-4.2	1.46	1.50	-2.5
海淀区	8.6	8.4	2.4	886.7	1096.7	-19.1	30124.3	28540.1	5.6	0.93	0.98	-5.1
房山区	40.1	38.7	3.6	14226.1	14121.3	0.7	42468.9	41809.5	1.6	19.90	19.69	1.1
通州区	25.9	24.5	5.7	29566.2	30394.8	-2.7	52995.6	51163.4	3.6	29.43	29.98	-1.9
顺义区	38.1	35.8	6.4	23151.4	22583.9	2.5	43590.1	45285.1	-3.7	29.86	29.56	1.0
昌平区	12.1	12.1	持平	3665.8	3762.1	-2.6	47097.3	44912.3	4.9	6.02	6.20	-3.0
大兴区	46.8	45.5	2.9	30566.3	31144.1	-1.9	34763.3	35865.6	-3.1	36.48	37.30	-2.2
门头沟区	2.2	2.0	10.0	262.9	134.4	95.6	9994.1	9362.6	6.7	0.23	0.19	18.2
怀柔区	15.3	15.4	-0.6	4490.1	4463.5	0.6	15494.2	14149.0	9.5	7.29	7.06	3.2
平谷区	29.9	30.8	-2.9	8869.2	8984.5	-1.3	27144.5	27093.9	0.2	10.71	10.73	-0.2
密云县	27.6	27.6	持平	6971.7	7045.6	-1.0	14410.0	12745.1	13.1	6.06	6.47	-6.4
延庆县	22.8	23.9	-4.6	13498.3	13668.8	-1.2	7825.1	7764.9	0.8	11.99	12.05	-0.5

2-22 农林牧渔业总产值

单位：万元

区县	农林牧渔业总产值			农业			林业		
	2010	2009	增长速度(%)	2010	2009	增长速度(%)	2010	2009	增长速度(%)
全　市	**3280226.5**	**3149533.6**	**4.1**	**1542227.8**	**1461294.5**	**5.5**	**168127.2**	**172118.9**	**-2.3**
朝阳区	40830.6	41880.0	-2.5	16063.1	16372.7	-1.9	9074.8	8485.1	6.9
丰台区	30313.1	30497.4	-0.6	18596.7	19517.4	-4.7	3990.2	3917.7	1.9
海淀区	40185.2	43281.0	-7.2	12173.4	15496.7	-21.4	14024.1	12999.8	7.9
房山区	426437.4	412624.8	3.3	187660.2	175472.4	6.9	12340.0	12104.0	1.9
通州区	397882.1	384584.9	3.5	232287.1	221928.9	4.7	11748.6	9645.5	21.8
顺义区	585817.2	566544.2	3.4	269400.8	268322.7	0.4	26200.4	23576.6	11.1
昌平区	168000.6	153755.4	9.3	66708.2	60808.1	9.7	13491.8	12952.0	4.2
大兴区	482140.6	478867.3	0.7	262248.5	267838.8	-2.1	3253.5	3275.6	-0.7
门头沟区	39324.6	36331.1	8.2	9623.0	7332.7	31.2	17359.7	14634.2	18.6
怀柔区	170788.8	165792.8	3.0	62080.3	59319.7	4.7	9776.5	12327.8	-20.7
平谷区	294431.7	263867.1	11.6	171728.6	143664.9	19.5	9622.5	12575.3	-23.5
密云县	391705.5	369061.3	6.1	167045.8	147027.3	13.6	15253.8	17179.3	-11.2
延庆县	202980.1	199042.4	2.0	66612.1	58192.2	14.5	21991.3	28446.0	-22.7

注：1. 全市渔业产值含远洋捕捞，区县不包括远洋捕捞，故分区县相加不等于全市。
　　2. 按照新的《统计用产品分类目录》，将原来归属林业产值的核桃、板栗等林产品调整至农业产值，2009年数据作了相应调整。

2-22 续表1

单位：万元

区　县	牧　业			渔　业			农林牧渔服务业		
	2010	2009	增长速度(%)	2010	2009	增长速度(%)	2010	2009	增长速度(%)
全　市	**1395762.5**	**1360831.4**	**2.6**	**115109.0**	**102788.8**	**12.0**	**59000.0**	**52500.0**	**12.4**
朝阳区	6023.1	6855.1	-12.1	6669.6	7065.3	-5.6	3000.0	3101.8	-3.3
丰台区	4575.8	4373.6	4.6	2398.0	2264.6	5.9	752.4	424.1	77.4
海淀区	10324.1	12292.7	-16.0	358.6	424.0	-15.4	3305.0	2067.8	59.8
房山区	208161.4	209361.4	-0.6	9235.4	7211.6	28.1	9040.4	8475.4	6.7
通州区	123186.2	123828.0	-0.5	23028.4	22027.7	4.5	7631.8	7154.8	6.7
顺义区	260605.8	246785.2	5.6	16616.5	16039.3	3.6	12993.7	11820.4	9.9
昌平区	79033.6	70707.9	11.8	2987.0	3489.0	-14.4	5780.0	5798.4	-0.3
大兴区	208948.4	201221.9	3.8	2040.5	1703.2	19.8	5649.7	4827.8	17.0
门头沟区	11724.0	13736.2	-14.6	10.8	58.8	-81.6	607.1	569.2	6.7
怀柔区	83029.7	80755.9	2.8	15226.9	12756.2	19.4	675.4	633.2	6.7
平谷区	96229.2	90965.1	5.8	15831.4	15638.8	1.2	1020.0	1023.0	-0.3
密云县	196004.1	193257.5	1.4	8119.0	7582.1	7.1	5282.8	4015.1	31.6
延庆县	107917.1	106690.9	1.1	3197.9	3124.3	2.4	3261.7	2589.0	26.0

2-23 农作物播种面积

单位：公顷

区县	农作物播种面积			#粮食作物面积			#蔬菜面积		
	2010	2009	增长速度(%)	2010	2009	增长速度(%)	2010	2009	增长速度(%)
全市	**317268**	**320131**	**-0.9**	**223465**	**226286**	**-1.2**	**67538**	**68486**	**-1.4**
朝阳区	1267	2007	-36.9	306	785	-61.0	844	1050	-19.7
丰台区	1493	1666	-10.4	515	521	-1.1	587	706	-16.9
海淀区	1666	2163	-23.0	766	983	-22.0	652	779	-16.3
房山区	36695	36753	-0.2	30118	30527	-1.3	4871	4688	3.9
通州区	53673	55469	-3.2	37564	39201	-4.2	14473	14469	0.03
顺义区	54780	53801	1.8	38509	38075	1.1	10639	11266	-5.6
昌平区	10761	11791	-8.7	6983	8308	-15.9	1621	1756	-7.7
大兴区	67601	67051	0.8	39997	39214	2.0	19904	19811	0.5
门头沟区	3485	3730	-6.6	2047	2292	-10.7	257	253	1.4
怀柔区	12730	12847	-0.9	10528	10643	-1.1	1271	1224	3.8
平谷区	19180	18977	1.1	13431	13186	1.9	5271	5308	-0.7
密云县	25939	25050	3.5	19762	19178	3.0	4536	4155	9.2
延庆县	28000	28827	-2.9	22938	23372	-1.9	2614	3020	-13.4

2-24 主要农产品产量

单位：吨

区　县	粮　食			棉　花			油　料		
	2010	2009	增长速度 (%)	2010	2009	增长速度 (%)	2010	2009	增长速度 (%)
全　市	**1156865**	**1247674**	**-7.3**	**460**	**767**	**-40.0**	**15528**	**18136**	**-14.4**
朝阳区	1610	3807	-57.7				…	9	
丰台区	1314	1740	-24.5					2	
海淀区	4198	4927	-14.8	2	2	10.0	5	19	-75.3
房山区	135413	157589	-14.1	30	116	-74.1	1195	1290	-7.3
通州区	208405	234022	-10.9	202	359	-43.6	314	466	-32.7
顺义区	214983	226628	-5.1	29	63	-54.3	868	1104	-21.4
昌平区	22677	33516	-32.3				46	75	-38.8
大兴区	233162	244083	-4.5	64	76	-15.8	8049	9347	-13.9
门头沟区	1855	2694	-31.1				8	26	-70.0
怀柔区	52101	52752	-1.2	10			1310	1694	-22.7
平谷区	76675	76442	0.3	124	152	-18.6	363	384	-5.6
密云县	102917	105129	-2.1				3058	3554	-13.9
延庆县	107251	116057	-7.6				313	165	90.1

注：全市粮食产量为抽样调查推算数据，故与区县合计数不等。

2-24 续表1

单位：吨

区　县	蔬　菜			瓜类及草莓			干鲜果品		
	2010	2009	增长速度(%)	2010	2009	增长速度(%)	2010	2009	增长速度(%)
全　市	**3029822**	**3171115**	**-4.5**	**341787**	**346323**	**-1.3**	**853985**	**903331**	**-5.5**
朝阳区	20426	26007	-21.5	228	132	72.3	1476	1426	3.5
丰台区	13594	19208	-29.2	15	20	-21.4	1665	1944	-14.4
海淀区	19394	25469	-23.9	88	136	-35.5	5261	7402	-28.9
房山区	202666	211843	-4.3	12768	15543	-17.9	69683	69097	0.8
通州区	680931	685714	-0.7	25264	24671	2.4	63533	58384	8.8
顺义区	478156	548648	-12.8	85254	88099	-3.2	69440	74381	-6.6
昌平区	47160	51034	-7.6	5319	3117	70.6	41432	51632	-19.8
大兴区	891227	914077	-2.5	207909	210197	-1.1	115027	111608	3.1
门头沟区	4749	4908	-3.3	0.8	1.3	-38.5	3954	4335	-8.8
怀柔区	35067	33514	4.6	587	692	-15.1	37393	44799	-16.5
平谷区	265046	279536	-5.2	3314	3255	1.8	333193	355452	-6.3
密云县	267940	258020	3.8	179	67	167.3	79824	86889	-8.1
延庆县	103467	113138	-8.5	861	395	118.2	32105	35982	-10.8

2-24 续表2

单位：吨

区　县	#水 果			肉　类			#猪牛羊肉		
	2010	2010	增长速度(%)	2010	2009	增长速度(%)	2010	2009	增长速度(%)
全　市	**809914**	**855022**	**-5.3**	**462575**	**471914**	**-2.0**	**275343**	**276174**	**-0.3**
朝阳区	1476	1426	3.5	28	63	-55.7	28	63	-55.6
丰台区	1653	1934	-14.6	1180	1248	-5.4	1145	1177	-2.7
海淀区	5258	7384	-28.8	2395	2911	-17.7	1810	1971	-8.2
房山区	67119	66511	0.9	54801	56963	-3.8	31309	30966	1.1
通州区	63465	58310	8.8	41265	42436	-2.8	28550	29304	-2.6
顺义区	69378	74346	-6.7	101566	101798	-0.2	83332	82818	0.6
昌平区	39782	49506	-19.6	12640	13917	-9.2	10034	10522	-4.6
大兴区	114996	111587	3.1	75757	75380	0.5	51687	50585	2.2
门头沟区	3257	3876	-16.0	6084	6842	-11.1	848	757	12.0
怀柔区	23397	28090	-16.7	28671	29636	-3.3	7650	7822	-2.2
平谷区	329051	351743	-6.5	40395	39350	2.7	29851	28787	3.7
密云县	62913	67858	-7.3	68364	70335	-2.8	18849	20481	-8.0
延庆县	28171	32450	-13.2	29429	31035	-5.2	10250	10921	-6.1

2-24 续表3

单位：吨

区　县	奶　类			#牛　奶			鲜　蛋		
	2010	2009	增长速度(%)	2010	2009	增长速度(%)	2010	2009	增长速度(%)
全　市	**641122**	**673979**	**-4.9**	**640937**	**673846**	**-4.9**	**151446**	**153988**	**-1.7**
朝阳区	18809	18006	4.5	18809	18006	4.5			
丰台区	4186	5064	-17.3	4186	5064	-17.3	1616	1527	5.8
海淀区	13349	14974	-10.9	13349	14974	-10.9	384	482	-20.3
房山区	37042	39674	-6.6	37042	39674	-6.6	10155	9400	8.0
通州区	90213	80533	12.0	90213	80533	12.0	7257	7106	2.1
顺义区	51288	54100	-5.2	51285	54080	-5.2	16426	15158	8.4
昌平区	47586	54568	-12.8	47586	54565	-12.8	9289	8695	6.8
大兴区	162500	176066	-7.7	162318	176061	-7.8	21476	22017	-2.5
门头沟区	1152	2011	-42.7	1152	2011	-42.7	452	468	-3.4
怀柔区	44263	45803	-3.4	44263	45803	-3.4	4050	4742	-14.6
平谷区	4523	3287	37.6	4523	3212	40.8	28227	27211	3.7
密云县	80433	80765	-0.4	80433	80735	-0.4	22726	23235	-2.2
延庆县	85778	99128	-13.5	85778	99128	-13.5	29388	33947	-13.4

2-25 水产品产量

单位：吨

区　县	2010	2009	增长速度(%)
全　市	**63365**	**58161**	**8.9**
朝 阳 区	393	588	-33.2
丰 台 区	680	622	9.3
海 淀 区	670	670	持平
房 山 区	2387	2070	15.3
通 州 区	9878	9580	3.1
顺 义 区	10780	10622	1.5
昌 平 区	2050	2401	-14.6
大 兴 区	1990	2448	-18.7
门头沟区			
怀 柔 区	3665	3950	-7.2
平 谷 区	14533	14357	1.2
密 云 县	4400	4000	10.0
延 庆 县	3000	2940	2.0

注：全市合计中含远洋捕捞数据（2009年为3913吨，2010年为8939吨），故分区县相加不等于全市。
数据来源：北京市农业局。

2-26 农业观光园情况

区　县	农业观光园个数(个)		从业人员(人)		接待人次(人次)		经营总收入(万元)	
	2010	2009	2010	2009	2010	2009	2010	2009
全　市	**1303**	**1294**	**42561**	**49504**	**17748934**	**15974427**	**177958**	**152434**
朝 阳 区	16	14	2603	2463	1117047	959464	33889	31332
丰 台 区	10	11	806	877	1146306	836220	2015	1954
海 淀 区	71	69	1354	3048	375862	563028	5360	5893
房 山 区	102	101	2887	3295	1856785	1306441	15714	13406
通 州 区	46	32	1471	2062	614543	524663	7837	8920
顺 义 区	71	73	2485	3472	821551	772069	13706	10059
昌 平 区	198	207	5531	6354	1257934	1175564	24336	18292
大 兴 区	110	116	9715	10788	2287685	2257951	17434	14988
门头沟区	48	45	1133	1199	391368	302510	4442	3200
怀 柔 区	234	233	2543	2621	1912315	1940982	13902	12921
平 谷 区	209	205	8094	9131	3125925	2669356	17677	15709
密 云 县	152	157	2717	2960	2434421	2381447	18288	13226
延 庆 县	35	30	1166	1183	402192	279732	3334	2519

注：全市合计中含石景山区数据，故分区县相加不等于合计。

2–27 民俗旅游情况

区　县	民俗旅游接待户数(户)		从业人员(人)		民俗旅游接待人次(人次)		民俗旅游总收入(万元)	
	2010	2009	2010	2009	2010	2009	2010	2009
全　市	**7979**	**8705**	**16856**	**19790**	**15535783**	**13931183**	**73472**	**60895**
朝 阳 区	10	30	30	30	1344	1056	10	8
海 淀 区	26	43	31	79	40136	68547	228	278
房 山 区	1314	1355	1927	2541	1945567	1487959	11059	6734
通 州 区	76	61	124	69	25740	4000	421	5
顺 义 区	28	31	46	49	24825	19285	75	73
昌 平 区	365	465	1315	1552	1385927	1052121	5913	4761
大 兴 区	164	224	763	743	362702	368220	1235	1523
门头沟区	504	551	1029	1120	617918	570521	3447	2899
怀 柔 区	1476	1719	2430	2769	2187359	1873756	12348	12292
平 谷 区	2162	2095	4706	5998	3208253	3497009	14479	12271
密 云 县	1212	1271	2457	2666	2854304	2575096	12478	11180
延 庆 县	642	860	1998	2174	2881708	2413613	11779	8871

注：民俗旅游接待户数为实际经营的户数。

2-28 设施农业面积及收入（2010年）

区　县	设施农业播种面积（公顷）	总收入（万元）
全　市	**36811**	**407236.5**
朝 阳 区	384	7149.0
丰 台 区	522	15447.7
海 淀 区	380	4098.7
房 山 区	2366	28909.0
通 州 区	6195	66627.3
顺 义 区	5722	58521.9
昌 平 区	1276	27351.7
大 兴 区	14858	115934.6
门头沟区	121	1372.0
怀 柔 区	526	5715.0
平 谷 区	1565	25233.8
密 云 县	2271	39321.1
延 庆 县	625	11554.7

2-29 郊区县乡镇企业主要经济指标 (2010年)

区　县	企业个数 (个)	从业人员 (人)	总收入 (万元)	利润总额 (万元)	税　金 (万元)
全　市	**152778**	**1364518**	**42665839**	**2426968**	**1701647**
朝 阳 区	625	43910	4070387	126155	112361
丰 台 区	922	52559	1116189	99827	48505
海 淀 区	3682	56435	1204008	83657	60277
房 山 区	36722	283517	4493272	261919	118101
通 州 区	22243	206333	4854619	218411	268794
顺 义 区	26612	229051	10775432	632550	418171
昌 平 区	2189	67872	3016608	213084	128789
大 兴 区	19625	191413	6502147	394164	337183
门头沟区	6383	26097	572851	54440	15156
怀 柔 区	9075	56028	2375437	210457	94365
平 谷 区	5005	55421	1369274	26371	33622
密 云 县	11910	66985	1465018	72659	47122
延 庆 县	7785	28897	850597	33274	19201

数据来源：北京市经济和信息化委员会。

2-30 郊区县乡镇个体、私营企业主要经济指标 (2010年)

区　　县	企业个数 (个)	从业人员 (人)	总收入 (万元)	利润总额 (万元)	税　金 (万元)
全　　市	**141717**	**727900**	**10782791**	**806274**	**416590**
朝 阳 区	136	9157	673809	24253	18994
丰 台 区	280	2362	59901	4372	2298
海 淀 区	3136	24133	519522	27948	13759
房 山 区	36148	246926	2450013	190601	45724
通 州 区	18925	91078	1213146	60675	81984
顺 义 区	26022	119451	1582629	158290	94544
昌 平 区	1620	17412	366072	19411	7196
大 兴 区	16977	90141	1778610	141792	104328
门头沟区	6168	18589	341815	44525	7193
怀 柔 区	8654	22180	516277	68976	12782
平 谷 区	4438	21009	175464	6182	5881
密 云 县	11577	43623	609689	30811	14387
延 庆 县	7636	21839	495844	28438	7520

数据来源：北京市经济和信息化委员会。

2-31 工业企业产值情况

单位：万元

区　县	工业总产值(当年价格)			#国有控股		
	2010	2009	增长速度(%)	2010	2009	增长速度(%)
全　市	**136998388**	**110391291**	**24.1**	**72238964**	**54706983**	**32.0**
东城区	670954	619987	8.2	384205	330649	16.2
西城区	6862515	5840418	17.5	5242762	4498811	16.5
朝阳区	10404647	8222969	26.5	6953299	5337855	30.3
丰台区	4334726	3700525	17.1	2590399	2240026	15.6
石景山区	6305101	5396750	16.8	5703831	4942634	15.4
海淀区	13429716	11887603	13.0	3801346	3598060	5.6
房山区	9496418	7560708	25.6	8120734	6462998	25.6
通州区	5929861	4263539	39.1	1440374	762868	88.8
顺义区	18515647	15254335	21.4	8629615	6722722	28.4
昌平区	9877535	7751657	27.4	6965088	5379159	29.5
大兴区	4551071	3658095	24.4	764501	546222	40.0
门头沟区	786678	649896	21.0	438530	352535	24.4
怀柔区	4848141	3946935	22.8	2983739	2413025	23.7
平谷区	1847153	1488890	24.1	33669	56442	-40.3
密云县	1769656	1456324	21.5	349022	280047	24.6
延庆县	514134	408236	25.9	79907	55933	42.9
北京经济技术开发区	22281313	19601772	13.7	3184824	2044346	55.8

注：1. 统计范围为年主营业务收入500万元及以上的法人工业单位。
2. 根据有关规定，国家电网公司、华北电网有限公司的“工业总产值(当年价格)、工业销售产值（当年价格)”由市统计局统一核算，故表中“工业总产值(当年价格)、工业销售产值(当年价格)指标分区县数据之和不等于全市合计。

2-31 续表1

单位：万元

区 县	#内 资			#港澳台商投资企业			#外商投资企业		
	2010	2009	增长速度(%)	2010	2009	增长速度(%)	2010	2009	增长速度(%)
全 市	**82208182**	**64278406**	**27.9**	**11144838**	**10108962**	**10.2**	**43645368**	**36003923**	**21.2**
东城区	434322	346312	25.4	76097	98151	-22.5	160536	175524	-8.5
西城区	5447782	4733749	15.1	160955	44604	260.9	1253778	1062065	18.1
朝阳区	7839805	6042505	29.7	1038374	824711	25.9	1526468	1355753	12.6
丰台区	3583898	3142416	14.0	93728	95557	-1.9	657101	462552	42.1
石景山区	5506349	4660466	18.2	113569	215522	-47.3	685184	520762	31.6
海淀区	7288526	6899626	5.6	4742044	3688725	28.6	1399147	1299252	7.7
房山区	9019183	7226794	24.8	96408	55324	74.3	380828	278590	36.7
通州区	3761499	2561561	46.8	293073	204967	43.0	1875290	1497011	25.3
顺义区	4563216	3650078	25.0	789508	546469	44.5	13162924	11057788	19.0
昌平区	8552814	6734049	27.0	311869	178554	74.7	1012851	839054	20.7
大兴区	3211372	2505606	28.2	629768	493801	27.5	709931	658688	7.8
门头沟区	714497	583692	22.4	47543	32871	44.6	24638	33333	-26.1
怀柔区	3656393	2912444	25.5	185480	145669	27.3	1006268	888822	13.2
平谷区	561834	449476	25.0	120165	110635	8.6	1165154	928779	25.5
密云县	911068	743620	22.5	277581	251869	10.2	581007	460835	26.1
延庆县	346411	294956	17.4	85751	63018	36.1	81973	50262	63.1
北京经济技术开发区	2236094	2108404	6.1	2082928	3058516	-31.9	17962291	14434852	24.4

2-31 续表2

单位：万元

区　县	大型企业			中型企业			小型企业		
	2010	2009	增长速度(%)	2010	2009	增长速度(%)	2010	2009	增长速度(%)
全　市	**65318670**	**51835638**	**26.0**	**39734481**	**31657124**	**25.5**	**31945237**	**26898529**	**18.8**
东 城 区	154165	135806	13.5	235833	194199	21.4	280956	289982	-3.1
西 城 区	5858500	5054681	15.9	506066	403934	25.3	497950	381803	30.4
朝 阳 区	2258669	1610102	40.3	3336375	3116356	7.1	4809603	3496511	37.6
丰 台 区	997451	653073	52.7	1452829	1231899	17.9	1884446	1748024	7.8
石景山区	4868899	4225242	15.2	781309	638667	22.3	654893	532842	22.9
海 淀 区	3576235	3063892	16.7	6005373	5283940	13.7	3848109	3539772	8.7
房 山 区	7370393	6165416	19.5	985390	494925	99.1	1140635	900367	26.7
通 州 区		34523		2839084	1684905	68.5	3090777	2544111	21.5
顺 义 区	10027714	8232103	21.8	5808957	4673772	24.3	2678976	2348461	14.1
昌 平 区	3348803	2860481	17.1	1341286	1171104	14.5	5187446	3720072	39.4
大 兴 区				1654244	1286276	28.6	2896827	2371818	22.1
门头沟区	367651	284567	29.2	187250	123392	51.8	231777	241937	-4.2
怀 柔 区	2897863	2104442	37.7	787310	918310	-14.3	1162968	924183	25.8
平 谷 区	283555			841411	773505	8.8	722187	715386	1.0
密 云 县				982229	778670	26.1	787426	677654	16.2
延 庆 县				266478	225502	18.2	247656	182735	35.5
北京经济技术开发区	14279819	12882018	10.9	6178891	4504412	37.2	1822603	2282872	-20.2

2-31 续表3

单位：万元

区县	轻工业			重工业		
	2010	2009	增长速度(%)	2010	2009	增长速度(%)
全市	**20000513**	**17667076**	**13.2**	**116997875**	**92724214**	**26.2**
东城区	330336	296509	11.4	340618	323478	5.3
西城区	589404	570619	3.3	6273111	5269799	19.0
朝阳区	1402779	1533291	-8.5	9001868	6689677	34.6
丰台区	1050660	973297	7.9	3284067	2659699	23.5
石景山区	56544	51481	9.8	6248557	5345269	16.9
海淀区	1726513	1632960	5.7	11703204	10254644	14.1
房山区	463623	386193	20.0	9032795	7174515	25.9
通州区	2196487	1533513	43.2	3733375	2730026	36.8
顺义区	2502043	2278416	9.8	16013605	12975919	23.4
昌平区	1340686	1155378	16.0	8536848	6596280	29.4
大兴区	1818755	1635435	11.2	2732315	2022659	35.1
门头沟区	120384	103534	16.3	666294	546362	22.0
怀柔区	1158576	1021345	13.4	3689565	2925589	26.1
平谷区	525738	406790	29.2	1321415	1082100	22.1
密云县	604062	551809	9.5	1165594	904515	28.9
延庆县	195527	152478	28.2	318607	255758	24.6
北京经济技术开发区	3918396	3384027	15.8	18362917	16285274	12.8

2-31 续表4

单位：万元

区　县	工业销售产值(当年价格)			#出口交货值		
	2010	2009	增长速度(%)	2010	2009	增长速度(%)
全　市	**135265665**	**109043693**	**24.0**	**16416795**	**15209089**	**7.9**
东 城 区	630195	608224	3.6	50429	54909	-8.2
西 城 区	6843274	5826197	17.5	75444	30053	151.0
朝 阳 区	10256969	8262432	24.1	1068837	876146	22.0
丰 台 区	4179995	3547226	17.8	140264	139229	0.7
石景山区	6269128	5388141	16.4	253631	203413	24.7
海 淀 区	13100391	11606529	12.9	811338	759547	6.8
房 山 区	9603185	7539250	27.4	151867	120832	25.7
通 州 区	5845585	4235669	38.0	742159	513846	44.4
顺 义 区	18286213	15078569	21.3	2890969	2860736	1.1
昌 平 区	9780797	7558662	29.4	438543	355870	23.2
大 兴 区	4437533	3581715	23.9	208262	204819	1.7
门头沟区	760449	643046	18.3	200334	118067	69.7
怀 柔 区	4767542	3823736	24.7	143633	103680	38.5
平 谷 区	1850352	1452447	27.4	106455	98099	8.5
密 云 县	1717400	1424337	20.6	167344	134246	24.7
延 庆 县	492682	388712	26.7	82555	64767	27.5
北京经济技术开发区	21870854	19396150	12.8	8884732	8570830	3.7

2-32 工业企业主要财务指标

单位：个

区　县	企业单位个数(个)			在2010年企业单位个数中				
	2010	2009	增长速度(%)	大　型	中　型	小　型	轻工业	重工业
全　市	**6885**	**6891**	**-0.1**	**58**	**621**	**6206**	**2507**	**4378**
东 城 区	79	86	-8.1	1	7	71	42	37
西 城 区	145	141	2.8	5	17	123	54	91
朝 阳 区	714	744	-4.0	4	58	652	251	463
丰 台 区	453	479	-5.4	5	36	412	136	317
石景山区	128	133	-3.8	6	17	105	21	107
海 淀 区	888	994	-10.7	5	88	795	220	668
房 山 区	353	313	12.8	3	20	330	101	252
通 州 区	895	883	1.4		66	829	338	557
顺 义 区	619	564	9.8	7	72	540	254	365
昌 平 区	582	594	-2.0	4	41	537	212	370
大 兴 区	919	873	5.3		45	874	430	489
门头沟区	95	104	-8.7	1	8	86	28	67
怀 柔 区	248	230	7.8	2	22	224	101	147
平 谷 区	176	171	2.9	1	26	149	75	101
密 云 县	245	241	1.7		21	224	119	126
延 庆 县	68	70	-2.9		7	61	29	39
北京经济技术开发区	278	271	2.6	14	70	194	96	182

2-32 续表1

单位：个

区 县	在2010年企业单位个数中			
	#国有控股	#内 资	#港澳台商投资	#外商投资
全 市	**1010**	**5543**	**358**	**984**
东 城 区	31	62	7	10
西 城 区	58	123	9	13
朝 阳 区	175	585	43	86
丰 台 区	100	394	19	40
石景山区	35	106	8	14
海 淀 区	187	751	40	97
房 山 区	30	324	6	23
通 州 区	76	735	31	129
顺 义 区	56	426	35	158
昌 平 区	77	492	32	58
大 兴 区	64	806	28	85
门头沟区	12	85	5	5
怀 柔 区	20	169	19	60
平 谷 区	8	127	9	40
密 云 县	27	192	18	35
延 庆 县	13	59	3	6
北京经济技术开发区	41	107	46	125

2-32 续表2

单位：万元

区 县	资产总计			负债合计			所有者权益合计		
	2010	2009	增长速度(%)	2010	2009	增长速度(%)	2010	2009	增长速度(%)
全 市	**227505774**	**195407033**	**16.4**	**115480740**	**98746128**	**16.9**	**112025034**	**96660905**	**15.9**
东城区	1242187	2560239	-51.5	531883	1320830	-59.7	710303	1239409	-42.7
西城区	93852612	78663713	19.3	42418989	34363176	23.4	51433623	44300536	16.1
朝阳区	18487225	16392789	12.8	7991123	7349012	8.7	10496102	9043777	16.1
丰台区	6005652	5626638	6.7	3582785	3476248	3.1	2422867	2150390	12.7
石景山区	22559908	19836457	13.7	12054179	10735053	12.3	10505729	9101405	15.4
海淀区	19990127	16750899	19.3	11514948	9959479	15.6	8475179	6791419	24.8
房山区	5249218	4973358	5.5	2995609	2471169	21.2	2253609	2502189	-9.9
通州区	5619915	4889518	14.9	3236027	2955909	9.5	2383888	1933609	23.3
顺义区	13888629	10983923	26.4	7858780	6053171	29.8	6029849	4930752	22.3
昌平区	8802185	7112041	23.8	4591841	4064573	13.0	4210344	3047468	38.2
大兴区	4743013	3993898	18.8	2874306	2390392	20.2	1868708	1603506	16.5
门头沟区	1733096	1222120	41.8	761860	630034	20.9	971236	592087	64.0
怀柔区	2920749	2433309	20.0	1878132	1409376	33.3	1042617	1023933	1.8
平谷区	1886776	1667170	13.2	1136175	1007785	12.7	750601	659385	13.8
密云县	1864678	1626629	14.6	1070226	1006089	6.4	794451	620540	28.0
延庆县	748637	597772	25.2	523910	432402	21.2	224727	165370	35.9
北京经济技术开发区	17911167	16076560	11.4	10459967	9121430	14.7	7451199	6955130	7.1

2-32 续表3

单位：万元

区　县	主营业务收入			利润总额			利税总额		
	2010	2009	增长速度(%)	2010	2009	增长速度(%)	2010	2009	增长速度(%)
全　市	**148071147**	**121730618**	**21.6**	**10283360**	**7429216**	**38.4**	**16489519**	**12699472**	**29.8**
东城区	745017	729907	2.1	70655	62056	13.9	119297	107525	10.9
西城区	21477545	18729478	14.7	2303751	1688314	36.5	3000897	2190340	37.0
朝阳区	11061748	8733262	26.7	652281	228868	185.0	1065973	714611	49.2
丰台区	4720344	4038497	16.9	291490	226146	28.9	427837	348601	22.7
石景山区	9711430	7084789	37.1	287720	125138	129.9	471006	395758	19.0
海淀区	17459970	14851988	17.6	1207072	976076	23.7	1654327	1484603	11.4
房山区	9755245	7741687	26.0	533791	542689	-1.6	1739838	1639948	6.1
通州区	6371615	4668972	36.5	272417	155008	75.7	626941	299337	109.4
顺义区	18654917	15249493	22.3	1332343	949963	40.3	2244321	1680231	33.6
昌平区	9912979	7726772	28.3	830375	454971	82.5	1167638	726254	60.8
大兴区	4650515	3738064	24.4	278373	205330	35.6	430189	342266	25.7
门头沟区	787287	659500	19.4	147568	93479	57.9	247091	170368	45.0
怀柔区	5071225	4076959	24.4	311161	220070	41.4	484699	403136	20.2
平谷区	2076813	1614771	28.6	136000	119030	14.3	200210	181993	10.0
密云县	1989772	1598244	24.5	175006	110923	57.8	265230	187907	41.1
延庆县	587682	400746	46.6	58063	37009	56.9	81490	51807	57.3
北京经济技术开发区	23037043	20087489	14.7	1395294	1234146	13.1	2262535	1774787	27.5

2–32 续表4

区 县	应交增值税(万元)			从业人员年平均人数(人)		
	2010	2009	增长速度(%)	2010	2009	增长速度(%)
全 市	**4097894**	**3464650**	**18.3**	**1241513**	**1204138**	**3.1**
东 城 区	42351	39009	8.6	14752	16375	-9.9
西 城 区	563895	393812	43.2	55650	55381	0.5
朝 阳 区	334004	297165	12.4	124692	129128	-3.4
丰 台 区	116051	104674	10.9	71784	73372	-2.2
石景山区	152830	234235	-34.8	56906	60375	-5.7
海 淀 区	363970	383483	-5.1	136853	137994	-0.8
房 山 区	379409	318351	19.2	55122	55547	-0.8
通 州 区	175175	129516	35.3	106298	101188	5.1
顺 义 区	504202	416386	21.1	139896	134407	4.1
昌 平 区	285188	227065	25.6	96532	87045	10.9
大 兴 区	128582	117177	9.7	87688	83799	4.6
门头沟区	70397	59563	18.2	29395	30630	-4.0
怀 柔 区	132326	146097	-9.4	43646	37117	17.6
平 谷 区	58291	57961	0.6	34196	31811	7.5
密 云 县	73343	64982	12.9	44310	43620	1.6
延 庆 县	20258	12959	56.3	10245	9696	5.7
北京经济技术开发区	697624	462214	50.9	133548	116653	14.5

2–33 建筑业主要指标

区　县	企业个数（个）			建筑施工企业年末从业人员（万人）		
	2010	2009	增长速度(%)	2010	2009	增长速度(%)
全　市	**3594**	**3556**	**1.1**	**59.9**	**56.2**	**6.6**
东城区	182	193	-5.7	2.6	2.5	4.0
西城区	334	325	2.8	4.7	4.5	4.4
朝阳区	711	707	0.6	7.7	7.2	6.9
丰台区	300	308	-2.6	9.8	7.0	40.0
石景山区	84	80	5.0	1.5	1.5	持平
海淀区	577	566	1.9	9.7	12.8	-24.2
房山区	115	113	1.8	2.4	2.1	14.3
通州区	229	229	持平	5.5	4.3	27.9
顺义区	185	180	2.8	4.4	3.1	41.9
昌平区	163	152	7.2	1.7	1.7	持平
大兴区	348	344	1.2	3.2	2.5	28.0
门头沟区	64	65	-1.5	0.5	0.5	持平
怀柔区	76	76	持平	1.5	1.6	-6.3
平谷区	105	104	1.0	1.2	1.0	20.0
密云县	55	51	7.8	1.0	0.8	25.0
延庆县	47	45	4.4	0.4	0.4	持平
北京经济技术开发区	19	18	5.6	2.1	2.7	-22.2

注：建筑业相关数据是按照建筑业企业经营地划分，统计范围为施工总承包、专业承包建筑业企业。

2-33 续表1

单位：亿元

区　县	建筑施工企业总产值			利润总额		
	2010	2009	增长速度(%)	2010	2009	增长速度(%)
全　市	**5196.0**	**4059.7**	**28.0**	**265.2**	**217.4**	**22.0**
东 城 区	350.3	281.3	24.5	19.0	7.5	153.3
西 城 区	389.3	290.2	34.1	12.1	5.2	132.7
朝 阳 区	703.7	556.4	26.5	21.3	12.0	77.5
丰 台 区	622.1	469.5	32.5	55.4	78.9	-29.8
石景山区	311.5	171.6	81.5	13.9	8.2	69.5
海 淀 区	1132.6	906.9	24.9	94.2	68.2	38.1
房 山 区	260.0	221.7	17.3	11.0	8.3	32.5
通 州 区	324.2	225.5	43.8	10.2	5.5	85.5
顺 义 区	151.3	112.8	34.1	4.9	4.4	11.4
昌 平 区	197.2	159.3	23.8	6.4	4.8	33.3
大 兴 区	190.1	123.5	53.9	4.3	2.8	53.6
门头沟区	50.9	33.1	53.8	0.5	-0.1	
怀 柔 区	75.0	64.6	16.1	1.5	1.6	-6.3
平 谷 区	44.1	52.6	-16.2	2.2	3.0	-26.7
密 云 县	71.0	49.9	42.3	1.6	0.5	220.0
延 庆 县	42.0	38.4	9.4	-0.2		
北京经济技术开发区	280.7	302.4	-7.2	6.9	6.6	4.5

2-34 民用汽车（2010年）

单位：辆

区 县	民用汽车拥有量	#私人汽车
全 市	**4528670**	**3743814**
东城区	324513	233955
西城区	404829	322087
朝阳区	844190	714267
丰台区	567495	505947
石景山区	127188	106474
海淀区	744149	634196
房山区	186757	154900
通州区	221739	176317
顺义区	184548	151529
昌平区	311711	273328
大兴区	289550	227355
门头沟区	57051	39895
怀柔区	76470	53554
平谷区	71026	53568
密云县	70021	58514
延庆县	47433	37928

资料来源：北京市公安局公安交通管理局。

2-35 经营性停车场情况（2010年）

单位：个

区　县	经营性停车场个数	经营性停车场车位总数
全　市	**5471**	**1394495**
东城区	454	76562
西城区	689	116972
朝阳区	1618	474938
丰台区	393	134617
石景山区	159	37994
海淀区	1191	299602
房山区	94	21485
通州区	194	43584
顺义区	62	10953
昌平区	235	96639
大兴区	196	34378
门头沟区	20	3639
怀柔区	23	9352
平谷区	34	5798
密云县	51	7591
延庆县	15	5252
北京经济技术开发区	43	15139

资料来源：北京市交通委员会。

2-36 国内贸易基本情况 (2010年)

区　县	批发和零售业			住宿和餐饮业		
	单位个数（个）	年末从业人员（人）	商品销售总额（亿元）	单位个数（个）	年末从业人员（人）	营业额（亿元）
全　市	**8953**	**594808**	**37206.3**	**3459**	**383689**	**702.6**
东城区	675	69009	3455.4	418	78117	166.5
西城区	840	77431	4912.0	475	52180	95.0
朝阳区	2698	181182	10559.1	929	88488	181.0
丰台区	556	44226	1473.9	246	22506	31.1
石景山区	192	19303	755.4	51	4646	5.8
海淀区	2350	109034	11951.6	752	76842	138.0
房山区	332	9602	840.4	58	4604	5.3
通州区	158	14961	573.6	53	3394	4.2
顺义区	209	16920	551.4	86	12325	20.9
昌平区	221	11671	339.5	110	13704	21.4
大兴区	269	13924	444.0	63	8299	12.3
门头沟区	105	3223	81.8	40	2632	3.3
怀柔区	69	4095	93.6	68	4492	5.6
平谷区	53	1597	96.3	27	2605	2.5
密云县	79	4597	115.2	32	4416	4.6
延庆县	39	2492	20.1	33	2875	2.7
北京经济技术开发区	108	11541	943.2	18	1564	2.4

注：统计范围为年主营业务收入2000万元及以上的批发业单位；年主营业务收入500万元及以上的零售业单位；年主营业务收入200万元及以上的餐饮业单位；星级饭店和星级饭店以外年主营业务收入200万元及以上的住宿业单位。

2-37 社会消费品零售额

单位：亿元

区 县	社会消费品零售额		增长速度 (%)
	2010	2009	
全 市	**6229.3**	**5309.9**	**17.3**
东城区	645.0	532.5	21.1
西城区	552.9	474.7	16.5
朝阳区	1737.5	1478.3	17.5
丰台区	722.0	635.0	13.7
石景山区	217.6	175.9	23.7
海淀区	1184.2	1026.4	15.4
房山区	119.8	99.1	20.9
通州区	187.7	161.8	16.0
顺义区	180.5	155.2	16.3
昌平区	168.3	145.0	16.1
大兴区	133.7	115.3	16.0
门头沟区	25.4	21.7	17.1
怀柔区	56.2	48.6	15.4
平谷区	38.2	32.0	19.5
密云县	64.3	57.0	12.8
延庆县	46.0	40.9	12.5
北京经济技术开发区	150.0	110.6	35.7

2-38 对外经济基本情况

单位：万美元

区　县	地区进出口总额			实际使用外资金额	
		进口额	出口额	2010	2009
全　市	**30166129**	**24622187**	**5543942**	**636358**	**612094**
东城区	1397766	1071670	326097	53592	69529
西城区	6868646	5802139	1066507	61534	70199
朝阳区	13552098	11509863	2042235	240298	217761
丰台区	947791	797077	150714	12758	10587
石景山区	63789	23365	40424	6583	11994
海淀区	4196859	3239166	957693	136343	128345
房山区	64141	31910	32231	7455	2718
通州区	236368	93661	142708	9042	8088
顺义区	758057	629956	128101	40014	39586
昌平区	190905	106802	84103	8894	8801
大兴区	1613585	1135484	478101	11554	10205
门头沟区	31745	19329	12416	200	1281
怀柔区	65318	42550	22768	6575	7194
平谷区	72677	57099	15578	5363	4074
密云县	68187	46220	21966	4552	4504
延庆县	15754	2085	13669	835	614
其　他	22443	13811	8632	30766	16614

注：进出口指标其他项是指“外商常驻机构、外国驻华使领馆、国际组织和外籍专家”等进出口单位；新批外商投资企业个数、实际使用外资金额指标其他项指“北京经济技术开发区”。
资料来源：中华人民共和国北京海关、北京市商务委员会。

2-39 旅游及星级饭店基本情况

区 县	入境旅游者人数（万人次）			#外国人			星级饭店个数（个）			出租率（%）	
	2010	2009	增长速度（%）	2010	2009	增长速度（%）	2010	2009	增长速度（%）	2010	2009
全 市	**490.07**	**412.50**	**18.8**	**421.6**	**342.9**	**23.0**	**729**	**815**	**-10.6**	**56.0**	**49.0**
东城区	111.85	95.17	17.5	97.8	80.7	21.1	83	92	-9.8	63.9	55.1
西城区	45.30	47.80	-5.2	39.3	40.0	-1.8	98	102	-3.9	62.3	55.8
朝阳区	213.95	171.86	24.5	186.6	145.1	28.6	142	168	-15.5	62.4	52.8
丰台区	8.06	13.56	-40.6	6.8	11.8	-42.6	43	51	-15.7	58.2	54.3
石景山区	4.72	2.95	59.7	3.5	2.1	68.8	8	9	-11.1	51.9	45.7
海淀区	53.08	46.58	14.0	40.1	34.0	18.1	103	110	-6.4	61.8	55.9
房山区	0.04	0.04	5.7	0.04	0.03	8.8	39	36	8.3	22.0	20.0
通州区	4.35	1.75	148.2	4.3	1.7	153.6	14	15	-6.7	37.6	26.5
顺义区	20.00	17.34	15.4	18.9	16.1	17.5	21	26	-19.2	57.0	44.5
昌平区	6.84	4.50	52.0	5.2	3.0	75.1	44	49	-10.2	42.8	37.6
大兴区	20.19	9.55	111.5	17.8	7.4	140.5	14	19	-26.3	54.5	41.8
门头沟区	0.03	0.01	106.4	0.03	0.01	115.3	17	20	-15.0	26.9	25.6
怀柔区	0.12	0.17	-26.2	0.05	0.07	-30.9	45	47	-4.3	33.2	30.6
平谷区	0.26	0.16	66.9	0.3	0.1	73.4	14	22	-36.4	43.0	42.9
密云县	0.50	0.46	7.0	0.3	0.3	13.5	28	24	16.7	31.6	27.3
延庆县	0.76	0.60	27.1	0.7	0.6	22.4	16	25	-36.0	28.1	23.4

2-39 续表1

区 县	营业收入(万元)			利润总额(万元)		从业人员平均人数(人)		应付工资总额(万元)		
	2010	2009	增长速度(%)	2010	2009	2010	2009	2010	2009	增长速度(%)
全 市	**2607769.3**	**2261410.8**	**15.3**	**79463.8**	**-76121.2**	**130050**	**134159**	**480325.1**	**448467.9**	**7.1**
东城区	471112.7	396544.8	18.8	19227.9	-24940.8	18804	20111	80567.1	76513.7	5.3
西城区	328970.6	260588.7	26.2	8457.7	-3204.5	16428	15393	65263.2	56653.7	15.2
朝阳区	854455.3	757001.2	12.9	68103.7	-1303.3	33755	35851	153337.5	143775.9	6.7
丰台区	73263.1	69078.9	6.1	-3428.2	-10172.6	5256	5809	15131.1	14616.2	3.5
石景山区	12615.6	11486.0	9.8	-792.6	-1625.9	1000	1220	2625.7	2989.1	-12.2
海淀区	443550.9	391116.2	13.4	25514.6	2584.8	22800	24223	85132.6	80327.8	6.0
房山区	27493.4	19757.7	39.2	-3478.6	-1164.9	2656	1745	5907.0	3440.0	71.7
通州区	17907.2	23081.7	-22.4	-2661.5	-3676.6	1678	2190	4268.7	5658.3	-24.6
顺义区	61242.5	59666.6	2.6	-4927.6	-5628.0	4462	4683	10164.9	10725.1	-5.2
昌平区	173391.4	144029.9	20.4	-11345.8	-7712.4	10419	10342	29144.3	25927.4	12.4
大兴区	39918.6	32505.0	22.8	665.4	-3338.3	2447	2586	7676.9	7767.1	-1.2
门头沟区	18933.1	18179.3	4.1	-3072.5	-3072.8	1732	1426	2629.8	2788.5	-5.7
怀柔区	21502.4	22979.5	-6.4	-1943.4	-1456.1	1938	1818	3938.5	3754.3	4.9
平谷区	16208.8	15270.6	6.1	-2342.5	-2006.5	1678	1753	3868.1	3762.0	2.8
密云县	28595.0	24135.7	18.5	-4404.5	-5850.9	2830	2931	6059.7	5742.0	5.5
延庆县	18608.7	15989.0	16.4	-4108.3	-3552.4	2167	2078	4610.0	4026.8	14.5

2-40 北京市中资银行人民币存贷款余额（2010年）

单位：万元

区　县	各项存款	#企业存款	#储蓄存款		
				定　期	活　期
全　市	**620418389**	**298532214**	**168742848**	**106033583**	**62709265**
东城区	81051061	47856327	20205401	12182014	8025188
西城区	194860397	102888674	25702151	15700892	10001259
朝阳区	99147960	52026302	34232920	20837750	13395170
丰台区	34828984	12036265	16150240	10309042	5841198
石景山区	11183409	6111349	3654738	2465609	1189130
海淀区	129999846	53537105	35419075	22594028	12825047
房山区	7887949	2510710	4096771	2859942	1236829
通州区	11049264	3294421	5656308	3721926	1934382
顺义区	11468864	5553951	4500749	3224744	1276005
昌平区	11145580	3377051	5925554	3899258	2026296
大兴区	14538123	5339309	6464318	3777168	2687150
门头沟区	2593856	882161	1269137	887866	381271
怀柔区	3219079	1017872	1501792	951017	550775
平谷区	2781316	824426	1396349	930029	466321
密云县	2946262	803564	1618374	1060969	557405
延庆县	1716439	472727	948972	633131	315841

注：本表统计范围包括人民银行、邮政储蓄银行、政策性银行、国有商业银行、股份制商业银行(含农村商业银行)、北京城市商业银行。

资料来源：中国人民银行营业管理部。

2-40 续表1

单位：万元

区　县	各项贷款				
		境内短期贷款	#个人消费贷款	境内中长期贷款	#个人消费贷款
全　市	**281750343**	**73791380**	**580856**	**199830995**	**36967974**
东 城 区	35733841	10387455	78946	25058915	5717788
西 城 区	114736001	28489517	246217	79724949	7268423
朝 阳 区	48305280	10398421	86114	37269001	9193015
丰 台 区	14115903	3772752	21137	10322373	2407493
石景山区	3449118	999186	2682	2427496	406252
海 淀 区	40571444	14508161	113077	25877099	7278466
房 山 区	1906848	396764	1367	1502881	444320
通 州 区	3385869	286808	3308	2962777	798000
顺 义 区	5694927	1664540	7215	4005112	795242
昌 平 区	2926408	358926	3473	2559290	927105
大 兴 区	6944162	1565371	7091	5162772	914636
门头沟区	575755	85439	247	485987	98497
怀 柔 区	886377	264347	2423	591026	166685
平 谷 区	1033948	177371	4488	850810	208165
密 云 县	1034921	299621	2659	721479	230164
延 庆 县	449542	136702	412	309025	113721

2-41 限额以上第三产业基本情况（2010年）

区 县	从业人员（万人）	收入合计（亿元）	资产总计（亿元）	企业利润总额（亿元）
全 市	**487.9**	**69106.8**	**798485.4**	**10236.3**
东 城 区	50.8	10154.1	77853.7	4231.5
西 城 区	74.8	11671.2	553738.8	2455.2
朝 阳 区	103.6	16666.9	57103.6	2440.5
丰 台 区	50.7	3400.0	8871.6	79.4
石景山区	9.0	996.8	1724.0	51.8
海 淀 区	124.1	18804.1	83611.8	465.1
房 山 区	7.0	974.2	1241.2	10.1
通 州 区	7.0	884.5	2019.6	48.2
顺 义 区	17.9	2151.2	4933.5	186.0
昌 平 区	11.6	765.7	2100.4	32.3
大 兴 区	9.6	695.0	1717.3	29.9
门头沟区	2.6	174.2	246.0	0.9
怀 柔 区	3.3	172.1	312.7	0.4
平 谷 区	3.5	173.9	554.4	16.4
密 云 县	4.0	235.1	530.9	4.6
延 庆 县	2.7	95.3	214.7	1.5
北京经济技术开发区	5.8	1092.4	1711.1	182.5

2-42 城镇居民收支情况

单位：元

区县	人均可支配收入			人均消费支出			#食品		
	2010	2009	增长速度(%)	2010	2009	增长速度(%)	2010	2009	增长速度(%)
全市	**29073**	**26738**	**8.7**	**19934**	**17893**	**11.4**	**6393**	**5936**	**7.7**
东城区	30684	28274	8.5	22196	20434	8.6	7529	6936	8.5
西城区	31633	29099	8.7	22277	20682	7.7	7134	6632	7.6
朝阳区	30134	27608	9.1	22406	20330	10.2	7023	6625	6.0
丰台区	27081	24835	9.0	18207	16962	7.3	6255	6023	3.9
石景山区	28051	25736	9.0	18903	17081	10.7	6218	5700	9.1
海淀区	33351	30677	8.7	21597	18218	18.5	6462	5964	8.4
房山区	23769	21955	8.3	15870	13886	14.3	5099	4749	7.4
通州区	24427	22455	8.8	16046	14041	14.3	5536	4908	12.8
顺义区	24825	23179	7.1	14257	13466	5.9	5112	4507	13.4
昌平区	24428	22556	8.3	17123	15690	9.1	5516	5131	7.5
大兴区	24368	22548	8.1	15805	14097	12.1	5363	4750	12.9
门头沟区	25313	23345	8.4	17617	15953	10.4	5763	5121	12.5
怀柔区	23428	21540	8.8	15137	13992	8.2	4808	4321	11.3
平谷区	23606	21757	8.5	14895	13513	10.2	5130	4458	15.1
密云县	23438	21600	8.5	15628	14090	10.9	4731	4336	9.1
延庆县	23329	21573	8.1	13467	11823	13.9	4431	4099	8.1

注：城镇居民抽样调查样本量5000户，覆盖16个区县。

2-43 城镇居民家庭每百户耐用消费品拥有量（2010年）

区　县	组合音响（套）	家用汽车（辆）	摄像机（架）	彩色电视机（台）	钢　琴（架）	其他中高档乐器（件）	照相机（架）
全　市	**29**	**34**	**23**	**140**	**5**	**8**	**92**
东城区	28	29	23	153	6	7	110
西城区	31	30	26	143	5	6	95
朝阳区	34	35	28	150	6	9	110
丰台区	26	32	22	131	2	6	90
石景山区	20	27	19	147	6	11	87
海淀区	34	43	28	148	8	11	106
房山区	29	29	18	118	2	4	64
通州区	17	20	15	118	2	3	70
顺义区	20	24	8	120		4	55
昌平区	19	33	11	134	3	2	65
大兴区	23	42	16	120	6	4	66
门头沟区	16	20	9	122	1	2	49
怀柔区	24	49	12	121	3	9	58
平谷区	26	36	5	114	1	3	53
密云县	23	26	13	125	1	15	53
延庆县	6	16	4	113	1	3	31

2-43 续表1

区　县	空调器（台）	健身器材（套）	家用电脑（台）	移动电话（部）	电冰箱（台）	洗衣机（台）
全　市	**169**	**7**	**104**	**221**	**103**	**100**
东城区	180	8	111	236	105	102
西城区	164	6	108	224	102	101
朝阳区	174	7	119	236	103	103
丰台区	164	8	100	211	103	101
石景山区	163	9	105	227	105	103
海淀区	191	10	111	226	105	102
房山区	138	5	84	193	102	98
通州区	142	3	83	192	101	96
顺义区	159	5	68	196	105	94
昌平区	166	5	93	200	102	95
大兴区	162	5	93	204	104	96
门头沟区	133	3	81	191	101	93
怀柔区	161	4	93	244	104	98
平谷区	129	7	81	217	103	99
密云县	167	4	74	234	98	94
延庆县	38	1	63	188	99	96

2-44 农村居民家庭基本情况

区 县	人均纯收入(元)			人均生活消费支出(元)			#食 品(元)			人均住房面积(平方米)	
	2010	2009	增长速度(%)	2010	2009	增长速度(%)	2010	2009	增长速度(%)	2010	2009
全 市	**13262**	**11986**	**10.6**	**10109**	**9141**	**10.6**	**3121**	**2961**	**5.4**	**40.62**	**39.42**
朝阳区	18331	16633	10.2	15224	13297	14.5	4281	4098	4.5	48.9	54.8
丰台区	14544	13179	10.4	12089	10971	10.2	4388	3923	11.9	38.0	36.9
海淀区	17661	16011	10.3	14891	13305	11.9	4577	4055	12.9	47.9	47.1
房山区	12492	11315	10.4	8915	8234	8.3	2655	2493	6.5	42.8	38.0
通州区	12613	11361	11.0	9840	8296	18.6	2958	2847	3.9	47.5	45.9
顺义区	12898	11648	10.7	8639	8056	7.2	3029	2807	7.9	46.0	41.2
昌平区	12548	11318	10.9	11379	9724	17.0	3180	3119	2.0	43.9	42.9
大兴区	12335	11132	10.8	9806	8671	13.1	2891	2763	4.6	36.2	37.8
门头沟区	12672	11475	10.4	8632	8312	3.8	2939	2823	4.1	29.0	27.3
怀柔区	12256	11013	11.3	9106	8939	1.9	2939	2840	3.5	32.0	29.1
平谷区	12036	10872	10.7	8348	7626	9.5	2294	2247	2.1	39.1	37.8
密云县	11858	10682	11.0	8860	8831	0.3	2817	2730	3.2	36.7	35.1
延庆县	11531	10470	10.1	6754	6239	8.3	2316	2278	1.7	32.2	30.9

2-45 农村居民家庭每百户耐用消费品拥有量（2010年）

区　县	空　调（台）	洗衣机（台）	电冰箱（台）	汽　车（辆）	彩色电视机（台）	微波炉（台）
全　市	**107**	**103**	**107**	**16**	**139**	**55**
朝阳区	175	104	112	20	149	87
丰台区	126	121	123	16	155	88
海淀区	186	108	111	32	157	89
房山区	121	108	116	16	144	55
通州区	125	101	106	12	136	61
顺义区	97	103	110	20	139	43
昌平区	138	97	109	21	158	66
大兴区	101	103	102	22	133	40
门头沟区	52	105	110	7	129	54
怀柔区	95	102	101	12	134	44
平谷区	88	103	103	14	137	20
密云县	80	100	101	8	120	51
延庆县	18	96	93	6	118	37

2-45 续表1

区　县	照相机（架）	影碟机（台）	抽油烟机（台）	热水器（台）	移动电话（部）	家用电脑（台）
全　市	**42**	**46**	**71**	**91**	**224**	**64**
朝阳区	58	48	99	101	220	92
丰台区	82	59	94	89	252	92
海淀区	81	45	98	108	241	90
房山区	45	60	66	86	243	69
通州区	39	38	74	98	212	71
顺义区	34	39	59	105	203	62
昌平区	46	34	83	93	243	80
大兴区	38	40	58	58	213	56
门头沟区	33	65	50	79	231	50
怀柔区	20	45	69	89	227	48
平谷区	20	40	47	125	243	57
密云县	22	57	66	100	208	34
延庆县	47	44	60	64	196	36

2–46 普通中学学校基本情况

区 县	普通中学校数(所)			普通中学毕业生数(人)		
	2010	2009	增长速度(%)	2010	2009	增长速度(%)
全 市	**634**	**647**	**-2.0**	**163350**	**171943**	**-5.0**
东城区	44	44	持平	15080	16199	-6.9
西城区	51	51	持平	18083	19626	-7.9
朝阳区	74	74	持平	15126	16076	-5.9
丰台区	43	45	-4.4	9280	9406	-1.3
石景山区	25	25	持平	4301	4528	-5.0
海淀区	77	77	持平	30350	30496	-0.5
房山区	49	51	-3.9	9864	10378	-5.0
通州区	43	46	-6.5	9715	11024	-11.9
顺义区	42	41	2.4	11150	11383	-2.0
昌平区	43	47	-8.5	6423	6243	2.9
大兴区	38	38	持平	8576	9162	-6.4
门头沟区	18	18	持平	2688	2780	-3.3
怀柔区	23	23	持平	4664	4579	1.9
平谷区	20	22	-9.1	6507	7932	-18.0
密云县	22	23	-4.3	7024	7109	-1.2
延庆县	22	22	持平	4519	5022	-10.0

资料来源：北京市教育委员会。

2-46 续表1

单位：人

区县	普通中学招生数			普通中学在校学生数		
	2010	2009	增长速度(%)	2010	2009	增长速度(%)
全　市	**168009**	**171913**	**-2.3**	**508327**	**522351**	**-2.7**
东城区	14489	15337	-5.5	45573	47521	-4.1
西城区	17147	18207	-5.8	53634	55438	-3.3
朝阳区	17458	16849	3.6	50002	50527	-1.0
丰台区	10330	10842	-4.7	30931	31837	-2.8
石景山区	4924	5032	-2.1	14568	14709	-1.0
海淀区	34047	33859	0.6	99467	99340	0.1
房山区	9923	10401	-4.6	31407	32617	-3.7
通州区	10158	10292	-1.3	30594	32034	-4.5
顺义区	10364	9894	4.8	30392	31270	-2.8
昌平区	7162	7287	-1.7	21868	21800	0.3
大兴区	9517	9621	-1.1	28670	29331	-2.3
门头沟区	2569	2821	-8.9	8181	8826	-7.3
怀柔区	4393	4885	-10.1	13824	14661	-5.7
平谷区	5252	5731	-8.4	16991	18465	-8.0
密云县	6238	6550	-4.8	19501	20703	-5.8
延庆县	4038	4305	-6.2	12724	13272	-4.1

2-46 续表2

单位：人

区　县	普通中学教职工人数			普通中学专任教师人数		
	2010	2009	增长速度(%)	2010	2009	增长速度(%)
全　市	**70418**	**71831**	**-2.0**	**49873**	**50237**	**-0.7**
东城区	6407	6726	-4.7	4436	4544	-2.4
西城区	8001	8377	-4.5	5560	5701	-2.5
朝阳区	6218	6174	0.7	4842	4641	4.3
丰台区	4432	4601	-3.7	3029	3101	-2.3
石景山区	2188	2232	-2.0	1496	1502	-0.4
海淀区	10259	10096	1.6	7741	7553	2.5
房山区	4631	4782	-3.2	3256	3342	-2.6
通州区	4306	4389	-1.9	3073	3129	-1.8
顺义区	4023	4074	-1.3	3017	3007	0.3
昌平区	3468	3435	1.0	2447	2424	0.9
大兴区	4331	4472	-3.2	3292	3358	-2.0
门头沟区	1442	1504	-4.1	980	1019	-3.8
怀柔区	2220	2224	-0.2	1498	1516	-1.2
平谷区	3393	3439	-1.3	1869	2005	-6.8
密云县	2815	2904	-3.1	1989	2004	-0.7
延庆县	2284	2402	-4.9	1348	1391	-3.1

2–47 小学教育基本情况

区　县	小学校数(所)			小学毕业生数(人)		
	2010	2009	增长速度(%)	2010	2009	增长速度(%)
全　市	**1104**	**1160**	**-4.8**	**102971**	**110730**	**-7.0**
东 城 区	63	65	-3.1	7723	7739	-0.2
西 城 区	71	72	-1.4	8284	8912	-7.0
朝 阳 区	133	141	-5.7	11568	12650	-8.6
丰 台 区	88	93	-5.4	8716	9600	-9.2
石景山区	32	32	持平	3435	3880	-11.5
海 淀 区	105	106	-0.9	18550	18905	-1.9
房 山 区	110	112	-1.8	6569	7404	-11.3
通 州 区	85	89	-4.5	6690	7007	-4.5
顺 义 区	42	47	-10.6	5378	5651	-4.8
昌 平 区	85	85	持平	5040	5602	-10.0
大 兴 区	92	94	-2.1	6592	6843	-3.7
门头沟区	38	42	-9.5	2046	2327	-12.1
怀 柔 区	27	33	-18.2	2688	3160	-14.9
平 谷 区	49	60	-18.3	3306	3851	-14.2
密 云 县	40	44	-9.1	3839	4362	-12.0
延 庆 县	44	45	-2.2	2547	2837	-10.2

资料来源：北京市教育委员会。

2-47 续表1

单位：人

区　县	小学招生数			小学在校学生数		
	2010	2009	增长速度(%)	2010	2009	增长速度(%)
全　市	**113728**	**102414**	**11.0**	**653255**	**647101**	**1.0**
东城区	7538	6933	8.7	45693	45689	0.01
西城区	8655	7900	9.6	49921	49053	1.8
朝阳区	15950	13993	14.0	84137	81687	3.0
丰台区	11286	11040	2.2	64348	64372	-0.04
石景山区	3670	3432	6.9	20667	20881	-1.0
海淀区	20383	18651	9.3	120753	118893	1.6
房山区	6334	5539	14.4	37140	37398	-0.7
通州区	9197	7952	15.7	47912	45795	4.6
顺义区	5884	4495	30.9	32071	30474	5.2
昌平区	6059	5416	11.9	34992	33658	4.0
大兴区	6999	6308	11.0	40087	40432	-0.9
门头沟区	1880	1861	1.0	11891	12441	-4.4
怀柔区	2503	2220	12.7	14842	15185	-2.3
平谷区	2482	2259	9.9	15909	16749	-5.0
密云县	3142	2756	14.0	19652	20404	-3.7
延庆县	1766	1659	6.4	13240	13990	-5.4

2-47 续表2

单位：人

区 县	小学教职工人数			小学专任教师人数		
	2010	2009	增长速度(%)	2010	2009	增长速度(%)
全 市	**60038**	**60428**	**-0.6**	**49480**	**49257**	**0.5**
东 城 区	4465	4545	-1.8	3553	3535	0.5
西 城 区	4737	4923	-3.8	3919	3981	-1.6
朝 阳 区	7255	7269	-0.2	6570	6507	1.0
丰 台 区	4643	4602	0.9	4009	3889	3.1
石景山区	1850	1877	-1.4	1611	1617	-0.4
海 淀 区	7971	7640	4.3	7094	6849	3.6
房 山 区	4145	4267	-2.9	3083	3107	-0.8
通 州 区	3764	3725	1.0	3285	3240	1.4
顺 义 区	3193	3281	-2.7	2403	2431	-1.2
昌 平 区	3727	3650	2.1	3130	3031	3.3
大 兴 区	3633	3681	-1.3	3079	3045	1.1
门头沟区	1611	1722	-6.4	1286	1360	-5.4
怀 柔 区	2264	2335	-3.0	1575	1656	-4.9
平 谷 区	2594	2581	0.5	1752	1875	-6.6
密 云 县	2294	2377	-3.5	1646	1707	-3.6
延 庆 县	1892	1953	-3.1	1485	1427	4.1

2-48 幼儿教育情况

区 县	幼儿园数(所)		在园儿童数(人)		专任教师数(人)	
	2010	2009	2010	2009	2010	2009
全 市	**1245**	**1253**	**276994**	**247778**	**21677**	**19752**
东城区	51	51	11877	11124	1044	966
西城区	63	62	15174	13688	1350	1279
朝阳区	165	156	48324	41365	4550	4163
丰台区	109	112	31410	27388	2736	2312
石景山区	35	34	9879	9040	828	769
海淀区	152	152	47036	43161	3789	3507
房山区	183	155	22466	18407	1816	1492
通州区	74	77	13514	13259	800	751
顺义区	55	56	12545	10043	887	866
昌平区	83	98	16069	15929	1245	1166
大兴区	62	58	15545	13981	427	361
门头沟区	16	16	5229	5097	317	311
怀柔区	42	48	6190	5749	438	417
平谷区	52	54	6448	5229	169	190
密云县	57	83	9473	8881	868	825
延庆县	46	41	5815	5437	413	377

数据来源：北京市教育委员会。

2-49 公共文化机构情况 (2010年)

单位：个

区　县	文化馆数	博物馆数
全　市	**20**	**156**
东 城 区	2	36
西 城 区	2	28
朝 阳 区	1	19
丰 台 区	2	10
石景山区	1	3
海 淀 区	1	25
房 山 区	2	4
通 州 区	1	4
顺 义 区	1	1
昌 平 区	1	9
大 兴 区	1	3
门头沟区	1	3
怀 柔 区	1	3
平 谷 区	1	1
密 云 县	1	1
延 庆 县	1	6

注：博物馆数为2010年末北京地区拥有登记在册的博物馆，不含11家已闭馆的博物馆。
资料来源：北京市文化局、北京市文物局。

2–50 公共图书馆情况

区　县	个　数(个)		总藏数(万册、万件)			总流通人次(万人次)			书刊外借册次(万册次)		
	2010	2009	2010	2009	增长速度(%)	2010	2009	增长速度(%)	2010	2009	增长速度(%)
全　市	**25**	**25**	**4613**	**4368**	**5.6**	**1308**	**1345**	**-2.8**	**947**	**1111**	**-14.8**
东城区	2	2	101	95	6.3	56	53	5.7	58	53	9.4
西城区	3	3	134	132	1.5	78	78	持平	79	91	-13.2
朝阳区	3	3	699	659	6.1	313	351	-10.8	284	320	-11.3
丰台区	2	2	66	59	11.9	35	30	16.7	39	45	-13.3
石景山区	2	2	80	82	-2.4	53	53	持平	63	73	-13.7
海淀区	2	2	2991	2860	4.6	547	545	0.4	175	251	-30.3
房山区	2	2	74	70	5.7	15	27	-44.4	22	30	-26.7
通州区	1	1	35	32	9.4	26	20	30.0	20	25	-20.0
顺义区	1	1	49	41	19.5	24	24	持平	33	32	3.1
昌平区	1	1	58	55	5.5	31	28	10.7	41	29	41.4
大兴区	1	1	68	63	7.9	19	19	持平	27	43	-37.2
门头沟区	1	1	56	44	27.3	20	21	-4.8	21	23	-8.7
怀柔区	1	1	48	46	4.3	48	43	11.6	32	35	-8.6
平谷区	1	1	79	66	19.7	14	22	-36.4	26	30	-13.3
密云县	1	1	46	40	15.0	10	12	-16.7	12	13	-7.7
延庆县	1	1	29	24	20.8	19	19	持平	15	18	-16.7

资料来源：北京市文化局、国家图书馆。

2-51 技术合同成交情况（2010年）

区　县	成交项数 （项）	成交总额 （万元）
全　市	**50847**	**15795367**
东城区	1479	562606
西城区	3893	705124
朝阳区	5167	1242030
丰台区	2074	2865059
石景山区	352	152632
海淀区	34463	9071136
房山区	157	25386
通州区	103	172327
顺义区	122	15855
昌平区	1308	511296
大兴区	1517	447093
门头沟区	32	5017
怀柔区	76	8208
平谷区	67	7268
密云县	22	2695
延庆县	15	1637

资料来源：北京技术市场管理办公室。

2-52 专利申请及授权情况（2010年）

单位：件

区县	专利申请量	#发明专利	专利授权量	#发明专利
全市	**57296**	**33466**	**33511**	**11209**
东城区	3511	1622	2081	448
西城区	3468	2073	2233	848
朝阳区	12115	7341	6605	2019
丰台区	3158	1481	1845	328
石景山区	1457	629	1020	166
海淀区	24880	17275	13839	6620
房山区	441	162	321	34
通州区	1069	209	899	62
顺义区	648	179	434	41
昌平区	3125	1189	1802	265
大兴区	2733	1103	1774	307
门头沟区	134	45	122	25
怀柔区	244	71	291	17
平谷区	102	34	108	9
密云县	170	37	105	9
延庆县	41	16	32	11

资料来源：北京市知识产权局。

2-53 卫生机构个数

单位：个

区 县	卫生机构			在2010年卫生机构中						
	2010	2009	增长速度(%)	#医 院	#社区卫生服务中心(站)	#门诊部	#妇幼保健院(所、站)	#疾病预防控制中心(防疫站)	#专科疾病防治院(所、站)	#诊所、卫生所、医务室、护理站
全 市	**6539**	**6603**	**-1.0**	**550**	**1587**	**794**	**19**	**31**	**28**	**3390**
东城区	484	468	3.4	57	7	58	2	4	3	330
西城区	589	597	-1.3	44	47	55	2	9	4	403
朝阳区	1185	1234	-4.0	129	254	237	1	1	1	546
丰台区	482	467	3.2	61	158	71	1	1	3	183
石景山区	192	176	9.1	19	38	7	1	1	1	119
海淀区	914	927	-1.4	61	177	185	1	2	3	479
房山区	472	516	-8.5	27	211	40	2	2	2	178
通州区	257	243	5.8	12	94	41	1	1	1	100
顺义区	275	233	18.0	12	99	10	1	1	1	143
昌平区	517	570	-9.3	54	137	45	1	1	1	273
大兴区	480	484	-0.8	30	169	37	1	2	1	233
门头沟区	110	126	-12.7	16	23	1	1	2	1	59
怀柔区	175	159	10.1	10	66	7	1	1	1	87
平谷区	113	109	3.7	5	38		1	1	2	63
密云县	208	208	持平	8	54		1	1	2	136
延庆县	86	86	持平	5	15		1	1	1	58

注：从2010年起“卫生院”数据合并到“社区卫生服务中心(站)”中。
资料来源：北京市卫生局。

2–54 医院工作情况

单位：千人次

区　县	诊疗人次数			门　诊			健康检查人数		
	2010	2009	增长速度(%)	2010	2009	增长速度(%)	2010	2009	增长速度(%)
全　市	**93374.7**	**83716.6**	**11.5**	**84831.4**	**75239.8**	**12.7**	**3313.0**	**3213.9**	**3.1**
东城区	14305.6	13107.0	9.1	13541.1	12396.2	9.2	292.3	284.8	2.6
西城区	18905.1	17349.9	9.0	17323.4	15777.1	9.8	266.8	281.4	-5.2
朝阳区	17292.8	15463.5	11.8	15602.1	13818.4	12.9	856.7	526.9	62.6
丰台区	6444.7	5710.4	12.9	5504.1	4872.7	13.0	221.5	213.7	3.6
石景山区	2471.7	2118.1	16.7	2254.9	1898.2	18.8	101.4	104.0	-2.5
海淀区	11840.1	10577.7	11.9	10892.6	9676.8	12.6	514.8	445.6	15.5
房山区	4546.6	4269.4	6.5	4175.2	3964.1	5.3	86.6	94.0	-7.9
通州区	2603.6	2333.3	11.6	2198.2	1964.9	11.9	93.7	133.1	-29.6
顺义区	2248.4	1947.7	15.4	2031.9	1774.7	14.5	86.5	328.9	-73.7
昌平区	3653.6	2757.9	32.5	3273.6	2459.9	33.1	245.4	253.6	-3.2
大兴区	3596.5	3143.8	14.4	3171.1	2744.3	15.6	155.1	159.3	-2.6
门头沟区	1170.7	991.9	18.0	998.1	831.3	20.1	120.3	97.0	24.0
怀柔区	1007.7	800.6	25.9	897.5	719.1	24.8	69.2	74.4	-7.0
平谷区	1176.4	1449.4	-18.8	1079.3	791.6	36.3	50.8	45.8	10.9
密云县	1264.6	1009.8	25.2	1113.8	904.3	23.2	84.8	105.2	-19.4
延庆县	846.7	686.1	23.4	774.6	646.2	19.9	67.1	66.2	1.4

资料来源：北京市卫生局。

2-54 续表1

区　县	平均开放病床数(张)			入院人数(千人次)		
	2010	2009	增长速度(%)	2010	2009	增长速度(%)
全　市	**82802.0**	**78752.3**	**5.1**	**1712.9**	**1573.8**	**8.8**
东城区	9589.2	9284.0	3.3	237.8	223.2	6.5
西城区	13479.5	12953.0	4.1	343.0	318.5	7.7
朝阳区	14756.8	13949.0	5.8	334.2	299.1	11.7
丰台区	7278.8	6627.0	9.8	116.8	105.2	11.0
石景山区	2912.0	2757.0	5.6	56.8	52.5	8.2
海淀区	8506.7	7977.0	6.6	220.8	187.4	17.8
房山区	5252.2	4612.0	13.9	87.8	87.4	0.5
通州区	1820.2	1848.0	-1.5	39.3	38.8	1.3
顺义区	2204.8	2248.0	-1.9	38.4	37.7	1.9
昌平区	6661.6	6401.0	4.1	53.7	49.5	8.5
大兴区	3566.4	3428.0	4.0	66.6	61.2	8.8
门头沟区	2369.2	2306.0	2.7	18.7	18.2	2.7
怀柔区	1179.3	1143.0	3.2	22.9	22.0	4.1
平谷区	1537.0	1514.0	1.5	36.4	34.8	4.6
密云县	822.6	845.0	-2.7	20.2	19.4	4.1
延庆县	865.8	860.0	0.7	19.4	18.8	3.2

2–55 卫生机构人员及卫生条件

区 县	卫生机构人员(人)			#卫生技术人员(人)			#执业助理医师(人)		
	2010	2009	增长速度(%)	2010	2009	增长速度(%)	2010	2009	增长速度(%)
全　市	**219762**	**208156**	**5.6**	**171093**	**160435**	**6.6**	**65954**	**62348**	**5.8**
东城区	28349	27653	2.5	21529	21083	2.1	8487	8348	1.7
西城区	37194	34718	7.1	29015	26786	8.3	9940	9599	3.6
朝阳区	42211	39796	6.1	32502	30269	7.4	12723	12036	5.7
丰台区	15961	15717	1.6	12658	12222	3.6	4823	4673	3.2
石景山区	7022	6659	5.5	5481	5219	5.0	2181	2007	8.7
海淀区	30794	28807	6.9	23864	22308	7.0	9281	8420	10.2
房山区	8241	7522	9.6	6292	5722	10.0	2364	2310	2.3
通州区	7373	6845	7.7	5878	5379	9.3	2381	2132	11.7
顺义区	6283	5874	7.0	4964	4745	4.6	2107	2022	4.2
昌平区	10279	9664	6.4	7818	7456	4.9	3106	2927	6.1
大兴区	9130	8554	6.7	7372	6466	14.0	2942	2683	9.7
门头沟区	3691	3434	7.5	2858	2591	10.3	1040	986	5.5
怀柔区	3231	3017	7.1	2719	2558	6.3	1158	1044	10.9
平谷区	4001	4174	-4.1	3116	2885	8.0	1316	1224	7.5
密云县	3817	3658	4.3	3142	2989	5.1	1286	1163	10.6
延庆县	2185	2064	5.9	1885	1757	7.3	819	774	5.8

资料来源：北京市卫生局。

2-55 续表1

区　县	#注册护士(人)			卫生机构实有床位数(张)			#医院床位数(张)		
	2010	2009	增长速度(%)	2010	2009	增长速度(%)	2010	2009	增长速度(%)
全　市	**67308**	**61604**	**9.3**	**92871**	**90100**	**3.1**	**85935**	**82471**	**4.2**
东城区	8404	8191	2.6	10106	9735	3.8	9948	9729	2.3
西城区	12025	10691	12.5	13819	13221	4.5	13759	13166	4.5
朝阳区	13351	12077	10.5	15709	14948	5.1	15137	14316	5.7
丰台区	5150	4793	7.4	7876	7830	0.6	7753	7629	1.6
石景山区	2332	2150	8.5	3529	3239	9.0	3049	2909	4.8
海淀区	9692	8927	8.6	9832	10349	-5.0	8985	8610	4.4
房山区	2213	1938	14.2	6077	5587	8.8	5397	4846	11.4
通州区	2058	1942	6.0	2608	2527	3.2	1895	1863	1.7
顺义区	1726	1664	3.7	3149	3144	0.2	2280	2280	持平
昌平区	3023	2861	5.7	7457	7147	4.3	6975	6651	4.9
大兴区	2639	2131	23.8	4434	4281	3.6	3655	3543	3.2
门头沟区	1151	1009	14.1	2651	2534	4.6	2563	2444	4.9
怀柔区	867	796	8.9	1377	1401	-1.7	1176	1187	-0.9
平谷区	1104	1000	10.4	1900	1907	-0.4	1575	1593	-1.1
密云县	956	863	10.8	1270	1207	5.2	897	845	6.2
延庆县	617	571	8.1	1077	1043	3.3	891	860	3.6

2–55 续表2

区　县	平均每千人口拥有执业医师(人)		平均每千人口拥有注册护士(人)		平均每千人口拥有医院床位(张)	
	2010	2009	2010	2009	2010	2009
全　市	**3.36**	**3.55**	**3.43**	**3.51**	**4.38**	**4.70**
东 城 区	9.24	9.65	9.14	9.47	10.82	11.25
西 城 区	8.00	7.70	9.67	8.58	11.07	10.57
朝 阳 区	3.59	3.79	3.77	3.80	4.27	4.50
丰 台 区	2.28	2.56	2.44	2.63	3.67	4.18
石景山区	3.54	3.32	3.79	3.55	4.95	4.81
海 淀 区	2.83	2.73	2.95	2.90	2.74	2.79
房 山 区	2.50	2.53	2.34	2.13	5.71	5.31
通 州 区	2.01	1.95	1.74	1.78	1.60	1.70
顺 义 区	2.40	2.76	1.97	2.27	2.60	3.11
昌 平 区	1.87	2.87	1.82	2.80	4.20	6.51
大 兴 区	2.16	2.31	1.93	1.84	2.68	3.06
门头沟区	3.59	3.52	3.97	3.60	8.84	8.73
怀 柔 区	3.10	2.75	2.32	2.09	3.15	3.12
平 谷 区	3.16	2.87	2.65	2.34	3.79	3.73
密 云 县	2.75	2.54	2.04	1.88	1.92	1.84
延 庆 县	2.58	2.69	1.95	1.98	2.81	2.99

注：每千人口拥有执业(助理)医师数、每千人口拥有注册护士数、每千人口拥有医院床位数按年末常住人口计算。

2-56 体育场地情况

单位：个

区　县	体育场地个数		在2010年体育场地个数中			
	2010	2009	#体育场	#体育馆	#游泳场馆	#各种训练房
全　市	**6151**	**6149**	**94**	**37**	**446**	**1741**
东城区	371	371	2	2	43	215
西城区	320	320	5	2	22	162
朝阳区	876	876	14	6	132	326
丰台区	372	372	6	3	23	112
石景山区	57	57	2	4	11	11
海淀区	1107	1107	31	11	69	209
房山区	414	414	4		14	50
通州区	286	286	3	1	9	38
顺义区	608	608	3		20	208
昌平区	488	488	9	2	44	117
大兴区	237	237	6	1	11	38
门头沟区	57	57	1	1	5	12
怀柔区	317	317	3	1	17	94
平谷区	245	245	2	1	8	80
密云县	249	249	1		10	43
延庆县	145	145	2	2	8	26

资料来源：北京市体育局。

2-57 公路里程情况（2010年）

单位：公里

区　县	公路里程	#一级及以上公路
全　市	**21114**	**1827**
东 城 区		
西 城 区	2	2
朝 阳 区	168	156
丰 台 区	113	52
石景山区	20	20
海 淀 区	81	68
房 山 区	2732	134
通 州 区	2484	267
顺 义 区	2739	238
昌 平 区	1920	213
大 兴 区	2718	222
门头沟区	994	40
怀 柔 区	1570	107
平 谷 区	1634	102
密 云 县	2076	133
延 庆 县	1861	72

数据来源：北京市交通委员会。

2-58 广播、电视综合覆盖率

单位：%

区　县	广播综合覆盖率	电视综合覆盖率	
	2010	2010	2009
全　市	**99.99**	**99.99**	**99.99**
东 城 区	100.00	100.00	100.00
西 城 区	100.00	100.00	100.00
朝 阳 区	100.00	100.00	100.00
丰 台 区	100.00	100.00	100.00
石景山区	100.00	100.00	100.00
海 淀 区	100.00	100.00	100.00
房 山 区	100.00	100.00	100.00
通 州 区	100.00	100.00	100.00
顺 义 区	100.00	100.00	100.00
昌 平 区	100.00	100.00	100.00
大 兴 区	100.00	100.00	100.00
门头沟区	100.00	100.00	100.00
怀 柔 区	99.53	99.58	99.57
平 谷 区	100.00	100.00	100.00
密 云 县	99.87	99.96	99.95
延 庆 县	100.00	100.00	100.00

资料来源：北京市广播电视局。

2-59 北京地区社会保险情况（2010年）

单位：人

区　县	参加基本养老保险职工人数	参加基本医疗保险职工人数	参加失业保险职工人数
全　市	**7858743**	**8485192**	**7742381**
东城区	790690	1005985	817244
西城区	1148379	1267304	1161582
朝阳区	1573925	1735494	1584717
丰台区	434929	497820	429968
石景山区	211676	227953	195870
海淀区	1397315	1588927	1504816
房山区	190371	200097	197238
通州区	220979	246913	202693
顺义区	313388	343556	288633
昌平区	229682	255280	231970
大兴区	258786	291285	221098
门头沟区	110618	122011	114062
怀柔区	116413	126907	119764
平谷区	98018	110974	95209
密云县	99390	122048	92360
延庆县	51447	65908	47332
北京经济技术开发区	189550	226351	170079
其　他	423187	50379	267746

注：其他是指社会保险代办机构。
资料来源：北京市人力资源和社会保障局。

2-60 收养性单位、社区服务情况 (2010年)

区 县	收养性单位数（个）	收养性单位床位数（张）	城镇社区服务设施数（个）	#街道社区服务中心数
全 市	**415**	**68339**	**3971**	**175**
市本级	10	4383	1	1
东城区	9	493	224	19
西城区	24	1496	271	16
朝阳区	28	6263	381	31
丰台区	25	5088	286	17
石景山区	11	2755	149	10
海淀区	31	7464	639	23
房山区	41	4246	133	12
通州区	23	4129	565	10
顺义区	21	3685	203	9
昌平区	52	11644	184	7
大兴区	29	4286	296	4
门头沟区	15	2658	284	6
怀柔区	20	1889	120	3
平谷区	24	2408	52	3
密云县	24	2568	149	3
延庆县	28	2884	34	1

资料来源：北京市民政局。

2-61 城乡居民最低生活保障人数

单位：人

区　县	城市居民最低生活保障人数		农村最低生活保障人数	
	2010	2009	2010	2009
全　市	**137024**	**147142**	**76955**	**79821**
东城区	19080	12572		
西城区	25156	11797		
朝阳区	16087	15907	1471	1635
丰台区	14788	15338	1299	1348
石景山区	13235	14993		
海淀区	8838	9708	1005	1371
房山区	6950	8129	15840	16782
通州区	3452	3894	6903	7201
顺义区	1220	1358	7359	7443
昌平区	1441	1597	3029	3220
大兴区	1224	1322	4085	4420
门头沟区	13896	15509	2686	2493
怀柔区	2679	2931	8145	8083
平谷区	4139	5168	8809	9516
密云县	1462	1429	8892	8191
延庆县	1498	1658	7432	8118

资料来源：北京市民政局。

2-62 优抚及主要救济对象情况（2010年）

单位：人

区　县	抚恤补助优抚对象人数	定期抚恤人数	定期补助人数	伤残人数	社会救济总人数
全　市	**23378**	**2021**	**10583**	**10774**	**218589**
东 城 区	932	88	46	798	19080
西 城 区	1458	105	108	1245	25156
朝 阳 区	2038	125	275	1638	17610
丰 台 区	1360	109	177	1074	16133
石景山区	536	79	43	414	13235
海 淀 区	2763	221	425	2117	9928
房 山 区	1970	106	1390	474	23354
通 州 区	1253	109	784	360	10570
顺 义 区	2162	182	1543	437	8823
昌 平 区	1208	154	663	391	4629
大 兴 区	1322	71	980	271	5530
门头沟区	313	55	101	157	16835
怀 柔 区	1662	165	1123	374	11720
平 谷 区	1247	191	721	335	13511
密 云 县	1323	165	760	398	11106
延 庆 县	1831	96	1444	291	9490

资料来源：北京市民政局。

2-63 婚姻登记情况

区 县	登记结婚人数(人)		初婚人数(人)		再婚人数(人)		#女 性		离婚登记对数(对)	
	2010	2009	2010	2009	2010	2009	2010	2009	2010	2009
全 市	**276208**	**363542**	**222269**	**305803**	**53939**	**57739**	**25444**	**26400**	**32595**	**29998**
东城区	21714	22068	17692	19153	4022	2915	1842	1313	2889	1591
西城区	30552	28788	25178	25049	5374	3739	2447	1658	3685	1918
朝阳区	37884	52324	30020	42666	7864	9658	3523	3507	5355	5054
丰台区	22110	27298	16814	22458	5296	4840	2509	2243	3422	2884
石景山区	7714	10720	6032	8896	1682	1824	786	878	1060	1010
海淀区	48444	69078	41138	60768	7306	8310	3227	3627	4609	4504
房山区	16792	20012	13469	16484	3323	3528	1642	1714	1852	1841
通州区	14304	17162	11298	14339	3006	2823	1449	1364	1376	1253
顺义区	13726	16630	11171	13875	2555	2755	1247	1358	1220	1076
昌平区	12266	15044	9849	12688	2417	2356	1173	1180	1394	1262
大兴区	15954	18128	13083	15527	2871	2601	1399	1272	1689	1429
门头沟区	5514	6260	3989	4986	1525	1274	771	664	828	715
怀柔区	5954	7180	4546	5761	1408	1419	714	717	684	665
平谷区	7964	9284	6388	7597	1576	1687	812	973	878	770
密云县	7682	9636	5964	7788	1718	1848	895	972	787	749
延庆县	5464	6968	4169	5486	1295	1482	696	808	711	622

注：离婚登记对数不含法院判离数。
资料来源：北京市民政局。

2-64 全市基层法律服务所主要工作情况

区 县	担任法律顾问（家）		代理诉讼事务（件）		代理非诉讼事务（件）		解答法律咨询（人次）	
	2010	2009	2010	2009	2010	2009	2010	2009
全 市	**4350**	**4317**	**5221**	**4412**	**1757**	**1134**	**62648**	**58698**
东城区	65	97	134	345	34	71	4947	6906
西城区	65	54	121	143	40	8	7914	6255
朝阳区	641	666	199	216	51	64	4653	5412
丰台区	171	173	238	241	178	125	3691	3194
石景山区	18	18	89	48	29	17	462	409
海淀区	1126	1107	984	457	166	24	5107	5992
房山区	107	107	1014	322	48	29	2250	776
通州区	960	1035	742	866	153	149	3903	2985
顺义区	171	21	275	112	222	71	6179	3129
昌平区	498	458	207	211	112	87	5625	5945
大兴区	105	98	203	75	41	128	6745	4817
门头沟区	3	15	12	9			538	667
怀柔区			47	123			132	257
平谷区	6		269	419	37	28	2553	1993
密云县	70	124	206	344	86	14	5120	7132
延庆县	344	344	481	481	560	319	2829	2829

资料来源：北京市司法局。

2-65 全市公证处总办证量情况

单位：件

区 县	总办证量		#国内民事		#国内经济	
	2010	2009	2010	2009	2010	2009
全 市	**590735**	**614840**	**175987**	**258972**	**109775**	**101050**
东城区	101943	129495	27139	45906	31690	45656
西城区	228610	225585	71697	113234	36808	28831
朝阳区	132348	130571	26182	39792	29570	14873
丰台区	10248	8569	5226	4359	1114	790
石景山区	11790	10873	5597	5735	626	371
海淀区	79464	75738	22253	22942	7231	8355
房山区	5103	3605	3305	2132	870	661
通州区	4599	5712	3089	4576	288	123
顺义区	2416	2678	1386	1878	253	315
昌平区	3073	3572	2282	2896	130	113
大兴区	4023	12007	2519	10901	98	125
门头沟区	1124	1003	1124	1003		
怀柔区	1986	1252	1246	788	417	193
平谷区	1773	1525	1238	970	364	237
密云县	2095	2357	1629	1727	306	405
延庆县	140	298	75	133	10	2

资料来源：北京市司法局。

2-66 刑事案件立案及破案情况

单位：件

区 县	刑事案件立案数			刑事案件破案数		
	2010	2009	增长速度(%)	2010	2009	增长速度(%)
全 市	**104327**	**98750**	**5.6**	**80401**	**71950**	**11.7**
东城区	2654	2681	-1.0	2681	2421	10.7
西城区	6720	6149	9.3	6761	6120	10.5
朝阳区	21183	19991	6.0	15248	13708	11.2
丰台区	14790	14343	3.1	9346	8483	10.2
石景山区	1877	1889	-0.6	1830	1623	12.8
海淀区	19850	18744	5.9	17520	15891	10.3
房山区	3817	3795	0.6	2185	1503	45.4
通州区	6213	6191	0.4	4487	4054	10.7
顺义区	4872	4635	5.1	4077	3686	10.6
昌平区	7109	6113	16.3	4107	3727	10.2
大兴区	5795	5365	8.0	4076	3572	14.1
门头沟区	1248	1149	8.6	1237	1108	11.6
怀柔区	1000	906	10.4	1128	1012	11.5
平谷区	1516	1693	-10.5	1312	1179	11.3
密云县	1113	1005	10.7	921	825	11.6
延庆县	669	705	-5.1	663	601	10.3
其 他	3901	3396	14.9	2822	2437	15.8

资料来源：北京市公安局。

2-67 火灾事故情况（2010年）

区　县	火灾事故起数（起）	火灾事故死亡人数（人）	火灾事故直接经济损失额（万元）
全　市	**5307**	**32**	**4078.0**
东城区	166	2	55.5
西城区	186	2	43.6
朝阳区	1491	4	109.9
丰台区	367	5	213.7
石景山区	109	1	30.9
海淀区	719	4	39.5
房山区	193	1	3045.4
通州区	286	1	86.3
顺义区	228	1	83.6
昌平区	151	1	35.7
大兴区	468	1	108.9
门头沟区	70	1	32.8
怀柔区	162		14.9
平谷区	348	1	57.9
密云县	84	1	46.7
延庆县	219		63.3
其　他	60	6	9.4

资料来源：北京市公安局消防局。

2-68 交通事故情况（2010年）

区　县	交通事故起数（起）	交通事故死亡人数（人）	交通事故直接经济损失（万元）
全　市	**4161**	**974**	**2341.6**
东城区	130	8	28.8
西城区	122	12	166.2
朝阳区	466	171	271.9
丰台区	481	69	108.5
石景山区	137	11	35.8
海淀区	410	80	133.5
房山区	270	103	132.8
通州区	537	97	438.1
顺义区	530	108	209.0
昌平区	555	132	392.5
大兴区	75	46	28.3
门头沟区	62	11	42.1
怀柔区	67	29	77.3
平谷区	86	23	15.3
密云县	98	38	164.6
延庆县	81	31	84.7
其　他	54	5	12.2

资料来源：北京市公安局公安交通管理局。

2-69 生产安全情况（2010年）

区 县	生产安全事故数（起）	生产安全死亡人数（人）
全 市	**119**	**136**
东 城 区	4	4
西 城 区	3	3
朝 阳 区	25	26
丰 台 区	14	14
石景山区	4	5
海 淀 区	20	20
房 山 区	5	6
通 州 区	5	6
顺 义 区	5	6
昌 平 区	4	6
大 兴 区	7	9
门头沟区	5	5
怀 柔 区	4	8
平 谷 区	2	2
密 云 县	2	2
延 庆 县	1	1
北京经济技术开发区	3	5
其 他	6	8

资料来源：北京市安全生产监督管理局。

2-70 垃圾处理情况（2010年）

区　县	垃圾无害化处理场个数（个）	生活垃圾处理量（万吨）	生活垃圾无害化处理率（按垃圾产生量计算）（%）
全　市	**20**	**613.67**	**96.66**
东城区		45.05	100.00
西城区		58.09	100.00
朝阳区	2	128.83	100.00
丰台区	1	88.34	100.00
石景山区		13.26	100.00
海淀区	1	90.70	100.00
房山区	2	17.05	87.66
通州区	2	23.21	86.38
顺义区	1	17.18	89.85
昌平区	2	45.02	95.12
大兴区	2	41.29	88.87
门头沟区	1	9.93	87.72
怀柔区	2	10.96	85.76
平谷区	1	7.97	100.00
密云县	1	10.57	87.86
延庆县	2	6.22	85.67

注：全市生活垃圾无害化处理率按清运量计算为96.9%。
资料来源：北京市市政市容管理委员会。

2-71 环境基本情况

区县	空气质量二级及好于二级的天数(天)			林木绿化率(%)
	2010	2009	占2010年天数比例(%)	
全市	**286**	**285**	**78.4**	**53.0**
东城区	274		75.1	19.1
西城区	282		77.2	14.6
朝阳区	281		77.0	23.0
农展馆子站		269		
奥体子站		284		
丰台区	265		72.6	39.0
丰台镇子站		255		
云岗子站		244		
石景山区	247	245	68.8	40.1
海淀区	281		77.0	42.3
万柳子站		276		
房山区	257	239	70.4	54.5
通州区	270	262	74.0	23.4
顺义区	279	271	76.4	26.6
昌平区	288	301	78.9	61.2
大兴区	256	244	70.1	25.8
门头沟区	271	259	74.2	57.5
怀柔区	304	317	83.3	75.6
平谷区	289	298	79.2	66.4
密云县	296	316	81.1	64.8
延庆县	302	303	82.7	65.3

资料来源：1. 空气质量二级及好于二级的天数由北京市环境保护局提供，占2010年天数比例为二级及好于二级天数与有效观测天数的比例。
2. 林木绿化率由北京市园林绿化局提供。

BEIJING AREA STATISTICAL YEARBOOK

北京市四大功能区

BEIJINGSHI SIDA GONGNENGQU

3-1 首都功能核心区基本情况

项　　目		2010	2009	占全市比重		增长速度 (%)
				2010	2009	
区域面积	(平方公里)	92.4	92.4	0.6	0.6	
户籍人口	(万人)	230.1	228.7	18.3	18.4	0.6
常住人口	(万人)	216.2	211.1	11.0	12.0	2.4
#外来人口	(万人)	54.7	43.4	7.8	8.5	26.0
常住人口密度	(人/平方公里)	23401	22849			
地区生产总值	(亿元)	3281.3	2937.9	23.2	24.2	11.7
第二产业增加值	(亿元)	277.7	238.5	8.2	8.4	16.4
工业增加值	(亿元)	190.9	160.7	6.9	7.0	18.8
建筑业增加值	(亿元)	86.8	77.8	13.9	14.1	11.6
第三产业增加值	(亿元)	3003.6	2699.4	28.3	29.4	11.3
财政一般预算收入	(亿元)	316.4	285.8	13.4	14.1	10.7
财政一般预算支出	(亿元)	346.4	280.5	12.7	12.1	23.5
全社会固定资产投资	(亿元)	362.4	522.2	6.6	10.7	-30.6
房地产开发投资	(亿元)	146.9	232.0	5.1	9.9	-36.7
商品房施工面积	(万平方米)	649.4	845.8	6.3	8.7	-23.2
商品房竣工面积	(万平方米)	145.6	254.7	6.1	9.5	-42.8
商品房销售面积	(万平方米)	123.1	205.8	7.5	8.7	-40.2
规模以上工业总产值	(亿元)	753.3	646.0	5.5	5.9	16.6
社会消费品零售额	(亿元)	1197.9	1007.2	19.2	19.0	18.9
实际使用外资金额	(万美元)	115126	139728	18.1	22.8	-17.6
城镇居民人均可支配收入	(元)	31231	28750			8.6
入境旅游者人数	(万人次)	157.2	143.0	32.1	34.7	9.9
星级饭店个数	(个)	181	194	24.8	23.8	-6.7

注：地区生产总值增速按现价计算。

3-2 城市功能拓展区基本情况

项目		2010	2009	占全市比重		增长速度 (%)
				2010	2009	
区域面积	（平方公里）	1275.9	1275.9	7.8	7.8	
户籍人口	（万人）	550.7	542.2	43.8	43.5	1.6
常住人口	（万人）	955.4	868.9	48.7	49.5	10.0
#外来人口	（万人）	379.1	279.7	53.8	54.9	35.5
常住人口密度	（人/平方公里）	7488	6810			
地区生产总值	（亿元）	6606.0	5703.3	46.8	46.9	15.8
第一产业增加值	（亿元）	3.7	3.8	3.0	3.2	-2.8
第二产业增加值	（亿元）	1025.0	912.4	30.3	32.0	12.3
工业增加值	（亿元）	695.3	622.9	25.2	27.0	11.6
建筑业增加值	（亿元）	329.7	289.5	52.8	52.4	13.9
第三产业增加值	（亿元）	5577.3	4787.1	52.6	52.2	16.5
财政一般预算收入	（亿元）	484.1	407.7	20.6	20.1	18.7
财政一般预算支出	（亿元）	511.5	440.4	18.8	19.0	16.1
全社会固定资产投资	（亿元）	2456.9	2120.0	44.7	43.6	15.9
房地产开发投资	（亿元）	1495.5	1204.5	51.5	51.5	24.2
商品房施工面积	（万平方米）	4932.3	5391.4	47.9	55.5	-8.5
商品房竣工面积	（万平方米）	1379.9	1599.7	57.8	59.7	-13.7
商品房销售面积	（万平方米）	787.2	1215.4	48.0	51.4	-35.2
规模以上工业总产值	（亿元）	3447.4	2920.8	25.2	26.5	18.0
社会消费品零售额	（亿元）	3861.3	3315.7	62.0	62.4	16.5
实际使用外资金额	（万美元）	395982	368687	62.2	60.2	7.4
城镇居民人均可支配收入	（元）	30509	28003			8.9
农村居民人均纯收入	（元）	16973	15393			10.3
入境旅游者人数	（万人次）	279.8	235.0	57.1	57.0	19.1
星级饭店个数	（个）	296	338	40.6	41.5	-12.4

注：地区生产总值增速按现价计算。

3-3 城市发展新区基本情况

项目		2010	2009	占全市比重		增长速度(%)
				2010	2009	
区域面积	(平方公里)	6295.6	6295.6	38.4	38.4	
户籍人口	(万人)	314.6	311.7	25.0	25.0	0.9
常住人口	(万人)	603.2	491.7	30.8	28.0	22.7
#外来人口	(万人)	240.0	161.0	34.1	31.6	49.1
常住人口密度	(人/平方公里)	958	781			
地区生产总值	(亿元)	2994.5	2468.7	21.2	20.3	21.3
第一产业增加值	(亿元)	74.7	71.8	60.0	60.7	4.1
第二产业增加值	(亿元)	1514.1	1212.6	44.7	42.5	24.9
工业增加值	(亿元)	1358.2	1073.1	49.1	46.6	26.6
建筑业增加值	(亿元)	155.8	139.5	25.0	25.3	11.7
第三产业增加值	(亿元)	1405.9	1184.3	13.3	12.9	18.7
财政一般预算收入	(亿元)	184.0	152.2	7.8	7.5	20.9
财政一般预算支出	(亿元)	395.5	374.8	14.6	16.2	5.5
全社会固定资产投资	(亿元)	2216.0	1805.8	40.3	37.2	22.7
房地产开发投资	(亿元)	1145.6	818.6	39.5	35.0	39.9
商品房施工面积	(万平方米)	4138.2	3028.4	40.2	31.2	36.6
商品房竣工面积	(万平方米)	740.9	719.7	31.0	26.9	2.9
商品房销售面积	(万平方米)	640.4	831.1	39.1	35.2	-22.9
规模以上工业总产值	(亿元)	7065.2	5809.0	51.6	52.6	21.6
社会消费品零售额	(亿元)	940.0	786.9	15.1	14.8	19.5
城镇居民人均可支配收入	(元)	24352	22526			8.1
农村居民人均纯收入	(元)	12574	11354			10.7
观光农业收入	(万元)	79027	65665	44.4	43.1	20.3
星级饭店个数	(个)	132	145	18.1	17.8	-9.0

注：地区生产总值增速按现价计算。

3-4 生态涵养发展区基本情况

项　　目		2010	2009	占全市比重		增长速度(%)
				2010	2009	
区域面积	(平方公里)	8746.6	8746.6	53.3	53.3	
户籍人口	(万人)	162.4	163.2	12.9	13.1	-0.5
常住人口	(万人)	186.4	183.3	9.5	10.4	1.7
#外来人口	(万人)	30.7	25.1	4.4	4.9	22.3
常住人口密度	(人/平方公里)	213	210			
地区生产总值	(亿元)	561.5	494.2	4.0	4.1	13.6
第一产业增加值	(亿元)	45.8	42.6	36.8	36.0	7.5
第二产业增加值	(亿元)	271.8	234.4	8.0	8.2	16.0
工业增加值	(亿元)	219.8	188.7	8.0	8.2	16.5
建筑业增加值	(亿元)	52.0	45.7	8.3	8.3	13.9
第三产业增加值	(亿元)	243.8	217.3	2.3	2.4	12.2
财政一般预算收入	(亿元)	65.3	57.3	2.8	2.8	13.9
财政一般预算支出	(亿元)	266.5	236.3	9.8	10.2	12.8
全社会固定资产投资	(亿元)	458.3	410.4	8.3	8.4	11.7
房地产开发投资	(亿元)	113.2	82.6	3.9	3.5	37.0
商品房施工面积	(万平方米)	580.9	453.5	5.6	4.7	28.1
商品房竣工面积	(万平方米)	120.3	104.5	5.0	3.9	15.1
商品房销售面积	(万平方米)	88.9	110.0	5.4	4.7	-19.2
规模以上工业总产值	(亿元)	976.6	795.0	7.1	7.2	22.8
社会消费品零售额	(亿元)	230.1	200.2	3.7	3.8	14.9
城镇居民人均可支配收入	(元)	23994	22113			8.5
农村居民人均纯收入	(元)	12024	10864			10.7
民俗旅游收入	(万元)	54531	47513	74.2	78.0	14.8
星级饭店个数	(个)	120	138	16.5	16.9	-13.0
A级及以上重点旅游景区数	(个)	73	55	36.3	29.4	32.7

注：地区生产总值增速按现价计算。

第四篇

BEIJING AREA STATISTICAL YEARBOOK

北京山区平原概览

BEIJING SHANQU PINGYUAN GAILAN

4-1 北京市山区乡镇基本情况及主要经济指标

项　目		2010	2009	增长速度(%)
基本情况				
总面积	(公顷)	1052268	1052268	
总人口	(人)	1541341	1554642	-0.9
#农业人口	(人)	995590	1012165	-1.6
从业人员	(人)	820046	802725	2.2
第一产业	(人)	275442	275120	0.1
第二产业	(人)	216037	209313	3.2
第三产业	(人)	328567	318292	3.2
享受低保人数	(人)	57749	62697	-7.9
山区经济				
财政总收入	(万元)	626705	515198	21.6
#财政一般预算收入	(万元)	248382	243881	1.8
财政支出	(万元)	636686	551474	15.5
企业个数	(个)	8430	8501	-0.8
企业总收入	(万元)	6080629	5673466	7.2
企业利润总额	(万元)	376436	329400	14.3
民俗旅游接待人数	(人次)	14254381	12784634	11.5
民俗旅游从业人员	(人)	15229	18055	-15.7
民俗旅游总收入	(万元)	68519	56518	21.2
农林牧渔业总产值	(万元)	948368	894440	6.0
#种植业	(万元)	512664	462753	10.8
养殖业	(万元)	435704	431538	1.0
粮食播种面积	(公顷)	71392	72774	-1.9
粮食产量	(吨)	309538	338535	-8.6
果园面积	(公顷)	43598	44265	-1.5
干鲜果品产量	(吨)	520102	570462	-8.8
家禽出栏数	(万只)	5975	6373	-6.3
生猪出栏数	(头)	747954	765253	-2.3

注：此表范围为82个山区乡镇。

4-2 北京市山区农民收入支出情况

单位：元

项　目	2010	2009	增长速度(%)
农村居民人均纯收入	**11460**	**10518**	**9.0**
工资性收入	6862	6340	8.2
家庭经营收入	2649	2446	8.3
第一产业	1206	1181	2.1
第二产业	339	189	79.4
第三产业	1104	1076	2.6
财产性收入	612	524	16.8
转移性收入	1337	1208	10.7
农村居民人均生活消费支出	**8027**	**7902**	**1.6**
食　品	2658	2566	3.6
衣　着	531	512	3.7
家庭设备用品及服务	447	559	-20.0
医疗保健	817	810	0.9
交通和通信	1036	849	22.0
教育文化娱乐用品及服务	747	864	-13.5
居　住	1630	1615	0.9
其他商品和服务	161	127	26.8

4-3 北京市平原乡镇基本情况及主要经济指标

项　目		2010	2009	增长速度(%)
基本情况				
总面积	(公顷)	499081	499081	
总人口	(人)	6518969	6306401	3.4
#农业人口	(人)	1630627	1669935	-2.4
从业人员	(人)	3646066	3505653	4.0
第一产业	(人)	339792	345779	-1.7
第二产业	(人)	1128174	1072970	5.1
第三产业	(人)	2178100	2086904	4.4
享受低保人数	(人)	41195	44363	-7.1
平原经济				
财政总收入	(万元)	1873008	1259459	48.7
#财政一般预算收入	(万元)	1060838	818914	29.5
财政支出	(万元)	1669173	1187267	40.6
企业个数	(个)	65393	67583	-3.2
企业总收入	(万元)	47699233	42683787	11.8
企业利润总额	(万元)	2405688	2319709	3.7
民俗旅游接待人数	(人次)	1195922	1146549	4.3
民俗旅游从业人员	(人)	1605	1735	-7.5
民俗旅游总收入	(万元)	4579	4378	4.6
农林牧渔业总产值	(万元)	1753767	1672468	4.9
#种植业	(万元)	1030512	925379	11.4
养殖业	(万元)	723255	727749	-0.6
粮食播种面积	(公顷)	149407	152148	-1.8
粮食产量	(吨)	839546	915689	-8.3
果园面积	(公顷)	20439	21553	-5.2
干鲜果品产量	(吨)	326065	324338	0.5
家禽出栏数	(万只)	4751	5056	-6.0
生猪出栏数	(头)	2228420	2245704	-0.8

注：此表范围为100个平原乡镇。

4-4 北京市平原农民收入支出情况

单位：元

项 目	2010	2009	增长速度(%)
农村居民人均纯收入	**13867**	**12483**	**11.1**
工资性收入	8391	7590	10.6
家庭经营收入	1591	1474	7.9
第一产业	842	852	-1.2
第二产业	47	71	-33.8
第三产业	702	551	27.4
财产性收入	1918	1699	12.9
转移性收入	1967	1720	14.4
农村居民人均生活消费支出	**10807**	**9561**	**13.0**
食 品	3276	3095	5.8
衣 着	862	764	12.8
家庭设备用品及服务	603	611	-1.3
医疗保健	923	882	4.6
交通和通信	1418	1196	18.6
教育文化娱乐用品及服务	1062	991	7.2
居 住	2393	1828	30.9
其他商品和服务	270	194	39.2

第五篇

BEIJING AREA STATISTICAL YEARBOOK

北京开发区

BEIJING KAIFAQU

5-1 北京市开发区主要指标

项　　目		2010	2009	增长速度(%)
区规划总面积	(平方公里)	345.0	338.9	1.8
累计土地开发施工面积	(平方公里)	132.9	126.6	5.0
累计土地开发完工面积	(平方公里)	121.9	115.9	5.2
累计建成区土地面积	(平方公里)	132.0	125.1	5.5
投产(开业)企业个数	(个)	22396	22486	-0.4
#高新技术企业	(个)	15892	17108	-8.9
#工业企业	(个)	4918	4929	-0.2
#三资企业	(个)	2619	2577	1.6
总投资	(亿元)	1033.2	697.3	48.2
#工业企业	(亿元)	261.2	139.6	87.1
#三资企业	(亿元)	192.0	162.2	18.4
注册资本	(亿元)	726.7	566.6	28.3
合同外资金额	(亿美元)	17.1	12.1	41.3
外商实际投资	(亿美元)	10.8	13.7	-21.2
工业总产值(现价)	(亿元)	6169.5	5127.7	20.3
工业销售产值(现价)	(亿元)	6062.2	5040.0	20.3
#出口交货值	(亿元)	1386.0	1308.5	6.0
总收入	(亿元)	18401.4	15108.9	21.8
#技术收入	(亿元)	2510.7	2122.2	18.3
利润总额	(亿元)	1451.4	1232.3	17.8
#高新技术企业	(亿元)	1329.3	1147.1	15.9
应缴税金总额	(亿元)	943.8	713.4	32.3
固定资产投资	(亿元)	597.7	397.5	50.4
#基础设施投资	(亿元)	136.6	113.3	20.6
年末从业人员	(万人)	144.0	133.6	7.8

注:1. 本表数据为北京市19家开发区的汇总资料。
2. 本章后续的表格为各级开发区的概况性资料。
3. 中关村示范区的资料是按照其划分的10个园区分别详细列示的。其中,中关村示范区亦庄园包含于北京经济技术开发区内,重叠部分未单独列示。

5-2 北京经济技术开发区主要指标

项　　目		2010	2009	增长速度(%)
规划面积	(公顷)	4650.0	4650.0	持平
累计征用土地面积	(公顷)	4924.0	4924.0	持平
工业总产值（现价）	(亿元)	2259.1	1952.8	15.7
#高新技术产业	(亿元)	2155.8	1882.0	14.5
销售（营业)收入	(亿元)	3777.4	3262.5	15.7
利润总额	(亿元)	335.5	284.1	18.1
进出口总额	(亿美元)	260.6	222.6	17.1
出　口	(亿美元)	130.3	117.5	11.0
进　口	(亿美元)	130.2	105.1	23.9
财政收入(含免抵)	(亿元)	244.0	198.7	22.8
税收(含免抵)	(亿元)	212.3	173.9	22.1
土地收入	(亿元)	31.7	24.8	27.7
财政支出	(亿元)	77.8	64.0	21.5
批准企业个数	(个)	866	629	37.7
入区企业投资额	(亿美元)	60.7	27.8	118.5
注册资本	(亿美元)	53.7	24.5	119.9
合同外资金额	(亿美元)	7.4	2.8	167.3
实际利用外资	(亿美元)	3.2	0.7	363.2
固定资产投资	(亿元)	236.6	157.2	50.5
年末从业人员	(人)	186402	163116	14.3
劳动者报酬	(万元)	1338877	1085380	23.4

资料来源：北京经济技术开发区调查队、统计局。

5-3 中关村示范区海淀园主要指标

项　　目		2010	2009	增长速度(%)
区规划总面积	(公顷)	13306.0	13306.0	持平
累计土地开发施工面积	(公顷)	1788.8	1788.8	持平
累计土地开发完工面积	(公顷)	1483.7	1483.7	持平
累计建成区土地面积	(公顷)	1037.6	1037.6	持平
投产(开业)企业个数	(个)	10308	11457	-10.0
#高新技术企业	(个)	10308	11457	-10.0
#工业企业	(个)	1214	1408	-13.8
#三资企业	(个)	1209	1345	-10.1
总投资	(万元)	598333	738305	-19.0
#工业企业	(万元)			
#三资企业	(万元)	598333	659159	-9.2
注册资本	(万元)	578722	1178290	-50.9
合同外资金额	(万美元)	59279	59965	-1.1
外商实际投资	(万美元)	39722	80377	-50.6
工业总产值(现价)	(万元)	12208491	10433421	17.0
工业销售产值(现价)	(万元)	11891744	10134805	17.3
#出口交货值	(万元)	743284	694288	7.1
总收入	(万元)	70547434	58520652	20.6
#技术收入	(万元)	15929236	13795681	15.5
利润总额	(万元)	5338392	5096563	4.7
#高新技术企业	(万元)	5338392	5096563	4.7
应缴税金总额	(万元)	3146495	2837651	10.9
固定资产投资	(万元)	601803	320950	87.5
#基础设施投资	(万元)	245604	53183	361.8
年末从业人员	(人)	609699	579159	5.3

5-4 中关村示范区丰台园主要指标

项　　目		2010	2009	增长速度(%)
区规划总面积	(公顷)	818.0	818.0	持平
累计土地开发施工面积	(公顷)	327.7	327.7	持平
累计土地开发完工面积	(公顷)	327.7	327.7	持平
累计建成区土地面积	(公顷)	327.7	327.7	持平
投产(开业)企业个数	(个)	1583	1505	5.2
#高新技术企业	(个)	1583	1505	5.2
#工业企业	(个)	346	347	-0.3
#三资企业	(个)	83	85	-2.4
总投资	(万元)	1447643	483956	199.1
#工业企业	(万元)			
#三资企业	(万元)		10240	
注册资本	(万元)	1447643	483956	199.1
合同外资金额	(万美元)		1500	
外商实际投资	(万美元)		1500	
工业总产值(现价)	(万元)	2232287	1879847	18.7
工业销售产值(现价)	(万元)	2099008	1746355	20.2
#出口交货值	(万元)	83955	66413	26.4
总收入	(万元)	21357270	15666569	36.3
#技术收入	(万元)	2798785	2063254	35.6
利润总额	(万元)	1075853	1226995	-12.3
#高新技术企业	(万元)	1075853	1226995	-12.3
应缴税金总额	(万元)	602972	511963	17.8
固定资产投资	(万元)	544561	80113	
#基础设施投资	(万元)			
年末从业人员	(人)	125157	106827	17.2

5-5 中关村示范区昌平园主要指标

项　　目		2010	2009	增长速度(%)
区规划总面积	(公顷)	1150.7	1148.0	0.2
累计土地开发施工面积	(公顷)	732.3	650.2	12.6
累计土地开发完工面积	(公顷)	646.2	607.0	6.5
累计建成区土地面积	(公顷)	584.5	344.7	69.6
投产(开业)企业个数	(个)	1295	1284	0.9
#高新技术企业	(个)	1295	1284	0.9
#工业企业	(个)	640	662	-3.3
#三资企业	(个)	133	132	0.8
总投资	(万元)	185571	989617	-81.2
#工业企业	(万元)	18114	43000	-57.9
#三资企业	(万元)	23331	28557	-18.3
注册资本	(万元)	185571	979033	-81.0
合同外资金额	(万美元)	3377	3444	-2.0
外商实际投资	(万美元)	3377	3444	-2.0
工业总产值(现价)	(万元)	6155630	4413469	39.5
工业销售产值(现价)	(万元)	6083312	4353946	39.7
#出口交货值	(万元)	225013	181980	23.6
总收入	(万元)	9043336	6360693	42.2
#技术收入	(万元)	665162	539942	23.2
利润总额	(万元)	986475	582436	69.4
#高新技术企业	(万元)	986475	582436	69.4
应缴税金总额	(万元)	495213	393567	25.8
固定资产投资	(万元)	181727	227104	-20.0
#基础设施投资	(万元)			
年末从业人员	(人)	76137	69377	9.7

5-6 中关村示范区电子城科技园主要指标

项　　目		2010	2009	增长速度(%)
区规划总面积	(公顷)	1680.0	1680.0	持平
累计土地开发施工面积	(公顷)	455.5	431.6	5.5
累计土地开发完工面积	(公顷)	115.4	101.7	13.5
累计建成区土地面积	(公顷)	1209.0	1209.0	持平
投产(开业)企业个数	(个)	1074	1136	-5.5
#高新技术企业	(个)	1074	1136	-5.5
#工业企业	(个)	235	246	-4.5
#三资企业	(个)	196	212	-7.5
总投资	(万元)	37341	399335	-90.6
#工业企业	(万元)		34877	
#三资企业	(万元)	7593	121929	-93.8
注册资本	(万元)	37341	397774	-90.6
合同外资金额	(万美元)	1157	18198	-93.6
外商实际投资	(万美元)	1157	18198	-93.6
工业总产值(现价)	(万元)	5268506	3900781	35.1
工业销售产值(现价)	(万元)	5174997	3931552	31.6
#出口交货值	(万元)	750500	504946	48.6
总收入	(万元)	12450923	10193727	22.1
#技术收入	(万元)	2320878	1934467	20.0
利润总额	(万元)	1553676	1083500	43.4
#高新技术企业	(万元)	1553676	1083500	43.4
应缴税金总额	(万元)	583255	498140	17.1
固定资产投资	(万元)	303469	234280	29.5
#基础设施投资	(万元)	23000	26596	-13.5
年末从业人员	(人)	91957	88091	4.4

5-7 中关村示范区德胜园主要指标

项　　目		2010	2009	增长速度(%)
区规划总面积	(公顷)	564	564	持平
累计土地开发施工面积	(公顷)			
累计土地开发完工面积	(公顷)			
累计建成区土地面积	(公顷)			
投产(开业)企业个数	(个)	298	283	5.3
#高新技术企业	(个)	298	283	5.3
#工业企业	(个)	43	43	持平
#三资企业	(个)	20	20	持平
总投资	(万元)			
#工业企业	(万元)			
#三资企业	(万元)			
注册资本	(万元)			
合同外资金额	(万美元)			
外商实际投资	(万美元)			
工业总产值(现价)	(万元)	319366	208911	52.9
工业销售产值(现价)	(万元)	308927	200212	54.3
#出口交货值	(万元)	36064	12925	179.0
总收入	(万元)	1643881	1145522	43.5
#技术收入	(万元)	509314	376761	35.2
利润总额	(万元)	234860	152669	53.8
#高新技术企业	(万元)	234860	152669	53.8
应缴税金总额	(万元)	91026	64015	42.2
固定资产投资	(万元)	70281	70281	持平
#基础设施投资	(万元)	6425	6425	持平
年末从业人员	(人)	24798	22648	9.5

5-8 中关村示范区雍和园主要指标

项　　目		2010	2009	增长速度(%)
区规划总面积	(公顷)	290.3	290.3	持平
累计土地开发施工面积	(公顷)			
累计土地开发完工面积	(公顷)			
累计建成区土地面积	(公顷)			
投产(开业)企业个数	(个)	96	83	15.7
#高新技术企业	(个)	96	83	15.7
#工业企业	(个)	3	3	持平
#三资企业	(个)	11	10	10.0
总投资	(万元)	46808	92375	-49.3
#工业企业	(万元)		5449	
#三资企业	(万元)	14675	30320	-51.6
注册资本	(万元)	46808	91575	-48.9
合同外资金额	(万美元)	1043		
外商实际投资	(万美元)	1043	118	
工业总产值(现价)	(万元)	91793	67133	36.7
工业销售产值(现价)	(万元)	91621	66606	37.6
#出口交货值	(万元)	871	171	409.4
总收入	(万元)	2518174	2088558	20.6
#技术收入	(万元)	322464	322196	0.1
利润总额	(万元)	44996	68019	-33.8
#高新技术企业	(万元)	44996	68019	-33.8
应缴税金总额	(万元)	64853	117354	-44.7
固定资产投资	(万元)	376603	482112	-21.9
#基础设施投资	(万元)	367646	405431	-9.3
年末从业人员	(人)	16044	13526	18.6

5-9 中关村示范区石景山园主要指标

项 目		2010	2009	增长速度(%)
区规划总面积	(公顷)	345.0	345.0	持平
累计土地开发施工面积	(公顷)	56.0	56.0	持平
累计土地开发完工面积	(公顷)	56.0	56.0	持平
累计建成区土地面积	(公顷)	56.0	56.0	持平
投产(开业)企业个数	(个)	523	551	-5.1
#高新技术企业	(个)	523	551	-5.1
#工业企业	(个)	83	87	-4.6
#三资企业	(个)	28	29	-3.4
总投资	(万元)	450125	428690	5.0
#工业企业	(万元)		67756	
#三资企业	(万元)	35336	28776	22.8
注册资本	(万元)	451224	451224	持平
合同外资金额	(万美元)	5436	2686	102.4
外商实际投资	(万美元)	5436	5460	-0.4
工业总产值(现价)	(万元)	381701	279734	36.5
工业销售产值(现价)	(万元)	356180	272685	30.6
#出口交货值	(万元)	116154	75214	54.4
总收入	(万元)	4650562	3155128	47.4
#技术收入	(万元)	424996	310675	36.8
利润总额	(万元)	290759	191574	51.8
#高新技术企业	(万元)	290759	191574	51.8
应缴税金总额	(万元)	118906	99116	20.0
固定资产投资	(万元)	8608	13885	-38.0
#基础设施投资	(万元)			
年末从业人员	(人)	20862	20839	0.1

5-10 中关村示范区通州园主要指标

项　目		2010	2009	增长速度(%)
区规划总面积	(公顷)	1451.5	1451.5	持平
累计土地开发施工面积	(公顷)	961.1	911.9	5.4
累计土地开发完工面积	(公顷)	954.0	911.9	4.6
累计建成区土地面积	(公顷)	984.0	941.9	4.5
投产(开业)企业个数	(个)	51	56	-8.9
#高新技术企业	(个)	51	56	-8.9
#工业企业	(个)	45	51	-11.8
#三资企业	(个)	12	12	持平
总投资	(万元)	405200	77000	426.2
#工业企业	(万元)	385200	77000	400.3
#三资企业	(万元)		55000	
注册资本	(万元)	13200	6286	110.0
合同外资金额	(万美元)		1000	
外商实际投资	(万美元)		1000	
工业总产值(现价)	(万元)	1331456	941770	41.4
工业销售产值(现价)	(万元)	1300707	946022	37.5
#出口交货值	(万元)	323682	160386	101.8
总收入	(万元)	2014545	1561033	29.1
#技术收入	(万元)	6124	5806	5.5
利润总额	(万元)	120663	86082	40.2
#高新技术企业	(万元)	120663	86082	40.2
应缴税金总额	(万元)	68230	74206	-8.1
固定资产投资	(万元)	57901	74563	-22.3
#基础设施投资	(万元)		10489	
年末从业人员	(人)	10485	10176	3.0

5-11 中关村示范区大兴生物工程与医药产业基地主要指标

项　　目		2010	2009	增长速度(%)
区规划总面积	(公顷)	963.0	963.0	持平
累计土地开发施工面积	(公顷)	436.4	435.8	0.1
累计土地开发完工面积	(公顷)	436.4	435.8	0.1
累计建成区土地面积	(公顷)	429.9	429.3	0.1
投产(开业)企业个数	(个)	44	38	15.8
#高新技术企业	(个)	44	38	15.8
#工业企业	(个)	34	27	25.9
#三资企业	(个)	7	6	16.7
总投资	(万元)	29188	36681	-20.4
#工业企业	(万元)	27188	30781	-11.7
#三资企业	(万元)	6500	5900	10.2
注册资本	(万元)	29188	36681	-20.4
合同外资金额	(万美元)	245		
外商实际投资	(万美元)	245		
工业总产值(现价)	(万元)	332522	259542	28.1
工业销售产值(现价)	(万元)	333059	255922	30.1
#出口交货值	(万元)	20187	18182	11.0
总收入	(万元)	330846	322527	2.6
#技术收入	(万元)	8997	13045	-31.0
利润总额	(万元)	43150	34362	25.6
#高新技术企业	(万元)	43150	34362	25.6
应缴税金总额	(万元)	25183	25106	0.3
固定资产投资	(万元)	24116	15790	52.7
#基础设施投资	(万元)	200		
年末从业人员	(人)	5966	4592	29.9

5-12 北京天竺综合保税区主要指标（2010年）

项　　目		2010
区规划总面积	（公顷）	594.4
累计土地开发施工面积	（公顷）	349.5
累计土地开发完工面积	（公顷）	349.5
累计建成区土地面积	（公顷）	349.5
投产（开业）企业个数	（个）	47
#高新技术企业	（个）	
#工业企业	（个）	17
#三资企业	（个）	21
总投资	（万元）	233949
#工业企业	（万元）	53914
#三资企业	（万元）	96049
注册资本	（万元）	95249
合同外资金额	（万美元）	4975
外商实际投资	（万美元）	3100
工业总产值（现价）	（万元）	141358
工业销售产值（现价）	（万元）	140845
#出口交货值	（万元）	
总收入	（万元）	206549
#技术收入	（万元）	
利润总额	（万元）	335916
#高新技术企业	（万元）	
应缴税金总额	（万元）	5581
固定资产投资	（万元）	15476
#基础设施投资	（万元）	8730
年末从业人员	（人）	4212

注：北京天竺综合保税区为国务院2010年最新批复设立的国家级综合保税区，范围包含了北京天竺出口加工区和北京空港保税物流中心，没有上年同期统计数据。

5-13 北京石龙经济开发区主要指标

项目		2010	2009	增长速度(%)
区规划总面积	(公顷)	150.0	150.0	持平
累计土地开发施工面积	(公顷)	110.0	110.0	持平
累计土地开发完工面积	(公顷)	110.0	110.0	持平
累计建成区土地面积	(公顷)	110.0	110.0	持平
投产(开业)企业个数	(个)	1528	1406	8.7
#高新技术企业	(个)	23	27	-14.8
#工业企业	(个)	485	485	持平
#三资企业	(个)	39	39	持平
总投资	(万元)	202700		
#工业企业	(万元)			
#三资企业	(万元)	3591		
注册资本	(万元)	202700		
合同外资金额	(万美元)			
外商实际投资	(万美元)			
工业总产值(现价)	(万元)	458766	341606	34.3
工业销售产值(现价)	(万元)	500055	343592	45.5
#出口交货值	(万元)	47028	68718	-31.6
总收入	(万元)	283585	2375198	-88.1
#技术收入	(万元)	54654	74884	-27.0
利润总额	(万元)	39134	26264	49.0
#高新技术企业	(万元)	27003	6106	342.2
应缴税金总额	(万元)	130449	109548	19.1
固定资产投资	(万元)	94998	28000	239.3
#基础设施投资	(万元)	28699		
年末从业人员	(人)	31469	25088	25.4

5-14 北京良乡经济开发区主要指标

项　　目		2010	2009	增长速度(%)
区规划总面积	(公顷)	240.0	240.0	持平
累计土地开发施工面积	(公顷)	118.0	118.0	持平
累计土地开发完工面积	(公顷)	91.9	91.9	持平
累计建成区土地面积	(公顷)	91.9	91.9	持平
投产(开业)企业个数	(个)	1176	907	29.7
#高新技术企业	(个)	3	3	持平
#工业企业	(个)	95	83	14.5
#三资企业	(个)	16	13	23.1
总投资	(万元)	151448	55131	174.7
#工业企业	(万元)	17900	1260	
#三资企业	(万元)	40000		
注册资本	(万元)	151448	55131	174.7
合同外资金额	(万美元)	5882		
外商实际投资	(万美元)	5882		
工业总产值(现价)	(万元)	161135	147362	9.3
工业销售产值(现价)	(万元)	192387	155401	23.8
#出口交货值	(万元)	39958	39435	1.3
总收入	(万元)	1950972	1788031	9.1
#技术收入	(万元)	192735	171449	12.4
利润总额	(万元)	35821	31200	14.8
#高新技术企业	(万元)	7479	4567	63.8
应缴税金总额	(万元)	107177	86768	23.5
固定资产投资	(万元)	13006	17700	-26.5
#基础设施投资	(万元)			
年末从业人员	(人)	22956	22006	4.3

5-15 北京大兴经济开发区主要指标

项　　目		2010	2009	增长速度(%)
区规划总面积	(公顷)	416.0	416.0	持平
累计土地开发施工面积	(公顷)	236.0	50.4	368.2
累计土地开发完工面积	(公顷)	232.8	33.9	
累计建成区土地面积	(公顷)	183.0	183.0	持平
投产(开业)企业个数	(个)	352	285	23.5
#高新技术企业	(个)	14		
#工业企业	(个)	117	110	6.4
#三资企业	(个)	22	21	4.8
总投资	(万元)			
#工业企业	(万元)			
#三资企业	(万元)			
注册资本	(万元)			
合同外资金额	(万美元)			
外商实际投资	(万美元)			
工业总产值(现价)	(万元)	310929	246190	26.3
工业销售产值(现价)	(万元)	316254	241308	31.1
#出口交货值	(万元)	16145	11906	35.6
总收入	(万元)	1311946	882893	48.6
#技术收入	(万元)	42352	3567	
利润总额	(万元)	28563	19498	46.5
#高新技术企业	(万元)	15379		
应缴税金总额	(万元)	43858	22632	93.8
固定资产投资	(万元)	2846	14298	-80.1
#基础设施投资	(万元)	118	1510	-92.2
年末从业人员	(人)	31221	17263	80.9

5-16 北京通州经济开发区主要指标

项　目		2010	2009	增长速度(%)
区规划总面积	(公顷)	762.0	762.0	持平
累计土地开发施工面积	(公顷)	357.0	352.4	1.3
累计土地开发完工面积	(公顷)	268.1	263.6	1.7
累计建成区土地面积	(公顷)	228.1	223.6	2.0
投产(开业)企业个数	(个)	153	111	37.8
#高新技术企业	(个)	12	12	0.0
#工业企业	(个)	80	72	11.1
#三资企业	(个)	27	24	12.5
总投资	(万元)	1348700	211000	
#工业企业	(万元)	1339000	38000	
#三资企业	(万元)	16700		
注册资本	(万元)	95347	70500	35.2
合同外资金额	(万美元)	1637		
外商实际投资	(万美元)		1000	
工业总产值(现价)	(万元)	581136	514468	13.0
工业销售产值(现价)	(万元)	574524	511664	12.3
#出口交货值	(万元)	60145	53906	11.6
总收入	(万元)	1025751	724028	41.7
#技术收入	(万元)			
利润总额	(万元)	26813	23462	14.3
#高新技术企业	(万元)	9030	9924	-9.0
应缴税金总额	(万元)	46115	32430	42.2
固定资产投资	(万元)	55159	27369	101.5
#基础设施投资	(万元)		9507	
年末从业人员	(人)	9205	9257	-0.6

5-17 北京雁栖经济开发区主要指标

项　　目		2010	2009	增长速度(%)
区规划总面积	(公顷)	1096.0	1096.0	持平
累计土地开发施工面积	(公顷)	696.3	696.3	持平
累计土地开发完工面积	(公顷)	696.3	696.3	持平
累计建成区土地面积	(公顷)	749.2	749.2	持平
投产(开业)企业个数	(个)	355	345	2.9
#高新技术企业	(个)	37	35	5.7
#工业企业	(个)	313	313	持平
#三资企业	(个)	82	74	10.8
总投资	(万元)	567370	236301	140.1
#工业企业	(万元)	125000	5720	
#三资企业	(万元)			
注册资本	(万元)	93878	30100	211.9
合同外资金额	(万美元)			
外商实际投资	(万美元)			
工业总产值(现价)	(万元)	1576038	1378418	14.3
工业销售产值(现价)	(万元)	1555881	1381004	12.7
#出口交货值	(万元)	80669	50616	59.4
总收入	(万元)	1762003	1540995	14.3
#技术收入	(万元)			
利润总额	(万元)	131639	115616	13.9
#高新技术企业	(万元)	72260	26563	172.0
应缴税金总额	(万元)	119333	122076	-2.2
固定资产投资	(万元)	164244	129519	26.8
#基础设施投资	(万元)	997	6991	-85.7
年末从业人员	(人)	22430	27486	-18.4

5-18 北京兴谷经济开发区主要指标

项　　目		2010	2009	增长速度(%)
区规划总面积	(公顷)	978.8	978.8	持平
累计土地开发施工面积	(公顷)	299.8	299.8	持平
累计土地开发完工面积	(公顷)	257.9	257.9	持平
累计建成区土地面积	(公顷)	391.9	391.9	持平
投产(开业)企业个数	(个)	160	160	持平
#高新技术企业	(个)	6	6	持平
#工业企业	(个)	75	76	-1.3
#三资企业	(个)	36	36	持平
总投资	(万元)	40500	7000	478.6
#工业企业	(万元)	40500	7000	478.6
#三资企业	(万元)			
注册资本	(万元)	2900	100	
合同外资金额	(万美元)	712	1278	-44.3
外商实际投资	(万美元)			
工业总产值(现价)	(万元)	1498119	1187606	26.1
工业销售产值(现价)	(万元)	1463793	1124807	30.1
#出口交货值	(万元)	68762	59404	15.8
总收入	(万元)	1932816	1577863	22.5
#技术收入	(万元)			
利润总额	(万元)	181899	164454	10.6
#高新技术企业	(万元)	8900	7000	27.1
应缴税金总额	(万元)	108521	111279	-2.5
固定资产投资	(万元)	74099	51035	45.2
#基础设施投资	(万元)	10634	28610	-62.8
年末从业人员	(人)	29896	27564	8.5

5-19 北京密云经济开发区主要指标

项　　目		2010	2009	增长速度(%)
区规划总面积	(公顷)	1240.2	1240.2	持平
累计土地开发施工面积	(公顷)	839.0	644.4	30.2
累计土地开发完工面积	(公顷)	697.0	644.4	8.2
累计建成区土地面积	(公顷)	973.1	920.5	5.7
投产(开业)企业个数	(个)	160	156	2.6
#高新技术企业	(个)	14	15	-6.7
#工业企业	(个)	105	96	9.4
#三资企业	(个)	31	32	-3.1
总投资	(万元)	109800	499200	-78.0
#工业企业	(万元)	109800	498500	-78.0
#三资企业	(万元)		13000	
注册资本	(万元)	14500	12860	12.8
合同外资金额	(万美元)		1375	
外商实际投资	(万美元)	4548	2366	92.2
工业总产值(现价)	(万元)	1000292	799078	25.2
工业销售产值(现价)	(万元)	958513	786526	21.9
#出口交货值	(万元)	74438	55399	34.4
总收入	(万元)	1710725	1360805	25.7
#技术收入	(万元)			
利润总额	(万元)	105420	73014	44.4
#高新技术企业	(万元)	42912	36058	19.0
应缴税金总额	(万元)	94545	74446	27.0
固定资产投资	(万元)	163023	81940	99.0
#基础设施投资	(万元)	2114	5237	-59.6
年末从业人员	(人)	25168	21184	18.8

5-20 北京林河经济开发区主要指标

项目		2010	2009	增长速度(%)
区规划总面积	(公顷)	416.0	416.0	持平
累计土地开发施工面积	(公顷)	157.0	157.0	持平
累计土地开发完工面积	(公顷)	157.0	157.0	持平
累计建成区土地面积	(公顷)	132.3	132.3	持平
投产(开业)企业个数	(个)	83	81	2.5
#高新技术企业	(个)	9	9	持平
#工业企业	(个)	47	46	2.2
#三资企业	(个)	25	25	持平
总投资	(万元)	26892	36240	-25.8
#工业企业	(万元)	16182	30040	-46.1
#三资企业	(万元)	4372	40	
注册资本	(万元)	26892	36240	-25.8
合同外资金额	(万美元)	609	586	3.9
外商实际投资	(万美元)	10	567	-98.2
工业总产值(现价)	(万元)	624640	437451	42.8
工业销售产值(现价)	(万元)	589057	387637	52.0
#出口交货值	(万元)	61021	30221	101.9
总收入	(万元)	1421612	912586	55.8
#技术收入	(万元)			
利润总额	(万元)	42288	83167	-49.2
#高新技术企业	(万元)	50841	31547	61.2
应缴税金总额	(万元)	41727	35691	16.9
固定资产投资	(万元)	21323	8560	149.1
#基础设施投资	(万元)	4041		
年末从业人员	(人)	7871	8200	-4.0

5-21 北京天竺空港经济开发区主要指标

项　　目		2010	2009	增长速度(%)
区规划总面积	(公顷)	965.1	965.1	持平
累计土地开发施工面积	(公顷)	559.6	559.6	持平
累计土地开发完工面积	(公顷)	559.6	559.6	持平
累计建成区土地面积	(公顷)	649.2	649.2	持平
投产(开业)企业个数	(个)	273	258	5.8
#高新技术企业	(个)	22	23	-4.3
#工业企业	(个)	153	150	2.0
#三资企业	(个)	97	97	持平
总投资	(万元)	65452	199605	-67.2
#工业企业	(万元)	5860	98244	-94.0
#三资企业	(万元)	31352	81892	-61.7
注册资本	(万元)	57342	53101	8.0
合同外资金额	(万美元)	12789	1287	
外商实际投资	(万美元)	11608	11421	1.6
工业总产值(现价)	(万元)	3328423	3493286	-4.7
工业销售产值(现价)	(万元)	3332825	3476909	-4.1
#出口交货值	(万元)	2189449	2411838	-9.2
总收入	(万元)	7712636	6458441	19.4
#技术收入	(万元)	34092	33735	1.1
利润总额	(万元)	464368	361097	28.6
#高新技术企业	(万元)	33532	95950	-65.1
应缴税金总额	(万元)	414682	320121	29.5
固定资产投资	(万元)	646787	308360	109.8
#基础设施投资	(万元)	19693	92006	-78.6
年末从业人员	(人)	54069	50274	7.5

5-22 北京八达岭经济开发区主要指标

项　　目		2010	2009	增长速度(%)
区规划总面积	(公顷)	480.8	489.1	-1.7
累计土地开发施工面积	(公顷)	234.4	234.4	持平
累计土地开发完工面积	(公顷)	234.4	234.4	持平
累计建成区土地面积	(公顷)	234.4	234.4	持平
投产(开业)企业个数	(个)	368	374	-1.6
#高新技术企业	(个)	6	6	持平
#工业企业	(个)	44	42	4.8
#三资企业	(个)	7	7	持平
总投资	(万元)	56931	38005	49.8
#工业企业	(万元)	17370	5998	189.6
#三资企业	(万元)			
注册资本	(万元)	56931	38005	49.8
合同外资金额	(万美元)			
外商实际投资	(万美元)			
工业总产值(现价)	(万元)	218444	172502	26.6
工业销售产值(现价)	(万元)	320573	167407	91.5
#出口交货值	(万元)			
总收入	(万元)	773746	624924	23.8
#技术收入	(万元)			
利润总额	(万元)	49350	38256	29.0
#高新技术企业	(万元)	27984	21329	31.2
应缴税金总额	(万元)	41720	35709	16.8
固定资产投资	(万元)	50794	44141	15.1
#基础设施投资	(万元)			
年末从业人员	(人)	13664	11248	21.5

5-23 北京永乐经济开发区主要指标

项　　目		2010	2009	增长速度(%)
区规划总面积	(公顷)	459.8	459.8	持平
累计土地开发施工面积	(公顷)	82.4	82.4	持平
累计土地开发完工面积	(公顷)	57.6	57.6	持平
累计建成区土地面积	(公顷)	57.6	57.6	持平
投产(开业)企业个数	(个)	16	16	持平
#高新技术企业	(个)	4	1	300.0
#工业企业	(个)	16	16	持平
#三资企业	(个)	6	6	持平
总投资	(万元)	32000		
#工业企业	(万元)	26786		
#三资企业	(万元)			
注册资本	(万元)	1000		
合同外资金额	(万美元)			
外商实际投资	(万美元)			
工业总产值(现价)	(万元)	32400	24581	31.8
工业销售产值(现价)	(万元)	32400	24581	31.8
#出口交货值	(万元)	1860	1371	35.7
总收入	(万元)	35165	24754	42.1
#技术收入	(万元)			
利润总额	(万元)	2207	1596	38.3
#高新技术企业	(万元)	1623	56	
应缴税金总额	(万元)	4010	3228	24.2
固定资产投资	(万元)		1850	
#基础设施投资	(万元)		850	
年末从业人员	(人)	960	1300	-26.2

5-24 北京延庆经济开发区主要指标

项　　目		2010	2009	增长速度(%)
区规划总面积	(公顷)	303.5	303.5	持平
累计土地开发施工面积	(公顷)	112.0	112.0	持平
累计土地开发完工面积	(公顷)	112.0	112.0	持平
累计建成区土地面积	(公顷)	81.8	81.8	持平
投产(开业)企业个数	(个)	374	335	11.6
#高新技术企业	(个)	7	7	持平
#工业企业	(个)	43	44	-2.3
#三资企业	(个)	7	8	-12.5
总投资	(万元)	120379	59504	102.3
#工业企业	(万元)	51702	47981	7.8
#三资企业	(万元)			
注册资本	(万元)	70878	16523	329.0
合同外资金额	(万美元)		885	
外商实际投资	(万美元)			
工业总产值(现价)	(万元)	236106	165293	42.8
工业销售产值(现价)	(万元)	257140	177433	44.9
#出口交货值	(万元)			
总收入	(万元)	953795	743078	28.4
#技术收入	(万元)			
利润总额	(万元)	23555	19123	23.2
#高新技术企业	(万元)	5407	3926	37.7
应缴税金总额	(万元)	60876	44073	38.1
固定资产投资	(万元)	5740	42981	-86.6
#基础设施投资	(万元)	5740		
年末从业人员	(人)	9842	9327	5.5

5–25 北京昌平小汤山工业园区主要指标

项　　目		2010	2009	增长速度(%)
区规划总面积	(公顷)	257.3	122.3	110.4
累计土地开发施工面积	(公顷)	111.2	111.2	持平
累计土地开发完工面积	(公顷)	111.2	111.2	持平
累计建成区土地面积	(公顷)	134.6	111.2	21.0
投产(开业)企业个数	(个)	29	26	11.5
#高新技术企业	(个)			
#工业企业	(个)	24	21	14.3
#三资企业	(个)	2	2	持平
总投资	(万元)		1000	
#工业企业	(万元)		1000	
#三资企业	(万元)			
注册资本	(万元)	600	7478	-92.0
合同外资金额	(万美元)			
外商实际投资	(万美元)			
工业总产值(现价)	(万元)	251739	146696	71.6
工业销售产值(现价)	(万元)	251739	146696	71.6
#出口交货值	(万元)	308		
总收入	(万元)	252900	146032	73.2
#技术收入	(万元)			
利润总额	(万元)	3822	1394	174.2
#高新技术企业	(万元)			
应缴税金总额	(万元)	3386	2255	50.2
固定资产投资	(万元)		830	
#基础设施投资	(万元)			
年末从业人员	(人)	1512	1628	-7.1

5-26 北京采育经济开发区主要指标

项　目		2010	2009	增长速度(%)
区规划总面积	(公顷)	355.0	355.0	持平
累计土地开发施工面积	(公顷)	300.2	300.2	持平
累计土地开发完工面积	(公顷)	300.2	300.2	持平
累计建成区土地面积	(公顷)	300.2	300.2	持平
投产(开业)企业个数	(个)	31	26	19.2
#高新技术企业	(个)	6	4	50.0
#工业企业	(个)	31	26	19.2
#三资企业	(个)	3	2	50.0
总投资	(万元)	54118	190300	-71.6
#工业企业	(万元)	54118	190300	-71.6
#三资企业	(万元)		6000	
注册资本	(万元)	22100	14700	50.3
合同外资金额	(万美元)	95	500	-81.0
外商实际投资	(万美元)	95	350	-72.9
工业总产值(现价)	(万元)	145662	93405	55.9
工业销售产值(现价)	(万元)	136457	75168	81.5
#出口交货值	(万元)	3835	4278	-10.4
总收入	(万元)	143611	80671	78.0
#技术收入	(万元)			
利润总额	(万元)	358	4440	-91.9
#高新技术企业	(万元)	-179	4680	
应缴税金总额	(万元)	2755	1856	48.4
固定资产投资	(万元)	42240	33837	24.8
#基础设施投资	(万元)	10000	652	
年末从业人员	(人)	3058	2269	34.8

5-27 北京房山工业园区主要指标

项　　目		2010	2009	增长速度(%)
区规划总面积	(公顷)	218.5	218.5	持平
累计土地开发施工面积	(公顷)	141.9	141.9	持平
累计土地开发完工面积	(公顷)	141.9	141.9	持平
累计建成区土地面积	(公顷)	92.1	74.2	24.2
投产(开业)企业个数	(个)	7	7	持平
#高新技术企业	(个)	1	1	持平
#工业企业	(个)	7	7	持平
#三资企业	(个)			
总投资	(万元)	67094	20165	232.7
#工业企业	(万元)	49566	20165	145.8
#三资企业	(万元)			
注册资本	(万元)	25694	20165	27.4
合同外资金额	(万美元)			
外商实际投资	(万美元)			
工业总产值(现价)	(万元)	89778	66021	36.0
工业销售产值(现价)	(万元)	80918	60308	34.2
#出口交货值	(万元)	640	1364	-53.1
总收入	(万元)	82467	63062	30.8
#技术收入	(万元)			
利润总额	(万元)	-4070	-2203	
#高新技术企业	(万元)	1109	199	457.3
应缴税金总额	(万元)	1862	1978	-5.9
固定资产投资	(万元)	9106	10471	-13.0
#基础设施投资	(万元)	5306	400	
年末从业人员	(人)	1866	1812	3.0

5-28 北京马坊工业园区主要指标

项　　目		2010	2009	增长速度(%)
区规划总面积	(公顷)	345.6	345.6	持平
累计土地开发施工面积	(公顷)	128.8	90.5	42.4
累计土地开发完工面积	(公顷)	91.9	90.5	1.5
累计建成区土地面积	(公顷)	116.8	45.1	158.9
投产(开业)企业个数	(个)	35	28	25.0
#高新技术企业	(个)	8	10	-20.0
#工业企业	(个)	30	24	25.0
#三资企业	(个)	5	3	66.7
总投资	(万元)	33000		
#工业企业	(万元)	33000		
#三资企业	(万元)			
注册资本	(万元)	1100		
合同外资金额	(万美元)			
外商实际投资	(万美元)			
工业总产值(现价)	(万元)	127091	87632	45.0
工业销售产值(现价)	(万元)	120736	83250	45.0
#出口交货值	(万元)	9197	2551	260.5
总收入	(万元)	123090	79042	55.7
#技术收入	(万元)			
利润总额	(万元)	3247	-3874	
#高新技术企业	(万元)	805	-730	
应缴税金总额	(万元)	2551	5976	-57.3
固定资产投资	(万元)	82996	67800	22.4
#基础设施投资	(万元)		6650	
年末从业人员	(人)	3125	2970	5.2

第六篇

BEIJING AREA STATISTICAL YEARBOOK

北京特色经济区域

BEIJING TESE JINGJIQUYU

北京王府井商业区

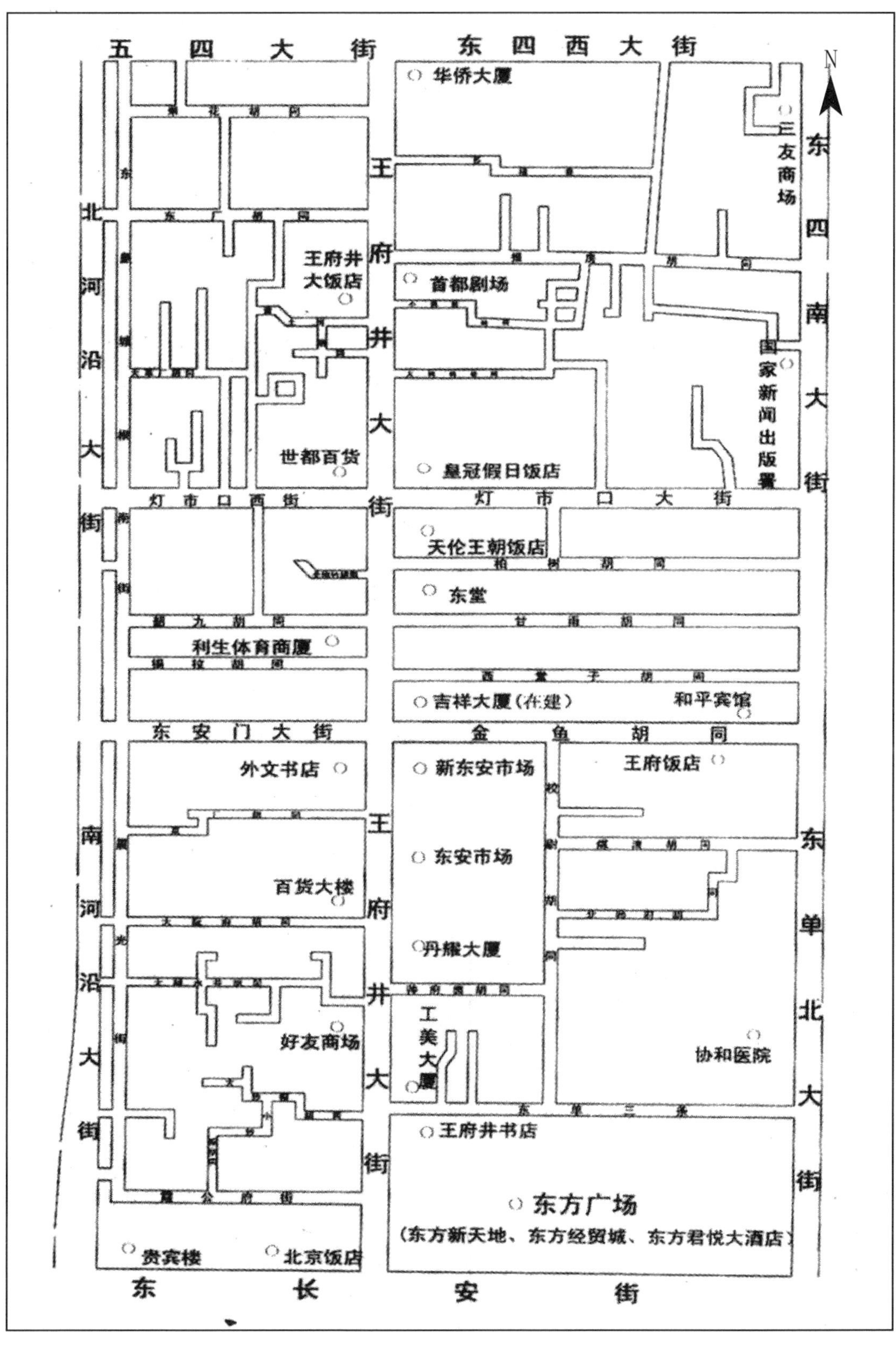

北京王府井商业区示意图

6-1 北京王府井商业区主要指标

项　　目		2010	2009
自然状况与基础设施			
面　积	(平方公里)	1.65	1.65
建筑面积	(万平方米)	187	180
大型商厦(万平方米以上)	(个)	9	9
星级宾馆(饭店)	(个)	12	14
#五星级	(个)	7	7
区内单位状况			
法人单位数	(个)	2196	2149
#批发与零售业	(个)	581	589
住宿和餐饮业	(个)	165	157
#现代服务业	(个)	1174	1122
营业情况			
消费品零售额	(亿元)	84.94	64.29
主营业务收入	(亿元)	451.73	414.80
利润总额	(亿元)	35.39	29.24
营业税金及附加	(亿元)	11.46	10.08
应交增值税	(亿元)	9.24	8.59
应交所得税	(亿元)	6.97	5.63
从业人员情况			
年末从业人员	(人)	61948	62502
全年劳动报酬总额	(亿元)	62.1	59.5
从业人员人均劳动报酬	(元)	101127	92628

注：1. 万平方米以上商厦：东安市场、新东安市场、丹耀大厦、工美大厦、王府井书店、东方新天地、王府井百货大楼、利生体育商厦、乐天银泰。
2. 五星级宾馆(饭店)：华侨大厦、皇冠假日饭店、天伦王朝饭店、王府饭店、东方君悦大酒店、北京饭店、贵宾楼。
3. 营业情况为规模以上单位数据；从业人员情况为城镇单位（不含私营）数据。

北京王府井商业中心区简介

王府井大街位于首都北京的中心地带，享有“中华第一街”的美称。其历史可以追溯到13世纪60年代，距今已有700多年的历史。明朝时期，这里建了10个王府和3个公主府，故称为王府大街。清光绪三十一年（1905年）重新厘定地名，因街上有一眼甘冽甜美的水井，遂定名为“王府井大街”，一直沿用至今。

王府井大街的商业活动最早出现在明中后期，到了清光绪二十九年（1903年），在清八旗兵神机营废弃的练兵场上建起东安市场。一些为洋人服务的银行、商号也落户王府井，形成真正意义上的商业街。

新中国成立后，为了繁荣首都经济，在党和中央人民政府的直接关怀下，王府井建起了北京第一座国营综合性百货商场——百货大楼。一批国内著名的老字号和知名企业陆续由津、沪等地迁入，王府井大街得到了大规模的发展，成为展示新中国和首都建设成就的窗口，成为中华第一商业街。

改革开放以后，王府井大街同古老的北京一样发生了巨变。1993年10月，在东安市场原址上建起了第一座中外合资的现代化新东安市场，从此王府井大街开始了大规模的改造。1999年9月11日，历经6年脱胎换骨的改造，王府井大街焕然一新。宏伟的东方广场拔地而起，改建的新东安市场将现代商业与传统商业完美地结合，新中国第一店——百货大楼风华正茂，百年老店、名店、特色商店交错林立，互为衬托，商业服务设施总建筑面积达到150万平方米。

经过近十多年大规模的开发建设和市政设施改造，王府井地区的市容、市貌发生了翻天覆地的变化。全长510余米的王府井步行街，南有东方广场，北有新东安大厦，中有王府井百货大楼;沿街聚集了数百家商店和餐馆，成为百姓游览、购物的天堂。新建成的王府井大街东、西辅路和几处大型停车场以及拓宽的金鱼胡同，方便了各种车辆的通行和停放。王府井大街的全部市政管线得到了彻底改造，可保证在50年内不落后。沿街店面整治一新，街景、雕塑各具特色。全长2.8公里，种满绿草鲜花的皇城根遗址公园，犹如一条绿色缎带穿过王府井商业区的西侧，被称为“城市绿肺”，休闲的人群络绎不绝。修葺一新的王府井天主教堂，建筑古朴幽雅，广场绿草如茵，充分体现了党和政府尊重宗教信仰自由的政策，在国际上引起了良好的反响。

目前，在王府井地区1.65平方公里范围内，有王府井百货大楼，东方新天地，新、老东安市场、乐天银泰等万平方米以上大型商厦9座；有东方广场、新东安大厦、国中商业大厦等设施先进的大型、超大型写字楼10余座；有北京饭店、东方君悦大酒店、王府饭店等五星级宾馆7家；有盛锡福、同升和、亨得利、中国照相、四联美发、东来顺、全素斋等众多著名老字号企业，形成了一个以商业为主导，融商务、旅游、娱乐、休闲、餐饮、会展等多种功能为一体的设施完善、交通便利、环境优美、充满东方文化色彩的国际著名商业街区。王府井紧跟消费潮流，引领消费时尚，高档名牌商品纷纷进驻，呈现出日益成熟的商业新格局。繁华的王府井成为外地游客必来之处,吸引着来自世界各地的消费者,成为北京市现代化的商业中心区。

北京西单现代商业区

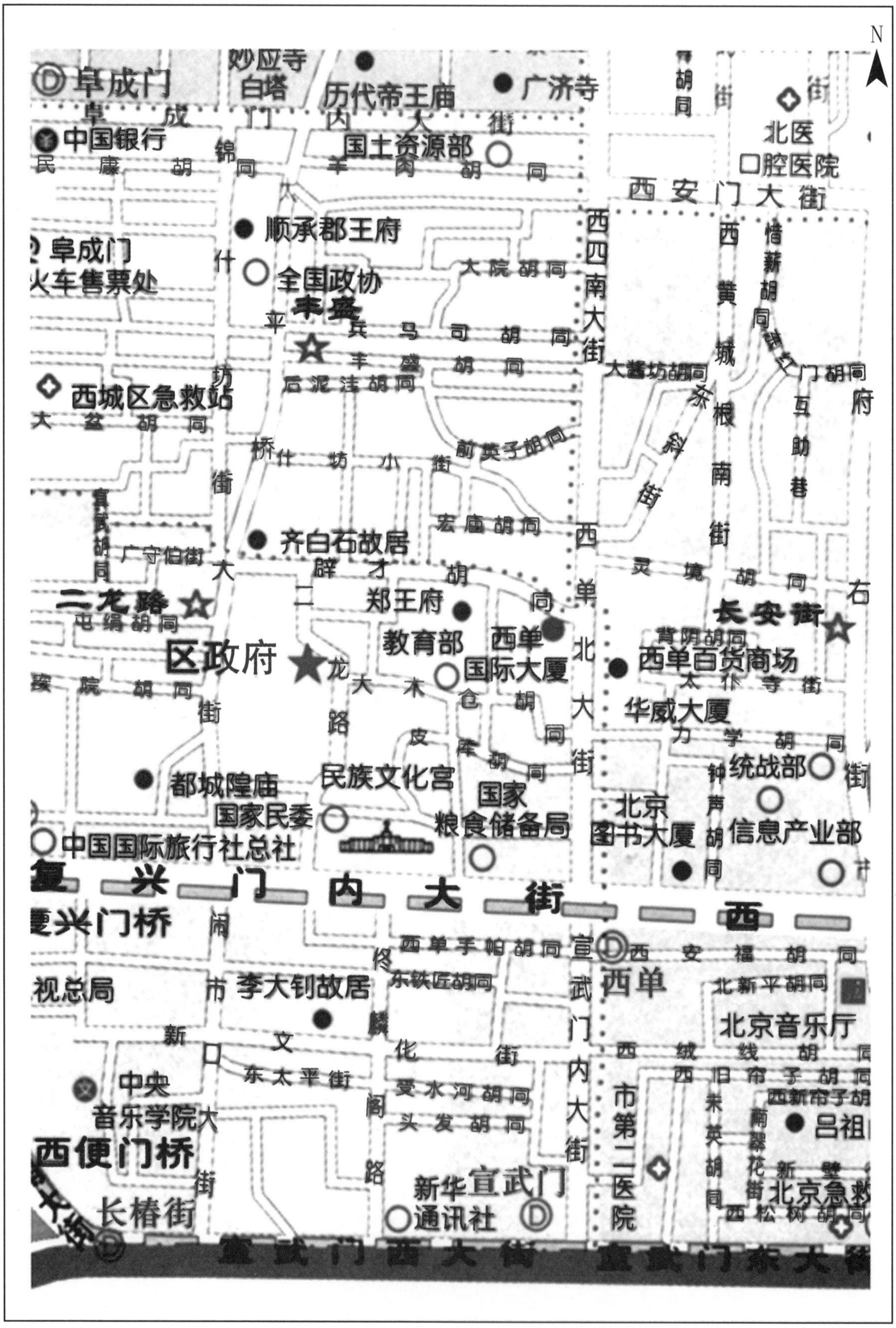

北京西单现代商业区示意图

6-2 北京西单现代商业区主要指标

项　　目		2010	2009
自然状况与基础设施			
面　积	(公顷)	80	80
#绿化面积	(公顷)	3.1	3.1
道路面积	(公顷)	14.7	14.7
建筑面积	(万平方米)	80	80
营业面积	(万平方米)	21	21
区内单位状况			
法人单位数	(个)	541	583
#批发与零售业	(个)	165	179
租赁和商务服务业	(个)	125	139
住宿和餐饮业	(个)	58	58
星级宾馆(饭店)	(个)	3	3
营业情况			
资产总计	(亿元)	2845.7	9945.0
实收资本	(亿元)	1878.4	4695.9
营业收入	(亿元)	752.5	1056.5
利润总额	(亿元)	50.3	181.7
从业人员情况			
年末从业人员	(人)	16236	16235
#女　性	(人)	6900	7034
全年劳动报酬总额	(亿元)	17.0	15.0
从业人员人均劳动报酬	(元)	103106	92087

注：营业情况为规模以上单位数据；从业人员情况为城镇单位（不含私营）数据。

北京西单现代商业区简介

作为打造北京市和西城区经济支柱、现代化城市中心的形象代表，西单商业区一直是西城区重点发展的特色街区之一，更是区委、区政府关注的重点。根据最新划分的四至范围，西单商业区南起宣武门内大街，北至灵境胡同西口，东至西单横二条东侧，西至华远街西侧，占地面积0.8平方公里。因东西边界由各项目的纵深决定，所以呈非直线型的空间区域。西单商业区作为具有悠久历史和深厚文化底蕴的商贾云集之地，与王府井大街、前门大栅栏并称为三大传统商业区，是国内知名的标志性现代商业中心区之一。

西单商业区的形成开始于20世纪50年代末。新中国成立之后，北京城市规模成倍扩大，并且主要是向西发展，随着长安街的开发建设，以及城市人口的大量西移，西单商业区开始一步步的发展繁荣起来。改革开放后的十几年间，商品的丰富，流通的活跃，使西单商业区迅速发展起来，商业网点增多，使街区网点密度加大，商业延伸性和连续性增强，商品品种丰富，服务项目齐全，顾客的选择范围增大，逗留时间加长。特别是此期间区政府对东侧进行了改造，使硬件设施水平和总体功能有了质的飞跃，促进了西单商业区的繁荣。

随着西单地区城市改造的展开，区政府越来越意识到必须对西单商业区进行整体的、超前的、切实可行的规划建设，经过多方论证，统一规划，分布实施，并于1992年提出繁荣西单、发展西城的战略，全面规划了西单商业区的发展蓝图，在战略实施策略上，将旧城改造与道路拓宽，房地产开发与商业重建相结合，以商业建设为龙头，带动其他工程建设。截至2000年10月，西单这一倾注北京市民极大关注的黄金地带，实现了由传统商业区向现代商业区的转变；实现了由单一商业业态向多种业态；由单一交通干线向多元立体化交通系统；由单一购物场所向精神文明载体建设的转变。

近年来，西单商业街不断加强城市建设，完善区域发展环境。2008年，西单北大街主街两侧和宣武门内大街东侧项目建设基本完成，包括西西4号地项目、安福大厦项目、浩洋大厦项目等，完成并投入使用70.56万平方米建筑面积。以奥运会为契机，西单北大街市政基础设施得到全面改造更新，增设了自动扶梯，建成相对封闭的步行系统；更新了道路铺装，优化路面环境；改造支路、胡同道路，改善人流、车流通行环境；同时进一步深化景观建设，完善西单文化广场的更新设计改造、设施二层连廊灯光亮丽工程和绿化美化工程、更新休闲花园设计，创造休闲和谐的人文景观。此外，随着西单外观整治工程的逐步展开，以及辟才路的改造，横二条的完善，大木仓、国家教委直至太平桥大街的贯通和西单北大街11条支路、胡同的整治，相信西单商业街将会更加亮丽、时尚和繁荣。同时，西单商业区环境综合整治工程于2007年4月全面启动。在改造中，西城区政府重新设计了西单文化广场的使用功能，完成了广场的中央水景和舞台的建造，布置了绿化树阵。其中，西单牌楼的复建，是西单文化广场改造的一大亮点；通过复建，消失了85年的瞻云牌坊楼重回故地，在长安街上形成了与东单牌楼遥相对应的新景观。环境整治的同时，西单市级商业中心的功能也在不断提升和完善，以四大地块的业态产业空间布局为基础，引导拆迁改造后新增商业的高品质和多元化定位，促进百货业提升商品档次，大力引进著名娱乐品牌、旗舰店、专卖店，并开设婚纱影楼一条街，调整不符合区域功能定位和产业布局要求的业态，从而实现产业能级的提升，使西单成为特色突出、业态丰富、环境良好、管理有序的现代化大型综合商业中心区。

目前，西单商业规模不断扩大，商业街内逐步形成了业态丰富、结构合理的商业发展模式。特别是在西单商场、中友百货、君太百货这些龙头企业的带动下，西单商业区的零售业将对全区的经济增长发挥越来越大的作用。今天的西单商业区依旧位于北京的繁华地区，规模不断拓展，新建的商业设施丰富了西单地区的商业业态形式，提升了西单商业区的综合竞争力。“十二五”规划中，西单商业区未来将建成国内外知名的商业中心和旅游地区，以现代技术整体提升传统商业，加快发展以购物中心、品牌专卖、电子商贸等为主要形式的现代商贸业，完善旅游服务体系，推动旅游产业优化升级，努力建设品牌突出、功能完善、环境优美、购物方便、品位高雅的国际旅游目的地和首都时尚商业之都。作为北京重要的商业中心，西单将会在不断的完善中，延续老北京的繁华，引领现代商业的气息。

北京金融街商业区

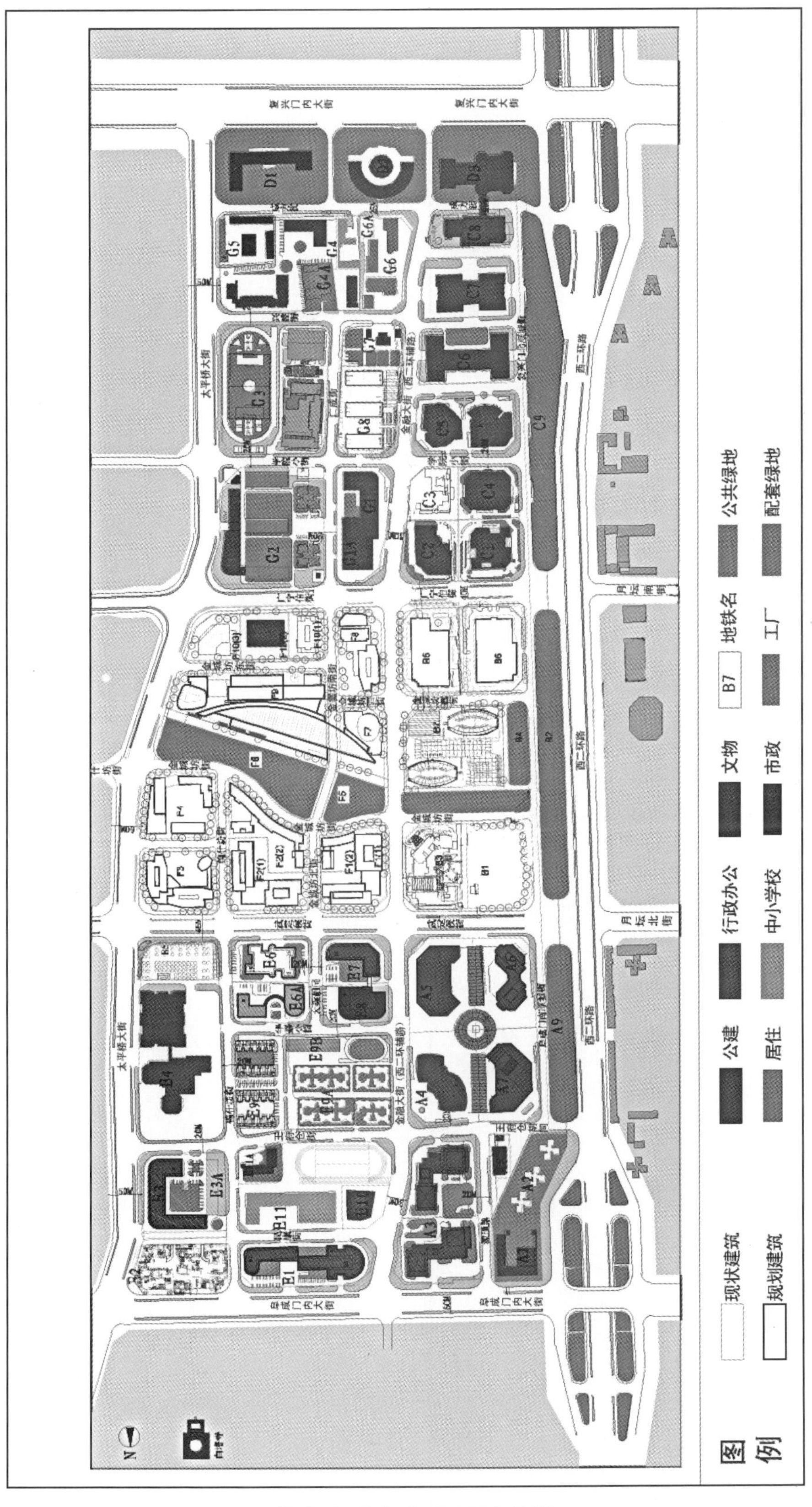

北京金融街商业区示意图

6-3 北京金融街商业区主要指标

项　　目		2010	2009
自然状况与基础设施			
面　　积	（公顷）	259	259
#绿化面积	（公顷）	26	26
道路面积	（公顷）	32.4	32.4
建筑面积	（万平方米）	340	340
区内单位状况			
法人单位数	（个）	807	764
#租赁和商务服务业	（个）	365	318
批发与零售业	（个）	101	94
金融业	（个）	72	79
保险业	（个）	20	22
房地产业	（个）	48	51
营业情况			
资产总计	（亿元）	163320.3	122109.6
实收资本	（亿元）	13305.3	11478.5
收入合计	（亿元）	2333.3	2460.5
利润总额	（亿元）	1168.0	790.7
从业人员情况			
年末从业人员	（人）	64668	53798
#女　性	（人）	25624	21350
全年劳动报酬总额	（亿元）	113.1	88.5
从业人员人均劳动报酬	（元）	192960	164446

注：营业情况为规模以上单位数据；从业人员情况为城镇单位（不含私营）数据。

北京金融街商业区简介

北京金融街是北京首个大规模整体定向开发的金融产业功能区，经过十多年的建设，目前已发展成较为成熟的国家级金融中心。金融街史称“金城坊”，在明、清两代，遍布金坊、银号，是现代金融业的萌芽时期。至清末民初，户部银行、大清银行、中国银行先后在此更迭。其后，又有大陆、金城、中国实业等各银行先后在此设立总部，欲做成“银行街”。新中国成立后，金融街周围长期成为中国金融、财政的决策机构所在地。源远流长的金融文化为金融街区域所独有，也成为金融商务区的历史基础。

1992年7月，北京市计划发展委员会批准恢复在西二环东侧建设金融一条街。1993年10月，国务院批复了新的《北京城市总体规划》，高屋建瓴地提出：在西二环阜成门至复兴门一带，建设国家级金融管理中心，集中安排国家级银行总行和非银行金融机构总部。

经过十几年的建设与发展，金融街已经成为集决策监管、资产管理、支付结算、信息交流、标准制订为一体的国家金融管理中心，聚集了中国人民银行、中国银监会、中国证监会、中国保监会等国家金融决策和监管机构，已经成为国家金融政策的发源地；各类企业总部和地区总部达到152家，进入2009年《财富》全球500强的43家中国企业中，有9家总部设在金融街；聚集着中国工商银行、中国建设银行、中国银行、国家开发银行等全国性商业银行总部、中国进出口银行、中国农业发展银行等国家政策性银行总部、中国民生银行、中国光大银行等股份制银行，以及上海银行、天津银行、浙商银行、大连银行等城市商业银行分支机构；聚集着中国人寿保险公司、中国再保险（集团）公司等保险公司总部，中国移动、中国联通、中国电信等电信集团总部，以及电力、石油、天然气、建筑等行业的大型企业总部。近年来，还先后吸引高盛集团、摩根大通银行、法国兴业银行、瑞银证券等70多家世界顶尖级外资金融机构和国际组织入驻，全球500强企业中有12家外资金融总部在金融街设立了分支机构。

随着金融产业的快速发展、金融街吸引力的不断增强，国内外金融机构争相入驻。鉴于金融企业的发展需求，北京市委、市政府批准对金融街地区实施拓展计划，进一步增强产业发展的承载能力。2006年11月，北京市委常委会做出对金融街适度拓展的决定；2007年10月，《关于对金融街拓展和功能完善的意见》经市长办公会讨论通过，决定在金融街核心区现有基础上增加东、南、西三个拓展区，面积扩大至2.59平方公里。其中，西拓展区南至复兴门外大街，北至阜成门外大街，东至西二环，西至南礼士路，面积0.53平方公里；东拓展区南至复兴门内大街，北至阜成门内大街，西至太平桥大街，面积0.59平方公里；南拓展区南至铁匠胡同，北至复兴门内大街，东至宣武门内大街，西至西二环，面积0.29平方公里。2008年5月5日，北京市委、市政府《关于促进首都金融业发展的意见》正式对外公布。在这份文件中，北京率先对一个城市金融业的发展环境、空间布局、人才聚集和市场体系建设进行了详细规划和阐述，将北京定位为国家金融决策中心、金融管理中心、金融信息中心和金融服务中心，同时第一次明确提出，将北京建设成为具有国际影响力的金融中心城市。北京未来的金融业将以金融街作为主中心区，以CBD作为副中心区。总建筑面积为350万平方米的金融街，目前已完成265万平方米，仍有43万平方米在建，而未来金融街的区域面积将进一步扩展。根据现状，6个拓展项目计划先期启动，其中包括月坛北街地块、月坛南街地块、复兴门地块3个西拓区项目，三十五中地块东拓区项目以及中行住宅楼地块和华嘉小区地块两个核心区项目。2009年，金融街西扩工程破土动工，拓展后的金融街功能将更加完善，为提高金融产业聚集度，完善金融产业链条，提升金融街品牌和国际化程度创造条件。区划调整和资源整合后，未来金融街规划面积将达到6—8平方公里，预计建筑面积达到1500万平方米。

今后，随着北京建设世界城市步伐的加快，金融街将迎来前所未有的发展机遇。西城区将力争进一步拓展金融街区域面积，满足国际国内金融机构及相关企业发展需求。未来的金融街将发展债券、信托等金融产品市场，培育多品种货币交易市场体系，壮大金融资讯、中介等商务服务业，进一步完善商务、文化等服务设施，将金融街建设成为具有国际影响力的金融中心，使金融街真正成为推动发展方式转变、促进生产性服务业发展的重要支撑，为提高首都国际化大都市的竞争力不断做出新的贡献。

北京马连道采购中心区

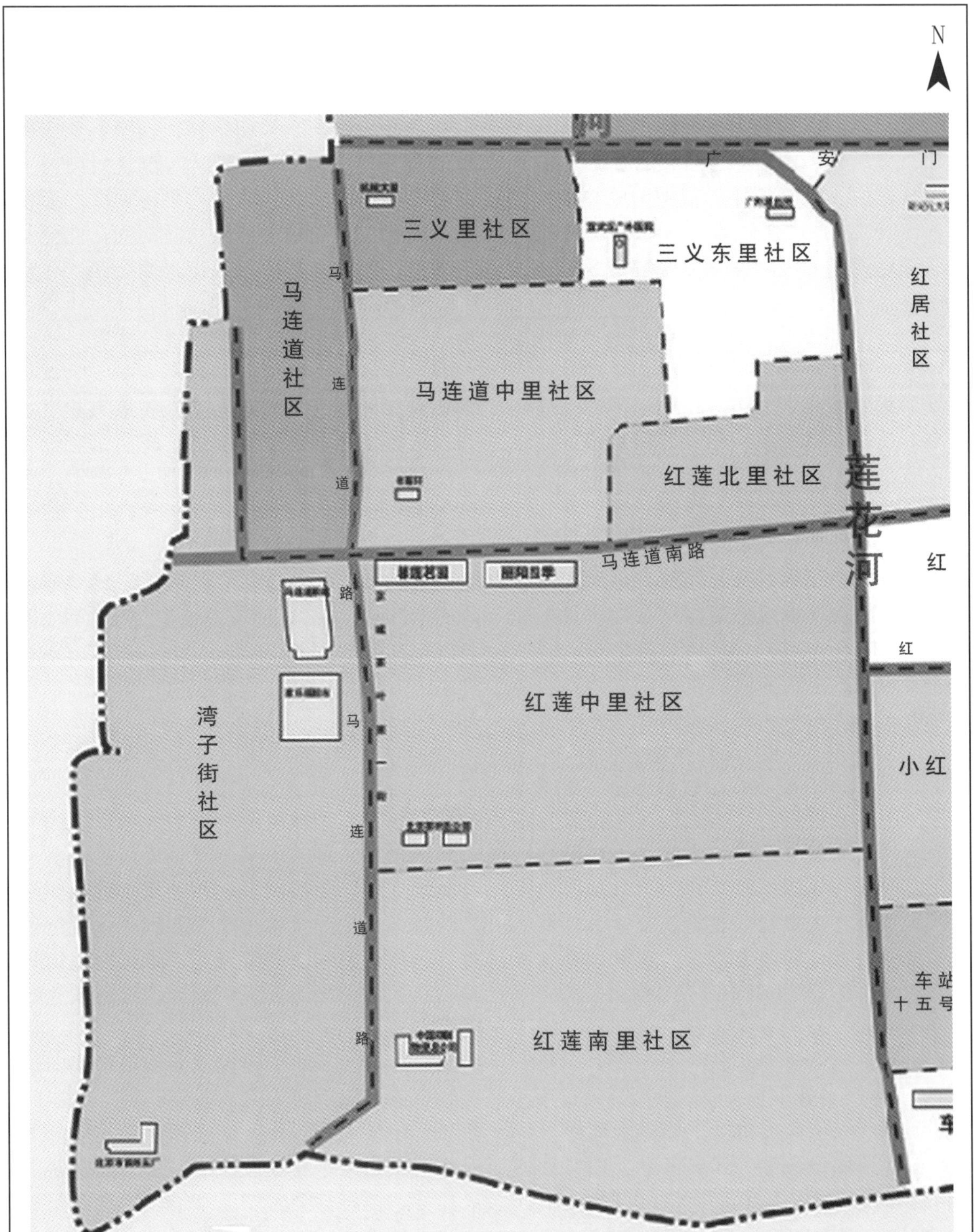

北京马连道采购中心区示意图

6-4 北京马连道采购中心区主要指标

项　目		2010	2009
区内单位状况			
法人单位数	(个)	1252	1318
#批发与零售企业数	(个)	633	667
#茶叶批发与零售企业数	(个)	153	145
餐饮业企业数	(个)	17	17
服务业单位数	(个)	484	495
营业情况			
资产总计	(亿元)	105.2	68.1
主营业务收入	(亿元)	53.7	42.0
#批发与零售业	(亿元)	29.7	27.8
#茶叶批发与零售企业	(亿元)	1.3	0.9
服务业企业	(亿元)	4.4	5.4
利润总额	(亿元)	1.3	0.8
税金总额	(亿元)	2.8	1.6
从业人员情况			
年末从业人员	(人)	7057	7333
#女　性	(人)	2516	2997
全年劳动报酬总额	(亿元)	2.6	2.2
从业人员人均劳动报酬	(元)	37058	30361

注：营业情况为规模以上单位数据；从业人员情况为城镇单位（不含私营）数据。

京城茶叶第一街——马连道简介

马连道茶叶特色商业区北靠北京西客站，东临广安门货运站，西接六里桥交通枢纽，是北京城区重要的仓储、货运区、集茶叶、图书、音像、医药、建材等产业发展的新型物流港。“十二五”规划中，马连道茶叶特色商业区将重点提升文化品位，延伸产业链条，完善基础设施，建设集茶叶集中交易、茶文化展示和休闲、娱乐为一体的茶文化商贸区。

20世纪50年代，马连道街只有一家北京茶叶总公司。随着国家农产品政策的放开，各地茶商看到北方茶叶市场发展的良好势头，也看中马连道的地理位置，开始在附近租房开店，这个自发聚集阶段一直持续到90年代末。1999年开始，随着茶商的集聚，马连道开始具备茶叶一条街的雏形。原宣武区区委、区政府看准这里的茶叶经营特色，开始整治周边环境、修葺道路并开通公交车，全力打造“马连道茶叶一条街”。凭借地理优势，马连道茶叶一条街快速发展。目前，在马连道1500多米的商业街上，拥有多家大型茶城，云集了全国各地的近千家，汇集了中国六大茶系的各种名茶，吸引着国内外的茶商来此进行贸易，是华北地区三大茶叶集散地之一。2000年，马连道茶叶一条街被北京市评为“北京特色商业街”。自2001年开始，这里每年举办一届不同特色的茶叶节，通过主题论坛、贸易洽谈、展演展示等活动，积极推介马连道品牌，使中国各地名茶从这里走向国际市场，使中华茶文化得到弘扬发展。2005年，被中国城市商业网点建设管理联合会和中国步行商业街工作委员会授予“中国特色商业街”称号，一店(张一元)、一馆(老舍茶馆)、一街(马连道茶叶一条街)，也成为2008年北京奥运会的外事接待场所。

目前，马连道茶叶特色商业区正在与有关部门合作，拟按照国际市场通用的交易方式，成立中国茶叶拍卖市场；还将成立茶文化传播中心、茶产品拍卖委员会、电子商务系统等机构。这些旨在将已经形成的以专门卖茶批发茶为主的马连道茶叶特色商业区商圈，逐步打造成茶文化氛围浓厚的现代创意商圈，希望通过茶文化展览、茶叶表演和茶叶科技等各种茶文化形式，与现有的茶叶交易市场形成互补，以博物馆、拍卖市场、电子交易平台为代表的高科技服务业市场也将开始形成。

北京商务中心区(CBD)

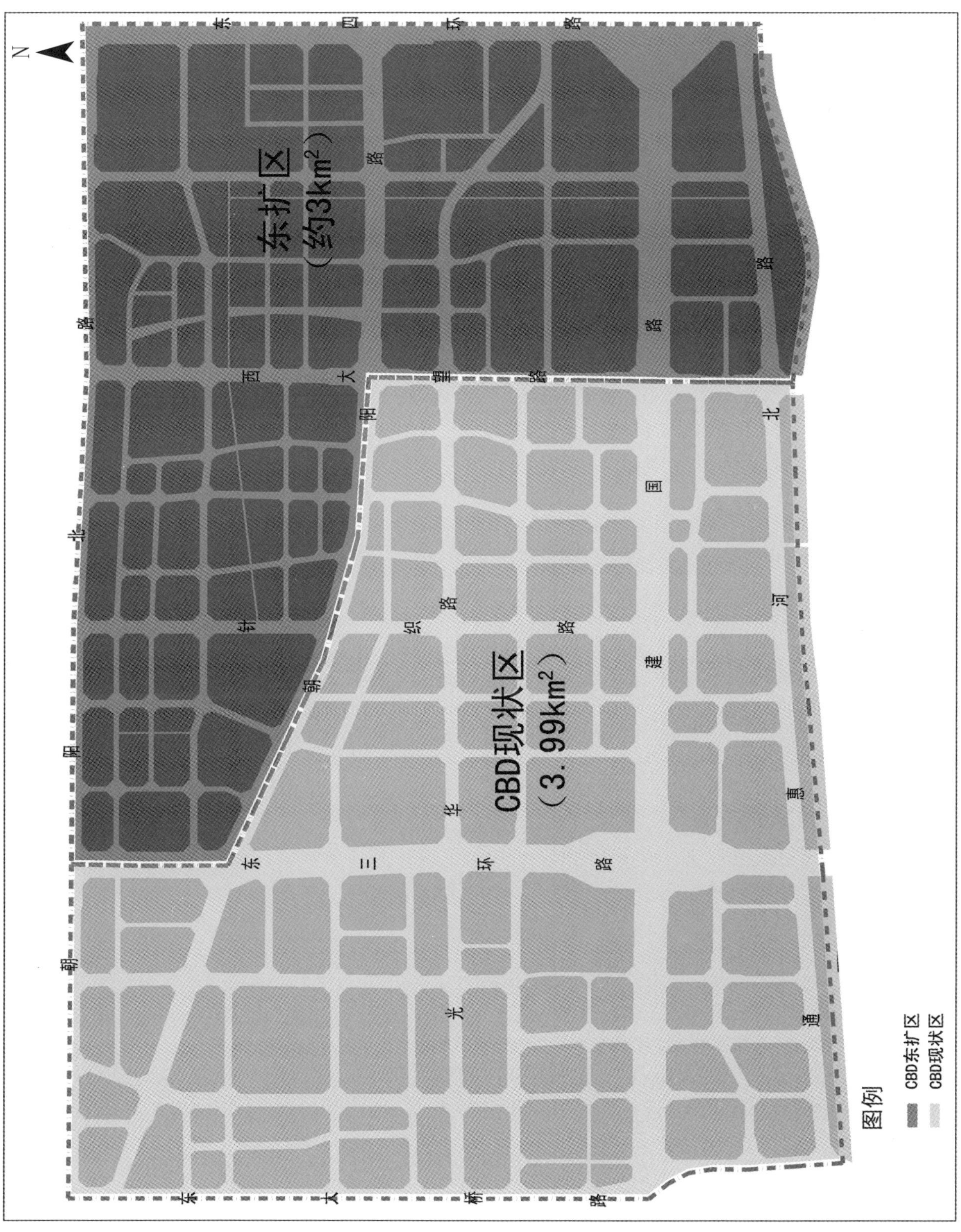

北京商务中心区（CBD）示意图

6-5 北京商务中心区(CBD)主要指标

项　　目		2010	2009
自然状况与基础设施			
面　积	(公顷)	699	699
四星级以上宾馆	(个)	12	13
区内单位状况			
法人单位数	(个)	11401	10087
#外商及港澳台	(个)	1920	1663
#金融业	(个)	123	102
咨询业	(个)	1637	1414
房地产业	(个)	613	565
餐饮业	(个)	393	363
营业情况			
资产总计	(亿元)	14921.0	9698.5
#内　资	(亿元)	9722.0	6028.5
外商及港澳台	(亿元)	5199.0	3670.0
主营业务收入	(亿元)	4334.3	3149.5
从业人员情况			
年末从业人员	(人)	276989	245900
#女　性	(人)	141178	118546
全年劳动报酬总额	(亿元)	241.9	199.0
从业人员人均劳动报酬	(元)	91784	82859

注：营业情况为规模以上单位数据；从业人员情况为城镇单位（不含私营）数据。

北京商务中心区(CBD)简介

CBD作为北京市着力打造的国际化现代商务中心区，立足于国际化的功能优势，已经成为首都城市国际化的标志，在首都建设世界城市的过程中发挥着现实支撑作用。

1993年由国务院批复的《北京城市总体规划》提出，在东二环至东三环之间“开辟具有金融、保险、信息、咨询、商业、文化和商务办公等多种服务功能的商务中心区。” 1998年《北京市区中心地区控制性详细规划》确定了CBD四至范围：东起西大望路，西至东大桥路，南临通惠河，北接朝阳路－朝阳北路，面积为3.99平方公里。CBD距离天安门5公里远，距首都机场的入口13公里。

CBD空间布局以长安街和东三环形成的金十字为中心，区域内共有四块公共绿地，已建成西北区绿地、西南区绿地，央视新址代征绿地、一航代征绿地及城市景观绿廊建设已完成规划达80%。

以快速路、主干路、次干路为骨架的全优化交通路网，总长41.5公里，覆盖率达39%，西北区、西南区、东南区局部微循环已经形成，具有公交优先、智能管理、立体化交通的特点。

“一区、两轴、多点”勾勒了CBD独具特色的地下空间。地下一层和地下二层的连通，形成包括地铁在内的立体化交通系统，直接减轻了地面交通压力，已建成中环—银泰、京澳—财富、财源—中环、银泰—航华四条通道，嘉里—国贸、富尔—嘉里两条通道即将动工。

CBD已形成以国际金融为龙头，高端商务为主导，国际传媒聚集发展的产业格局，总部经济发展迅速。CBD整个建筑规划坚持“写字楼50%，商业25%，公寓25%”的比例配置，着力打造“宜商宜居”的综合功能区。CBD中心区建筑总规模1050万平方米，集中了北京市50%以上的星级写字楼、酒店和甲级写字楼，为入住企业提供了宽阔的营运空间。截至2010年底，北京CBD区域89座商务楼宇的入驻企业和机构超过1.9万家，世界500强企业超过160家，著名企业有汇丰银行、东亚银行、花旗银行、德意志银行、世邦魏理仕、光辉国际、普华永道及BBC、CNN等国际传媒。2010年，中心区89座商务楼宇税收过亿楼宇23座，税收过10亿的楼宇3座，有国贸中心、SOHO现代城、北京财富中心。2010年，投入使用新建成项目有国贸中心三期、环球金融中心、远洋光华中心、丰树大厦、国际财源中心。

中心区内包含了多座具有特点的地标性建筑。20世纪90年代最高建筑京广中心（200米），长安街沿线最高建筑银泰中心（249米），北京市最高建筑国贸三期（330米），2008年被评为世界十大建筑奇迹之一的中央电视台新址（234米），以及北京电视台（249米），首家通过美国LEED认证的世纪财富中心，拥有四层地下空间的国际财源中心。

CBD一直备受市、区领导的关注，2010年3月30日刘淇在CBD调研时指出，统筹资源，聚焦核心区建设，从建设世界城市的高度，加快CBD核心区建设，努力打造世界一流的现代化高端商务区。

北京CBD核心区是目前CBD中最为完整的成块待开发土地，是区域商务功能的点睛之作。CBD核心区的功能将以商务办公为主，兼有酒店、会展、文化娱乐及商业服务等配套设施。该区域项目总用地面积约30公顷（不含外围道路），总建筑规模410万平方米，其中，地上部分270万平方米，地下140万平方米。

目前核心区土地规划方案征集和土地招标工作已经启动，入市15宗地块，总建筑规模235万平方米，招标将采取“限价格、竞方案、竞实力”的方式，综合择优选取符合产业定位的投标企业。

2009年5月，北京市政府批准了CBD东扩方案，CBD发展第二战役打响。CBD沿朝阳北路、通惠河向东扩至东四环路，东扩面积为3平方公里，CBD区域面积增至7平方公里。东扩区建筑规模约700万平方米，建筑周期6—8年时间，预计可拉动社会投资1000多亿元，吸纳就业15万人，相当于再造一个CBD。

东扩的规划遵循四规合一原则，与CBD中心区有机结合，周边区域统筹考虑，融为一体的整体统筹。东扩规划方案主要有六个特点：一是延续原CBD“金十字”的布局模式，商务设施分布呈“双十字”格局；二是开放的公共空间，主要由公园、林荫绿带、通惠河水景、中心活力广场、步行商业街、高400米左右的地标性建筑组成；三是便捷的交通网络；四是推进低碳CBD建设；五是完善的配套设施；六是将东扩区按照功能划分为文化传媒区、总部经济区、商务核心区、国际金融区、配套生活区。

第七篇

BEIJING AREA
STATISTICAL YEARBOOK

华北五省市经济社会发展比较

HUABEI WUSHENGSHI
JINGJI SHEHUI FAZHAN BIJIAO

7-1 华北五省市主要指标对比 (2010年)

项　　目		北　京	天　津	河　北	山　西	内蒙古
土地面积	(平方公里)	16411	11917	187693	156270	1183000
人口与就业						
总人口(常住人口)	(万人)	1961.9	1299.3	7193.6	3574.1	2472.2
户籍人口	(万人)	1257.8	984.9	7298.0		
从业人员	(万人)	1031.6	728.7	3865.1	1685.9	1184.7
第一产业	(万人)	61.4	73.9	1464.2	638.2	571.0
第二产业	(万人)	202.7	302.3	1250.9	442.8	206.2
第三产业	(万人)	767.5	352.5	1150.1	604.9	407.5
在岗职工人数	(万人)	587.7	185.0	519.6	384.5	465.2
在岗职工平均工资	(元)	65683	52963	32306	33544	35507
城镇登记失业率	(%)	1.37	3.60	3.86	3.60	3.90
综合经济						
地区生产总值	(亿元)	14113.6	9224.5	20394.3	9200.9	11672.0
第一产业	(亿元)	124.4	145.6	2562.8	554.5	1095.3
第二产业	(亿元)	3388.4	4840.2	10707.7	5234.0	6367.7
第三产业	(亿元)	10600.8	4238.7	7123.8	3412.4	4209.0
人均地区生产总值	(元)	75943	72994	28668	26283	47347
全社会固定资产投资	(亿元)	5493.5	6511.4	15083.4	6352.6	8971.6
#城镇固定资产投资	(亿元)	5002.6	6114.3	12922.7	5816.0	8733.2
#房地产开发投资	(亿元)	2901.1	866.6	2264.9	592.2	1120.0
地方财政收入	(亿元)	3810.9	2674.4	2410.5	1810.2	1738.1
#地方一般预算收入	(亿元)	2353.9	1068.8	1331.9	969.7	1070.0
地方财政支出	(亿元)	4065.0	2169.4			2280.5
#地方一般预算支出	(亿元)	2717.3	1376.8	2820.2	1931.4	2273.5
居民消费价格总指数	(%)	102.4	103.5	103.1	103.0	103.2
实际利用外商直接投资	(亿美元)	63.6	108.5	38.3	7.1	33.8
产　业						
工业总产值(规模以上)	(亿元)	13699.8	16751.8	31143.3	12471.3	13406.1
工业利润总额(规模以上)	(亿元)	1028.3	1552.1	2141.5	958.2	1688.4
社会消费品零售额	(亿元)	6229.3	2902.6	6821.8	3318.2	3384.0
海关出口总值	(亿美元)	554.4	375.2	225.7	47.1	33.3
海关进口总值	(亿美元)	2462.2	446.8	193.6	78.7	53.8
旅游外汇收入	(亿美元)	50.4	14.2	3.5	4.6	6.0
接待入境旅游人数	(万人次)	490.1	166.1	97.7	130.3	142.8
中资金融机构人民币存款余额	(亿元)	63025.2	15912.2	26099.0	18575.7	10278.7
中资金融机构人民币贷款余额	(亿元)	28748.1	12864.8	15755.7	9634.3	7919.5
人民生活						
城镇(市)居民人均可支配收入	(元)	29073	24293	16263	15648	17698
农村居民人均纯收入	(元)	13262	11801	5958	4736	5530
城乡居民储蓄存款余额(人民币)	(亿元)	16876.3	5525.3	15678.4	9223.0	4618.1

注：1. 河北省土地面积的口径为地表总面积。
2. 山西省地方财政收入为财政总收入；中资金融机构人民币存贷款余额的口径为金融机构人民币存贷款余额。

第八篇

BEIJING AREA STATISTICAL YEARBOOK

四大直辖市经济社会发展比较

SIDA ZHIXIASHI JINGJI SHEHUI FAZHAN BIJIAO

8-1 京津沪渝主要指标比较（2010年）
——自然情况

项　　目		北　京	天　津	上　海	重　庆
土地面积	（平方公里）	16411	11917	6341	82403
平均气温	（摄氏度）	12.6	13.4	17.4	18.7
平均相对湿度	（%）	51	52	69	78
降水量	（毫米）	522.5	400.5	1317.3	1044.7
日照时数	（小时/年）	2383	1867	1367	911
湿地面积	（千公顷）	34.4	171.8	319.7	43.2
自然保护区个数	（个）	20	8	4	58
自然保护区面积	（万公顷）	13.59	9.10	9.40	89.23

8-2 京津沪渝主要指标比较（2010年）
——经 济

项　　目		北　京	天　津	上　海	重　庆
地区生产总值	(亿元)	14113.6	9224.5	17166.0	7925.6
第一产业	(亿元)	124.4	145.6	114.2	685.4
第二产业	(亿元)	3388.4	4840.2	7218.3	4359.1
第三产业	(亿元)	10600.8	4238.7	9833.5	2881.1
地区生产总值构成	(%)	100	100	100	100
第一产业	(%)	0.9	1.6	0.7	8.6
第二产业	(%)	24.0	52.5	42.0	55.0
第三产业	(%)	75.1	46.0	57.3	36.4
人均地区生产总值	(元)	75943	72994	76074	27596
全社会固定资产投资	(亿元)	5493.5	6511.4	5317.7	6934.8
#城镇固定资产投资	(亿元)	5002.6	6114.3	4839.2	6343.0
#房地产开发投资	(亿元)	2901.1	866.6	1980.7	1620.3
财政收入(一般预算内)	(亿元)	2353.9	1068.8	2873.6	1018.3
财政支出(一般预算内)	(亿元)	2717.3	1376.8	3302.9	1769.1
居民消费价格总指数(以上年=100)	(%)	102.4	103.5	103.1	103.2
在岗职工工资总额	(亿元)	3789.1	973.8	2984.1	863.0
在岗职工平均工资	(元)	65683	52963	71874	35326
城镇登记失业率	(%)	1.37	3.60	4.20	3.90
社会消费品零售总额	(亿元)	6229.3	2902.6	6070.5	2938.6
地区进出口总额	(亿美元)	3016.6	822.0	3688.7	124.3
实际利用外商直接投资	(亿美元)	63.6	108.5	111.2	63.4
接待入境旅游者人数	(万人次)	490.1	166.1	851.1	137.0
金融机构(含外资)本外币存款余额	(亿元)	66584.6	16499.3	52190.0	13614.0

8-3 京津沪渝主要指标比较（2010年）
——社 会

项 目		北 京	天 津	上 海	重 庆
常住人口	（万人）	1961.9	1299.3	2302.7	2884.6
户籍人口	（万人）	1257.8	984.9	1412.3	3303.5
从业人员	（万人）	1031.6	728.7	1090.8	
第一产业	（万人）	61.4	73.9	37.1	
第二产业	（万人）	202.7	302.3	443.7	
第三产业	（万人）	767.5	352.5	609.9	
普通高等学校在校学生数	（万人）	57.8	42.9	51.6	56.6
普通中学在校学生数	（万人）	50.8	45.9	59.4	190.8
小学在校学生数	（万人）	65.3	50.6	70.2	199.9
科技活动人员	（万人）	53.0		33.4	
研究与试验发展经费支出	（亿元）	821.8	230.6	480.2	100.3
图书总藏量	（万册）	2660.0	1258.0	2766.1	1031.0
期刊总印数	（亿册）	10.1	0.4	1.8	0.5
报纸总印数	（亿份）	78.1	9.4	15.9	7.6
电影放映场次	（万场次）	74.3	25.5	54.6	
电视节目套数	（套）	26	33	25	45
城镇（市）居民平均每户家庭人口	（人）	2.80	2.86	2.90	2.91
农村居民平均每户家庭人口	（人）	3.26	3.35	3.11	3.63
登记结婚对数	（万对）	13.8	8.7	13.0	31.3
离婚登记对数	（万对）	4.4	3.0	4.7	9.5
城市居民人均住房使用面积	（平方米）	19.49	31.28	17.50	27.55
农村居民人均居住面积	（平方米）	40.62	28.75	59.68	37.56
城镇（市）居民人均可支配收入	（元）	29073	24293	31838	17532
农村居民人均纯收入	（元）	13262	11801	13746	5277
医院个数	（个）	550	277	306	417
执业医师人数	（万人）	6.60	2.85	5.13	4.48
医院床位数	（万张）	8.59	4.04	8.48	6.48
城市绿化覆盖率	（%）	45.0	32.1	38.2	39.5

注：1. 天津市、重庆市的城市居民人均使用面积为建筑面积，上海市的城市居民人均居住面积为市区口径。
2. 上海市农村居民人均纯收入指标为农村居民人均可支配收入口径。
3. 天津、重庆城市绿化覆盖率为建成区绿化覆盖率。
4. 北京离婚登记对数含法院调离、判离的对数。

BEIJING AREA STATISTICAL YEARBOOK

三大都市圈发展比较

SANDADUSHIQUAN FAZHAN BIJIAO

9-1 中国内地沿海三大都市圈主要城市指标对比
——土地、人口

城　市	土地面积（平方公里）	常住人口（万人）		
		2010	2009	增长速度(%)
全　国	**9600000**	**134091**	**133450**	**0.5**
京津冀经济区				
北　京	16411	1961.9	1755.0	11.8
天　津	11917	1299.3	1228.2	5.8
河北省	**187693**	**7193.6**	**7034.4**	**2.3**
石家庄	15848	1017.5	988.1	3.0
唐　山	13472	758.2	746.8	1.5
廊　坊	6429	436.4	412.2	5.9
秦皇岛	7523	299.0	297.8	0.4
承　德	39548	347.6	344.2	1.0
张家口	36873	434.9	423.5	2.7
保　定	20584	1120.8	1101.7	1.7
沧　州	14053	714.3	702.9	1.6
长江三角洲经济区				
上　海	6341	2302.7	2210.3	4.2
江苏省	**102600**	**7869.3**	**7810.3**	**0.8**
南　京	6587	800.8	771.3	3.8
无　锡	4627	637.6	619.6	2.9
常　州	4372	459.3	445.2	3.2
苏　州	8488	1046.9	937.0	11.7
南　通	8001	728.2	713.4	2.1
扬　州	6591	446.1	449.6	-0.8
镇　江	3847	311.5	306.9	1.5
泰　州	5787	462.1	466.6	-1.0
浙江省	**101800**	**5446.5**	**5275.5**	**3.2**
杭　州	16596	870.5	833.4	4.5
宁　波	9816	761.1	727.5	4.6
嘉　兴	3915	450.5	431.8	4.3
湖　州	5818	289.4	285.0	1.5
绍　兴	8279	491.3	479.6	2.4
舟　山	1440	112.1	108.6	3.2
台　州	9411	597.4	581.3	2.8
珠江三角洲经济区				
广东省	**179813**	**10440.9**	**10130.2**	**3.1**
广　州	7287	1271.0	1187.0	7.1
深　圳	1953	1037.2	995.0	4.2
珠　海	1654	156.2	154.2	1.3
佛　山	3848	719.9	687.5	4.7
惠　州	11356	460.1	435.1	5.8
东　莞	2472	822.5	786.1	4.6
中　山	1800	312.3	296.5	5.3
江　门	9541	445.1	436.6	1.9
肇　庆	14822	392.2	383.8	2.2

注：1. 全国、上海、江苏省、浙江省市、广东省市2009年末常住人口数据，根据2010年第六次全国人口普查数据进行了修正。
2. 广东省市土地面积为第二次土地调查结果和2008年土地变更调查的初步推算数据。

资料来源：《中国统计年鉴》、《北京统计年鉴》、《天津统计年鉴》、《河北经济年鉴》、《上海统计年鉴》、《江苏统计年鉴》、《浙江统计年鉴》、《广州统计年鉴》、《深圳统计年鉴》、《广东统计年鉴》、《中国区域经济统计年鉴》。

9-1 续表1

城　市	户籍人口(万人)			#非农业人口(万人)		
	2010	2009	增长速度(%)	2010	2009	增长速度(%)
全　国						
京津冀经济区						
北　京	1257.8	1245.8	1.0	989.5	971.9	1.8
天　津	984.9	979.8	0.5	604.4	598.5	1.0
河北省	**7298.0**	**7216.5**	**1.1**			
石家庄	989.2	977.4	1.2			
唐　山	735.0	733.9	0.2			
廊　坊	419.0	413.3	1.4			
秦皇岛	288.3	287.2	0.4			
承　德	373.0	371.9	0.3			
张家口	466.0	462.3	0.8			
保　定	1161.0	1155.3	0.5			
沧　州	730.9	717.5	1.9			
长江三角洲经济区						
上　海	1412.3	1400.7	0.8	1255.0	1236.2	1.5
江苏省	**7466.6**	**7419.2**	**0.6**			
南　京	632.4	629.8	0.4			
无　锡	466.6	465.7	0.2			
常　州	360.8	359.8	0.3			
苏　州	637.7	633.3	0.7			
南　通	762.9	762.7	0.0			
扬　州	459.1	458.8	0.1			
镇　江	270.7	269.9	0.3			
泰　州	504.7	504.0	0.1			
浙江省	**4748.0**	**4716.2**	**0.7**	**1468.9**	**1434.0**	**2.4**
杭　州	689.1	683.4	0.8	365.2	354.5	3.0
宁　波	574.1	571.0	0.5	205.2	202.0	1.6
嘉　兴	341.6	339.6	0.6	146.9	139.9	5.0
湖　州	260.0	259.2	0.3	82.9	81.8	1.3
绍　兴	438.9	437.7	0.3	148.5	143.5	3.5
舟　山	96.8	96.8	持平	36.5	36.1	1.0
台　州	583.1	578.5	0.8	105.7	104.4	1.2
珠江三角洲经济区						
广东省	**8521.6**	**8366.0**	**1.9**	**4444.0**	**4358.1**	**2.0**
广　州	806.1	794.6	1.4	724.1	714.0	1.4
深　圳	259.9	246.0	5.7	259.9	246.0	5.7
珠　海	104.7	102.7	2.0	104.7	102.7	2.0
佛　山	370.9	367.6	0.9	370.9	367.6	0.9
惠　州	337.3	324.4	4.0	199.0	187.1	6.4
东　莞	181.8	178.7	1.7	91.8	81.0	13.3
中　山	149.2	147.9	0.9	78.4	78.4	-0.01
江　门	392.3	391.5	0.2	219.0	220.3	-0.6
肇　庆	422.4	413.7	2.1	118.8	117.8	0.8

9-2 中国内地沿海三大都市圈主要城市指标对比
——地区生产总值

单位：亿元

城市	地区生产总值			第一产业			第二产业		
	2010	2009	增长速度(%)	2010	2009	增长速度(%)	2010	2009	增长速度(%)
全国	**401202.0**	**340902.8**	**10.4**	**40533.6**	**35226.0**	**4.3**	**187581.4**	**157638.8**	**12.4**
京津冀经济区									
北京	14113.6	12153.0	10.3	124.4	118.3	-1.6	3388.4	2855.5	13.7
天津	9224.5	7521.9	17.4	145.6	128.9	3.3	4840.2	3987.8	20.2
河北省	**20394.3**	**17235.5**	**12.2**	**2562.8**	**2207.3**	**3.5**	**10707.7**	**8959.8**	**13.4**
石家庄	3401.0	3001.3	12.3	369.6	308.3	2.7	1653.8	1487.9	13.1
唐山	4469.2	3812.7	13.1	421.9	360.2	4.7	2598.4	2202.1	14.6
廊坊	1351.1	1147.5	12.5	157.5	138.3	2.2	723.8	613.0	13.5
秦皇岛	930.5	804.5	12.3	126.7	102.4	5.7	367.8	311.7	14.5
承德	889.0	760.1	11.4	139.4	113.4	11.4	453.7	392.3	10.2
张家口	966.4	800.3	14.2	152.9	121.4	15.0	415.2	334.8	15.9
保定	2050.3	1730.0	14.0	303.7	265.5	4.3	1057.9	871.3	15.8
沧州	2203.1	1801.2	14.5	252.6	216.2	6.4	1115.2	869.0	14.1
长江三角洲经济区									
上海	17166.0	15046.5	10.3	114.2	113.8	-6.6	7218.3	6001.8	16.8
江苏省	**41425.5**	**34457.3**	**12.7**	**2540.1**	**2261.9**	**4.9**	**21753.9**	**18566.4**	**13.1**
南京	5130.7	4230.3	13.1	142.3	129.2	4.1	2327.9	1930.7	13.6
无锡	5793.3	4991.7	13.2	104.9	93.6	4.3	3208.8	2836.4	13.1
常州	3044.9	2519.9	13.1	99.8	91.8	4.3	1683.7	1429.7	13.2
苏州	9228.9	7740.2	13.3	155.8	142.8	4.1	5253.8	4547.1	13.3
南通	3465.7	2872.8	13.0	266.2	236.5	4.0	1908.6	1607.5	13.7
扬州	2229.5	1856.4	13.5	161.4	144.9	4.5	1229.3	1042.0	14.6
镇江	1987.6	1672.1	13.3	81.5	75.1	4.5	1120.6	973.1	13.8
泰州	2048.7	1660.9	13.5	151.7	133.7	4.5	1125.9	943.1	14.5
浙江省	**27722.3**	**22990.4**	**11.9**	**1360.6**	**1163.1**	**3.2**	**14297.9**	**11908.5**	**12.4**
杭州	5949.2	5087.6	12.0	208.4	190.5	2.5	2844.1	2387.1	12.5
宁波	5163.0	4329.3	12.5	219.1	183.5	3.7	2870.7	2362.1	13.4
嘉兴	2300.2	1918.0	13.7	127.0	107.5	3.6	1339.6	1112.5	15.3
湖州	1301.7	1101.8	12.1	104.2	90.3	4.0	715.0	606.4	11.6
绍兴	2795.2	2375.8	11.0	149.7	124.5	3.8	1566.6	1361.1	9.7
舟山	644.3	535.2	11.3	62.0	52.2	5.1	293.3	242.7	11.7
台州	2426.5	2040.5	13.2	160.4	132.2	4.3	1254.3	1057.7	14.5
珠江三角洲经济区									
广东省	**46013.1**	**39482.6**	**12.4**	**2287.0**	**2010.3**	**4.5**	**23014.5**	**19419.7**	**14.7**
广州	10748.3	9138.2	13.2	188.6	172.3	3.2	4002.3	3405.2	13.1
深圳	9581.5	8201.3	12.2	6.5	6.7	-8.6	4523.4	3827.1	14.1
珠海	1208.6	1038.7	12.9	32.4	28.8	5.1	662.0	544.0	17.8
佛山	5651.5	4820.9	14.3	105.4	95.8	4.7	3542.5	3037.7	15.0
惠州	1730.0	1414.7	18.0	102.4	90.3	4.0	1019.6	789.0	23.8
东莞	4246.5	3763.9	10.3	16.6	14.8	1.6	2160.8	1823.1	16.7
中山	1850.7	1566.4	13.9	50.7	45.3	3.1	1074.1	904.4	15.7
江门	1570.4	1340.9	14.5	117.0	104.4	4.8	872.2	777.5	17.1
肇庆	1085.9	862.0	17.5	190.3	165.4	5.4	456.7	319.7	30.8

注：地区生产总值绝对值按现价计算，增长速度按可比价格计算。

9-2 续表1

单位：亿元

城　市	#工　业			第三产业			人均地区生产总值(元)		
	2010	2009	增长速度(%)	2010	2009	增长速度(%)	2010	2009	增长速度(%)
全　国	**160867.0**	**135239.9**	**12.2**	**173087.0**	**148038.0**	**9.6**	**29992**	**25608**	**9.9**
京津冀经济区									
北　京	2764.0	2303.1	14.9	10600.8	9179.2	9.3	75943	70452	2.4
天　津	4410.9	3622.1	20.8	4238.7	3405.2	14.2	72994	62574	11.7
河北省	**9554.0**	**7983.9**	**13.5**	**7123.8**	**6068.3**	**13.1**	**28668**	**24581**	**10.6**
石家庄	1469.9	1329.0	13.4	1377.7	1205.1	13.2	33915	30428	10.4
唐　山	2395.2	2021.0	15.0	1448.9	1250.4	12.3	59389	51179	11.9
廊　坊	614.3	523.2	13.2	469.8	396.1	14.1	31844	27904	9.1
秦皇岛	319.8	270.6	15.6	436.0	390.5	11.8	31182	27110	11.7
承　德	398.9	343.0	10.7	295.9	254.5	13.3	25698	22198	10.3
张家口	352.5	285.8	15.0	398.3	344.2	12.2	22517	18948	12.3
保　定	877.0	726.5	15.2	688.8	593.2	15.1	18451	15770	12.5
沧　州	1007.0	785.2	13.4	835.3	716.1	17.4	31091	25719	13.2
长江三角洲经济区									
上　海	6536.2	5408.8	17.5	9833.5	8930.9	5.7	76074	69164	6.4
江苏省	**19277.7**	**16464.9**	**13.3**	**17131.5**	**13629.1**	**13.3**	**52840**	**44253**	**12.0**
南　京	2005.2	1640.5	14.4	2660.5	2170.4	13.0	65273	55290	10.1
无　锡	2986.5	2651.5	13.2	2479.6	2061.7	13.7	92167	81146	10.8
常　州	1530.9	1301.6	13.3	1261.4	998.5	13.6	67327	56890	10.7
苏　州	4916.5	4265.5	13.3	3819.3	3050.3	13.7	93043	83696	5.7
南　通	1568.5	1319.4	14.3	1290.9	1028.8	13.6	48083	40231	11.9
扬　州	1074.6	913.6	14.8	838.8	669.5	13.9	49786	41406	13.6
镇　江	1039.8	896.6	14.9	785.5	624.0	13.4	64284	54732	11.9
泰　州	981.0	825.4	14.6	771.2	584.2	13.9	44118	35711	13.7
浙江省	**12657.8**	**10518.2**	**12.7**	**12063.8**	**9918.8**	**12.3**	**51711**	**43842**	**9.5**
杭　州	2502.1	2101.1	12.8	2896.7	2509.9	12.3	86691	63333	8.7
宁　波	2586.2	2110.8	14.3	2073.2	1783.6	12.2	90175	60720	9.1
嘉　兴	1193.0	985.5	16.3	833.6	698.0	12.7	67534	44898	10.3
湖　州	637.6	542.5	11.8	482.5	405.2	14.5	50149	38865	10.9
绍　兴	1398.1	1224.6	9.4	1078.9	890.2	14.1	63770	50879	9.2
舟　山	218.5	176.4	14.5	289.0	240.3	12.2	66581	50566	8.3
台　州	1135.8	957.3	15.1	1011.7	850.5	12.9	41777	35489	11.2
珠江三角洲经济区									
广东省	**21462.7**	**18091.6**	**14.9**	**20711.6**	**18052.6**	**10.6**	**44736**	**39436**	**9.5**
广　州	3645.0	3117.3	12.7	6557.5	5560.8	13.6	87458	79383	6.1
深　圳	4233.2	3593.1	13.9	5051.7	4367.6	10.1	94296	84147	7.6
珠　海	619.4	506.8	18.3	514.2	465.9	7.1	77888	68042	11.0
佛　山	3419.2	2933.2	15.1	2003.6	1687.4	13.4	80313	71691	9.2
惠　州	960.8	738.3	24.5	608.0	535.5	10.6	38650	33142	12.5
东　莞	2078.4	1741.5	17.5	2069.1	1926.0	4.1	52798	48988	5.3
中　山	1022.0	859.6	16.3	725.8	616.7	12.0	60797	54156	8.3
江　门	833.3	745.1	17.6	581.2	459.1	11.9	35622	30999	12.4
肇　庆	411.9	283.7	32.0	438.9	377.0	11.4	27987	22554	15.7

注：人均地区生产总值按常住人口计算。

9-3 中国内地沿海三大都市圈主要城市指标对比
——财政、金融

单位：亿元

城市	地方财政一般预算收入			地方财政一般预算支出		
	2010	2009	增长速度(%)	2010	2009	增长速度(%)
全国	**40613.0**	**32602.6**	**24.6**	**73884.4**	**61044.1**	**21.0**
京津冀经济区						
北京	2353.9	2026.8	16.1	2717.3	2319.4	17.2
天津	1068.8	822.0	30.1	1376.8	1124.3	23.1
河北省	**1331.9**	**1067.1**	**24.8**	**2820.2**	**2347.6**	**20.1**
石家庄	163.6	126.0	29.9	305.2	240.9	26.7
唐山	195.8	169.7	15.4	332.4	285.8	16.3
廊坊	105.9	69.3	52.8	179.6	132.1	35.9
秦皇岛	72.0	56.3	27.8	135.7	103.7	30.9
承德	54.8	45.2	21.4	155.9	129.7	20.2
张家口	62.4	47.0	32.9	181.7	155.2	17.1
保定	91.0	73.3	24.3	268.9	200.4	34.2
沧州	91.3	64.7	41.0	213.1	157.5	35.3
长江三角洲经济区						
上海	2873.6	2540.3	13.1	3302.9	2989.7	10.5
江苏省	**4079.9**	**3228.8**	**26.4**	**4914.1**	**4017.4**	**22.3**
南京	518.8	434.5	19.4	542.2	461.3	17.5
无锡	511.9	415.9	23.1	488.7	405.6	20.5
常州	286.2	215.9	32.6	281.4	218.8	28.7
苏州	900.6	745.2	20.8	825.7	686.8	20.2
南通	290.8	199.0	46.1	316.8	237.5	33.4
扬州	167.8	128.1	31.0	201.7	159.0	26.8
镇江	138.1	101.6	36.0	159.1	121.3	31.1
泰州	170.8	138.6	23.2	215.7	172.9	24.7
浙江省	**2608.5**	**2142.5**	**21.7**	**3207.9**	**2653.4**	**20.9**
杭州	671.3	520.8	28.9	616.6	490.4	25.7
宁波	530.9	432.8	22.7	600.7	506.1	18.7
嘉兴	176.8	141.7	24.8	199.1	161.1	23.6
湖州	97.3	80.0	21.6	127.1	108.5	17.2
绍兴	193.2	160.4	20.4	222.0	169.5	30.9
舟山	61.0	48.8	25.1	105.0	82.7	26.9
台州	164.9	136.0	21.2	222.8	176.0	26.6
珠江三角洲经济区						
广东省	**4517.04**	**3649.81**	**23.8**	**5421.54**	**4334.37**	**25.1**
广州	872.7	702.7	24.2	977.3	789.9	23.7
深圳	1106.8	880.8	25.7	1266.1	1000.8	26.5
珠海	124.5	101.4	22.8	166.4	121.3	37.2
佛山	306.1	254.7	20.2	363.4	267.0	36.1
惠州	131.2	101.6	29.2	185.4	134.8	37.6
东莞	277.8	231.2	20.2	289.8	232.6	24.6
中山	139.4	110.4	26.2	145.9	117.9	23.7
江门	104.3	83.6	24.7	133.0	111.1	19.7
肇庆	76.8	55.9	37.3	127.7	106.9	19.4

注：1. 全国财政收入、支出为31个省市(自治区)一般预算收入合计数。
2. 上海市地方财政一般预算收支为地方财政收支口径，包括机场建设费、文教部门基金等。

9-3 续表1

单位：亿元

城市	中资金融机构人民币存款余额			中资金融机构人民币贷款余额		
	2010	2009	增长速度(%)	2010	2009	增长速度(%)
全　国	**718238.0**	**597741.0**	**20.2**	**479196**	**399685**	**19.9**
京津冀经济区						
北　京	63025.2	53428.8	18.0	28748.1	24805.1	15.9
天　津	15912.2	13390.2	18.8	12864.8	10513.4	22.4
河北省	**26099.0**	**22361.4**	**16.7**	**15755.7**	**13123.8**	**20.1**
石家庄	6115.5	5163.1	18.4	3272.1	2886.6	13.4
唐　山	4188.2	3657.9	14.5	2716.1	2197.3	23.6
廊　坊	1981.9	1605.1	23.5	1322.1	1047.9	26.2
秦皇岛	1504.1	1288.2	16.8	896.0	730.4	22.7
承　德	1087.6	897.0	21.2	766.2	598.6	28.0
张家口	1300.3	1133.1	14.8	918.3	782.7	17.3
保　定	2856.4	2434.2	17.3	1158.3	966.6	19.8
沧　州	2026.6	1765.5	14.8	894.6	711.4	25.8
长江三角洲经济区						
上　海	46678.1	39935.1	16.9	27970.2	24108.2	16.0
江苏省	**58827.8**	**48753.0**	**20.7**	**41944.5**	**35169.8**	**19.3**
南　京	12649.5	10886.9	16.2	10384.8	9064.1	14.6
无　锡	8545.1	7216.7	18.4	6160.6	5263.4	17.0
常　州	4550.5	3765.9	20.8	3011.7	2514.0	19.8
苏　州	13570.4	10950.3	23.9	10133.2	8505.3	19.1
南　通	4857.9	3926.5	23.7	2843.1	2315.7	22.8
扬　州	2430.6	2067.1	17.6	1486.1	1212.8	22.5
镇　江	2203.2	1785.3	23.4	1563.3	1286.6	21.5
泰　州	2320.3	1885.4	23.1	1460.7	1160.4	25.9
浙江省	**53441.5**	**44336.5**	**20.5**	**45288.1**	**37998.0**	**19.2**
杭　州	17084.4	14284.2	19.6	15078.7	13113.3	15.0
宁　波	9755.5	8241.4	18.4	9414.2	7715.9	22.0
嘉　兴	3590.8	2904.2	23.6	2753.6	2278.7	20.8
湖　州	1805.6	1397.7	29.2	1461.3	1150.7	27.0
绍　兴	4948.3	4139.5	19.5	3934.3	3363.8	17.0
舟　山	1143.3	943.9	21.1	1017.7	854.0	19.2
台　州	3588.5	2935.6	22.2	3055.8	2518.1	21.4
珠江三角洲经济区						
广东省	**78285.9**	**66766.5**	**17.3**	**46099.3**	**38893.1**	**18.5**
广　州	22775.5	20081.5	13.4	14597.7	12316.0	18.5
深　圳	20210.8	16938.2	19.3	13708.2	11646.3	17.7
珠　海	2542.6	1962.4	29.6	1203.9	908.2	32.6
佛　山	8293.0	7104.4	16.7	4729.6	3931.9	20.3
惠　州	2038.6	1734.7	17.5	1096.2	924.9	18.5
东　莞	5915.5	4965.9	19.1	3302.5	2886.0	14.4
中　山	2596.9	2159.6	20.2	1324.7	1142.5	15.9
江　门	2215.0	1913.0	15.8	973.8	828.5	17.5
肇　庆	1057.4	909.6	16.2	642.0	554.4	15.8

注：全国、河北省市为金融机构人民币存贷款数据；南京、无锡、常州、苏州、南通、扬州、镇江、泰州、浙江省市为金融机构存贷款数据。

9-3 续表2

单位：亿元

城　市	城乡居民人民币储蓄存款余额		
	2010	2009	增长速度(%)
全　国	**303303**	**260772**	**16.3**
京津冀经济区			
北　京	16876.3	14566.3	15.9
天　津	5525.3	4860.1	13.7
河北省	**15678.4**	**13551.1**	**15.7**
石家庄	2920.4	2567.5	13.7
唐　山	2515.1	2139.2	17.6
廊　坊	1164.9	982.9	18.5
秦皇岛	865.1	740.8	16.8
承　德	657.3	547.1	20.1
张家口	848.1	724.0	17.1
保　定	2018.9	1749.7	15.4
沧　州	1353.3	1197.7	13.0
长江三角洲经济区			
上　海	15498.7	13591.9	14.0
江苏省	**23334.5**	**20080.6**	**16.2**
南　京	3511.9	3056.4	14.9
无　锡	3080.3	2700.6	14.1
常　州	2009.2	1756.2	14.4
苏　州	4655.6	3954.1	17.7
南　通	2678.6	2268.1	18.1
扬　州	1252.4	1095.3	14.3
镇　江	993.6	847.6	17.2
泰　州	1160.6	997.9	16.3
浙江省	**20612.2**	**17833.4**	**15.6**
杭　州	4991.0	4286.9	16.4
宁　波	3312.2	2901.8	14.1
嘉　兴	1629.7	1385.6	17.6
湖　州	821.7	688.3	19.4
绍　兴	1945.7	1707.0	14.0
舟　山	410.8	356.4	15.3
台　州	1730.7	1449.7	19.4
珠江三角洲经济区			
广东省	**36219.2**	**31345.8**	**15.5**
广　州	9013.2	7920.1	13.8
深　圳	6717.1	5723.8	17.4
珠　海	957.6	805.4	18.9
佛　山	4406.3	3885.3	13.4
惠　州	1031.6	867.5	18.9
东　莞	3384.5	2902.7	16.6
中　山	1442.2	1221.0	18.1
江　门	1462.0	1289.1	13.4
肇　庆	650.2	554.1	17.3

注：全国、河北省市、江苏省、浙江省为金融机构人民币储蓄存款余额；北京、天津、上海、广东省市为中资金融机构人民币储蓄存款余额；南京、无锡、常州、苏州、南通、扬州、镇江、泰州、杭州、宁波、嘉兴、湖州、绍兴、舟山、台州为金融机构储蓄存款余额。

9-4 中国内地沿海三大都市圈主要城市指标对比
——投资、消费

单位：亿元

城市	全社会固定资产投资额			#房地产开发		
	2010	2009	增长速度(%)	2010	2009	增长速度(%)
全国	**278121.9**	**224598.8**	**23.8**	**48259.4**	**36241.8**	**33.2**
京津冀经济区						
北京	5493.5	4858.4	13.1	2901.1	2337.7	24.1
天津	6511.4	5006.3	30.1	866.6	735.2	17.9
河北省	**15083.4**	**12311.9**	**22.5**	**2264.9**	**1520.0**	**49.0**
石家庄	2958.0	2436.4	21.4	538.0	374.0	43.9
唐山	2665.8	2182.6	22.1	338.4	191.8	76.4
廊坊	909.0	1279.7	-29.0	249.1	248.4	0.3
秦皇岛	505.7	421.0	20.1	120.3	94.4	27.3
承德	751.3	567.2	32.5	92.7	67.2	38.0
张家口	903.8	657.5	37.5	173.1	96.3	79.8
保定	1472.1	1130.4	30.2	273.9	174.4	57.0
沧州	1448.1	1102.8	31.3	112.6	69.6	61.8
长江三角洲经济区						
上海	5317.7	5273.3	0.8	1980.7	1464.2	35.3
江苏省	**23184.3**	**18949.9**	**22.3**	**4299.4**	**3338.5**	**28.8**
南京	3306.0	2648.0	24.9	748.4	595.7	25.6
无锡	2985.7	2387.6	25.1	612.7	463.4	32.2
常州	2103.6	1704.8	23.4	409.9	306.2	33.9
苏州	3617.8	2967.4	21.9	935.8	724.3	29.2
南通	2168.4	1802.4	20.3	272.8	200.8	35.9
扬州	1331.8	1063.9	25.2	165.2	129.5	27.5
镇江	1327.1	1010.6	31.3	114.9	95.5	20.3
泰州	1538.0	1166.2	31.9	152.2	123.9	22.9
浙江省	**12376.0**	**10742.3**	**15.2**	**3025.4**	**2254.3**	**34.2**
杭州	2753.1	2291.7	20.1	956.2	704.7	35.7
宁波	2193.3	2004.2	9.4	557.3	374.5	48.8
嘉兴	1488.3	1233.4	20.7	270.4	187.2	44.5
湖州	720.0	638.7	12.7	143.1	111.3	28.6
绍兴	1245.6	1055.0	18.1	297.8	210.5	41.5
舟山	413.8	400.7	3.3	59.0	49.0	20.4
台州	950.2	834.1	13.9	196.1	152.3	28.8
珠江三角洲经济区						
广东省	**16113.2**	**13353.2**	**20.7**	**3659.7**	**2961.3**	**23.6**
广州	3263.6	2659.9	22.7	983.7	817.3	20.3
深圳	1944.7	1709.2	13.8	458.5	437.5	4.8
珠海	501.5	410.5	22.2	179.5	168.4	6.6
佛山	1719.6	1470.6	16.9	485.5	358.3	35.5
惠州	894.0	759.0	17.8	267.9	175.3	52.8
东莞	1115.0	1094.1	1.9	299.0	277.7	7.7
中山	660.4	545.6	21.0	241.8	192.4	25.7
江门	631.8	492.1	28.4	111.7	95.7	16.8
肇庆	625.2	462.8	35.1	91.1	60.7	50.2

9-4 续表1

单位：亿元

城市	社会消费品零售额		
	2010	2009	增长速度(%)
全国	**156998.4**	**132678.4**	**18.3**
京津冀经济区			
北京	6229.3	5309.9	17.3
天津	2902.6	2430.8	19.4
河北省	**6821.8**	**5764.9**	**18.3**
石家庄	1409.9	1190.6	18.6
唐山	1134.5	958.6	18.4
廊坊	419.1	354.5	18.4
秦皇岛	335.0	283.3	18.5
承德	258.1	218.2	18.5
张家口	324.5	274.4	18.4
保定	864.2	730.3	18.3
沧州	580.7	490.7	18.3
长江三角洲经济区			
上海	6070.5	5173.2	17.3
江苏省	**13606.8**	**11484.1**	**18.5**
南京	2288.7	1935.5	18.3
无锡	1825.8	1542.7	18.4
常州	1054.4	891.5	18.3
苏州	2402.0	2026.8	18.5
南通	1277.1	1080.2	18.2
扬州	726.1	612.6	18.5
镇江	564.7	475.7	18.7
泰州	555.4	467.4	18.8
浙江省	**10163.2**	**8622.3**	**17.9**
杭州	2146.1	1804.9	18.9
宁波	1704.5	1429.7	19.2
嘉兴	799.4	694.3	15.1
湖州	516.1	442.6	16.6
绍兴	852.9	717.9	18.8
舟山	212.5	181.7	17.0
台州	960.5	817.9	17.4
珠江三角洲经济区			
广东省	**17414.7**	**14891.8**	**16.9**
广州	4500.3	3615.8	24.5
深圳	3000.8	2567.9	16.9
珠海	486.0	404.5	20.2
佛山	1687.1	1408.8	19.8
惠州	582.5	491.1	18.6
东莞	1108.1	959.1	15.5
中山	648.1	549.8	17.9
江门	655.9	562.1	16.7
肇庆	332.9	275.8	20.7

9–5 中国内地沿海三大都市圈主要城市指标对比
——对外经济贸易

单位：亿美元

城 市	地方出口总额			地方进口总额		
	2010	2009	增长速度(%)	2010	2009	增长速度(%)
全 国	**15777.5**	**12016.1**	**31.3**	**13962.4**	**10059.2**	**38.8**
京津冀经济区						
北 京	554.4	483.6	14.6	2462.2	1664.3	47.9
天 津	375.2	299.9	25.1	446.8	339.6	31.6
河北省	**225.7**	**156.9**	**43.8**	**193.6**	**139.2**	**39.1**
石家庄	57.9	43.1	34.5	51.8	12.0	331.8
唐 山	29.2	19.2	52.4	46.1	41.8	10.5
廊 坊	22.1	14.4	52.8	25.9	19.2	34.8
秦皇岛	18.8	16.2	16.5	16.2	17.0	-4.3
承 德	2.3	1.0	131.1	0.8	1.3	-35.0
张家口	1.8	1.7	8.6	1.0	3.5	-70.7
保 定	43.3	27.8	55.4	15.3	12.2	25.8
沧 州	13.9	11.2	23.8	2.9	2.3	25.0
长江三角洲经济区						
上 海	1807.8	1419.1	27.4	1880.9	1358.2	38.5
江苏省	**2705.5**	**1992.4**	**35.8**	**1952.4**	**1395.9**	**39.9**
南 京	248.9	184.6	34.8	207.2	152.9	35.5
无 锡	362.7	259.9	39.6	249.5	179.3	39.2
常 州	155.6	108.6	43.2	67.2	42.1	59.5
苏 州	1531.1	1140.9	34.2	1209.7	873.6	38.5
南 通	140.9	111.7	26.0	69.9	50.9	37.3
扬 州	60.6	40.1	50.9	21.9	14.2	53.8
镇 江	47.5	35.4	34.2	34.0	25.0	36.3
泰 州	58.8	42.1	39.5	27.1	16.1	68.7
浙江省	**1804.6**	**1330.1**	**35.7**	**730.7**	**547.2**	**33.5**
杭 州	353.4	271.8	30.0	170.2	132.4	28.5
宁 波	519.7	386.5	34.5	309.4	221.6	39.6
嘉 兴	160.4	123.4	30.0	67.8	48.6	39.4
湖 州	58.6	40.8	43.8	10.7	7.6	41.0
绍 兴	210.9	157.6	33.8	59.3	47.3	25.3
舟 山	69.4	37.4	85.5	38.0	32.8	15.6
台 州	139.6	100.7	38.7	30.4	19.7	54.7
珠江三角洲经济区						
广东省	**4531.9**	**3589.6**	**26.3**	**3317.1**	**2521.6**	**31.5**
广 州	483.8	374.0	29.3	553.8	393.3	40.8
深 圳	2041.8	1619.8	26.1	1425.8	1081.8	31.8
珠 海	208.6	177.8	17.3	226.2	196.6	15.1
佛 山	330.4	245.8	34.4	186.2	137.6	35.3
惠 州	202.3	171.5	18.0	140.0	120.9	15.8
东 莞	696.0	551.7	26.2	519.6	389.7	33.3
中 山	225.0	177.4	26.9	86.1	67.3	27.8
江 门	104.1	79.5	30.9	39.2	30.9	27.0
肇 庆	26.0	20.3	27.9	17.9	12.3	45.4

注：各地区进出口数据按经营单位所在地统计。

9-5 续表1

单位：亿美元

城　市	实际利用外商直接投资		
	2010	2009	增长速度(%)
全　国	**1057.35**	**900.33**	**17.4**
京津冀经济区			
北　京	63.64	61.21	4.0
天　津	108.49	90.20	20.3
河北省	**38.31**	**35.98**	**6.5**
石家庄	2.44	5.44	-55.1
唐　山	8.74	7.93	10.3
廊　坊	4.91	4.62	6.1
秦皇岛	4.97	4.57	8.7
承　德	0.70	0.67	4.4
张家口	1.00	0.81	24.7
保　定	4.75	4.25	11.7
沧　州	2.33	1.65	41.1
长江三角洲经济区			
上　海	111.21	105.38	5.5
江苏省	**284.98**	**253.23**	**12.5**
南　京	26.76	22.82	17.3
无　锡	33.00	32.03	3.0
常　州	24.43	22.61	8.0
苏　州	85.35	82.27	3.7
南　通	20.61	20.05	2.8
扬　州	20.56	15.19	35.4
镇　江	16.15	14.41	12.1
泰　州	13.63	10.56	29.1
浙江省	**110.02**	**99.40**	**10.7**
杭　州	43.56	40.14	8.5
宁　波	23.23	22.05	5.3
嘉　兴	16.10	13.35	20.6
湖　州	9.19	8.11	13.3
绍　兴	9.53	8.11	17.5
舟　山	0.67	1.06	-36.6
台　州	1.32	1.88	-29.8
珠江三角洲经济区			
广东省	**202.6**	**195.4**	**3.7**
广　州	39.79	37.73	5.4
深　圳	42.97	41.60	3.3
珠　海	12.24	11.80	3.7
佛　山	19.68	18.74	5.0
惠　州	14.38	13.95	3.1
东　莞	27.32	25.94	5.3
中　山	6.68	6.08	9.9
江　门	11.08	10.37	6.9
肇　庆	9.34	8.88	5.2

9-6 中国内地沿海三大都市圈主要城市指标对比
——旅 游

城 市	入境旅游者人数(万人次)			旅游创汇(亿美元)		
	2010	2009	增长速度(%)	2010	2009	增长速度(%)
全 国	**13376.2**	**12647.6**	**5.8**	**458.1**	**396.8**	**15.5**
京津冀经济区						
北 京	490.1	412.5	18.8	50.44	43.60	15.7
天 津	166.1	141.0	17.8	14.20	11.83	20.0
河北省	**97.7**	**84.2**	**16.1**	**3.51**	**3.08**	**13.9**
石家庄	11.7	10.7	9.3	0.44	0.43	1.4
唐 山	5.8	5.0	15.4	0.26	0.21	21.0
廊 坊	9.6	8.7	10.0	0.05	0.23	-78.5
秦皇岛	24.2	22.4	8.1	1.20	1.19	1.0
承 德	25.8	20.6	25.4	0.79	0.50	57.0
张家口	5.3	4.1	29.7	0.10	0.08	25.4
保 定	9.1	8.1	13.2	0.28	0.28	0.6
沧 州	1.7	1.3	33.9	0.26	0.04	584.8
长江三角洲经济区						
上 海	851.1	628.9	35.3	64.05	47.96	33.5
江苏省	**653.5**	**556.8**	**17.4**	**47.83**	**40.16**	**19.1**
南 京	130.9	113.5	15.4	9.81	8.37	17.1
无 锡	79.2	63.0	25.7	4.81	3.49	38.0
常 州	35.9	30.6	17.5	3.47	2.94	18.1
苏 州	207.5	169.5	22.4	12.51	9.97	25.4
南 通	35.5	30.0	18.4	3.61	3.09	16.6
扬 州	56.0	50.0	12.0	4.60	4.01	14.6
镇 江	61.3	58.9	4.1	4.70	4.54	3.4
泰 州	7.9	6.8	15.9	0.79	0.69	15.4
浙江省	**684.7**	**570.6**	**20.0**	**39.30**	**32.24**	**21.9**
杭 州	275.7	230.4	19.7	16.90	13.80	22.5
宁 波	95.2	80.1	18.9	5.91	4.87	21.4
嘉 兴	66.4	55.7	19.3	2.26	1.92	18.0
湖 州	33.2	25.2	31.9	1.26	0.99	27.0
绍 兴	52.3	43.2	21.1	1.85	1.48	24.7
舟 山	25.7	22.3	14.9	1.31	1.14	15.1
台 州	10.3	8.7	19.0	0.56	0.50	13.4
珠江三角洲经济区						
广东省	**10485.8**	**10232.1**	**2.5**	**124.3**	**100.3**	**24.0**
广 州	814.8	689.4	18.2	46.89	36.24	29.4
深 圳	1020.6	896.4	13.9	31.81	27.60	15.2
珠 海	325.1	297.8	9.2	12.23	10.27	19.2
佛 山	103.1	98.3	4.8	7.29	6.52	11.8
惠 州	160.2	144.3	11.0	5.02	4.01	25.1
东 莞	261.9	226.0	15.9	6.76	5.18	30.6
中 山	48.0	47.6	1.0	2.76	2.04	35.0
江 门	119.0	115.9	2.7	4.77	4.09	16.5
肇 庆	139.4	112.3	24.2	1.24	0.81	53.8

注：北京入境旅游者人数为入境过夜旅游者人数。

9-7 中国内地沿海三大都市圈主要城市指标对比
——物 价

单位：%

城 市	居民消费价格指数		工业品出厂价格指数		原材料、燃料、动力价格指数	
	2010	2009	2010	2009	2010	2009
全 国	**103.3**	**99.3**	**105.5**	**94.6**	**109.6**	**92.1**
京津冀经济区						
北 京	102.4	98.5	102.2	94.4	110.5	88.6
天 津	103.5	99.0	105.1	92.5	110.0	90.2
河北省	**103.1**	**99.3**	**109.0**	**89.1**	**110.9**	**93.5**
石家庄	103.0	100.3	108.0			
唐 山	103.1	99.8	114.6			
廊 坊	103.2	96.6	104.8			
秦皇岛	102.7	98.3	107.2			
承 德	102.3	98.9				
张家口	103.4	100.6				
保 定	103.2	100.2	105.5			
沧 州	103.2	97.4				
长江三角洲经济区						
上 海	103.1	99.6	102.3	93.8	111.2	89.8
江苏省	**103.8**	**99.6**	**107.3**	**95.2**	**112.8**	**91.9**
南 京	104.2	100.1				
无 锡	103.4	99.5				
常 州	103.4	99.5				
苏 州	103.4	99.8				
南 通	103.7	98.7				
扬 州	103.4	99.9				
镇 江	103.7	99.6				
泰 州	103.8	99.7				
浙江省	**103.8**	**98.5**	**106.2**	**94.9**	**112.0**	**92.6**
杭 州	103.9	98.6	104.9	95.1	112.1	92.2
宁 波	103.7	99.4	108.9	94.0	113.1	89.0
嘉 兴	104.0	99.1	105.1	94.9	109.3	92.2
湖 州	104.0	99.2	105.1	95.1	108.7	95.0
绍 兴	104.0	99.2	109.2	96.6	111.8	94.7
舟 山	104.1	99.2	104.9	96.0		
台 州	104.6	99.4	103.7	94.4	110.2	91.2
珠江三角洲经济区						
广东省	**103.1**	**97.7**	**103.2**	**95.8**	**107.3**	**93.8**
广 州	103.2	97.5	102.4	96.5	110.9	91.8
深 圳	103.5	98.7	101.4	95.3	104.7	96.3
珠 海	103.0	97.0	102.2	96.5		
佛 山	103.1	98.4	102.8	96.3		
惠 州	103.2	98.5	104.0	93.7		
东 莞	102.8	96.9	102.6	96.8		
中 山	103.0	97.1	102.6	97.6		
江 门	103.2	98.0	103.6	96.7		
肇 庆	102.8	97.8	105.9	95.9		

注：石家庄、南京、无锡、常州、苏州、南通、扬州、镇江、泰州居民消费价格指数为市区数。

9-8 中国内地沿海三大都市圈主要城市指标对比
—— 从业人员

单位：万人

城　市	从业人员			第一产业		
	2010	2009	增长速度(%)	2010	2009	增长速度(%)
全　国	**76105**	**75828**	**0.4**	**27931**	**28890**	**-3.3**
京津冀经济区						
北　京	1031.6	998.3	3.3	61.4	62.2	-1.3
天　津	728.7	677.1	7.6	73.9	75.7	-2.4
河北省	**3865.1**	**3792.5**	**1.9**	**1464.2**	**1479.2**	**-1.0**
石家庄	514.5	505.4	1.8	146.8	147.8	-0.7
唐　山	434.6	432.2	0.6	128.4	129.2	-0.7
廊　坊	238.8	234.2	2.0	81.1	85.5	-5.2
秦皇岛	160.8	163.9	-1.9	70.6	71.5	-1.3
承　德	214.5	213.3	0.6	96.6	96.8	-0.3
张家口	261.9	253.4	3.4	124.7	126.0	-1.0
保　定	642.6	615.6	4.4	321.5	297.7	8.0
沧　州	396.1	390.8	1.3	110.5	112.7	-2.0
长江三角洲经济区						
上　海	1090.8	1064.4	2.5	37.1	48.5	-23.6
江苏省	**4754.7**	**4726.5**	**0.6**	**1060.3**	**1120.2**	**-5.3**
南　京	457.8	407.7	12.3	51.3	45.8	12.0
无　锡	382.3	364.3	4.9	22.8	24.2	-5.5
常　州	323.4	304.0	6.4	28.3	29.5	-4.2
苏　州	589.1	550.0	7.1	27.8	29.6	-5.9
南　通	463.7	460.5	0.7	81.0	84.8	-4.5
扬　州	296.8	286.1	3.7	38.5	39.7	-2.9
镇　江	182.1	173.1	5.2	33.9	31.9	6.5
泰　州	284.3	283.8	0.2	67.1	66.9	0.2
浙江省	**3636.0**	**3592.0**	**1.2**	**581.9**	**658.0**	**-11.6**
杭　州	626.3	597.5	4.8	75.7	80.2	-5.6
宁　波	476.5	443.9	7.4	32.2	69.4	-53.6
嘉　兴	317.6	308.1	3.1	35.0	36.5	-4.0
湖　州	179.9	199.2	-9.7	34.8	35.0	-0.8
绍　兴	341.8	329.0	3.9	51.5	52.2	-1.4
舟　山	66.7	66.0	1.1	10.9	10.9	0.1
台　州	367.6	378.6	-2.9	75.3	78.1	-3.7
珠江三角洲经济区						
广东省	**5752.4**	**5652.4**	**1.8**	**1531.8**	**1585.0**	**-3.4**
广　州	789.1	738.7	6.8	78.5	79.8	-1.6
深　圳	705.2	692.5	1.8	0.3	0.4	-22.7
珠　海	105.4	94.7	11.3	10.1	6.9	46.2
佛　山	381.1	381.1	-0.01	27.0	27.2	-0.8
惠　州	255.4	245.5	4.0	61.9	68.3	-9.3
东　莞	438.5	429.1	2.2	7.9	7.8	2.2
中　山	217.8	210.0	3.7	14.6	14.1	3.6
江　门	248.3	233.6	6.3	81.4	82.0	-0.7
肇　庆	236.5	235.8	0.3	106.3	114.8	-7.4

注：全国从业人员2009年数据根据第六次全国人口普查数据进行了重新修订。

9-8 续表1

单位：万人

城市	第二产业			第三产业		
	2010	2009	增长速度(%)	2010	2009	增长速度(%)
全　国	**21842**	**21080**	**3.6**	**26332**	**25857**	**1.8**
京津冀经济区						
北　京	202.7	199.6	1.6	767.5	736.5	4.2
天　津	302.3	281.0	7.6	352.5	320.4	10.0
河北省	**1250.9**	**1203.4**	**3.9**	**1150.1**	**1109.9**	**3.6**
石家庄	184.7	181.4	1.9	182.9	176.2	3.8
唐　山	165.2	170.1	-2.9	141.1	132.9	6.2
廊　坊	90.7	83.3	8.8	67.0	65.3	2.6
秦皇岛	39.9	39.5	1.1	50.2	52.9	-5.0
承　德	58.1	57.4	1.1	59.9	59.0	1.5
张家口	57.9	53.2	8.9	79.3	74.2	6.9
保　定	191.3	189.2	1.1	129.8	128.6	0.9
沧　州	165.1	162.8	1.4	120.5	115.3	4.5
长江三角洲经济区						
上　海	443.7	423.0	4.9	609.9	592.9	2.9
江苏省	**1997.0**	**1942.6**	**2.8**	**1697.4**	**1663.7**	**2.0**
南　京	174.8	168.8	3.6	231.7	193.1	20.0
无　锡	210.4	199.9	5.3	149.1	140.3	6.3
常　州	179.6	170.4	5.4	115.5	104.2	10.9
苏　州	330.1	314.3	5.0	231.2	206.1	12.1
南　通	215.8	207.2	4.1	167.0	168.5	-0.9
扬　州	151.8	145.3	4.5	106.5	101.2	5.3
镇　江	90.2	87.6	3.0	58.0	53.7	8.1
泰　州	118.6	118.4	0.2	98.7	98.5	0.2
浙江省	**1810.4**	**1726.1**	**4.9**	**1243.8**	**1208.0**	**3.0**
杭　州	286.3	278.0	3.0	264.4	239.3	10.5
宁　波	266.4	239.1	11.4	177.9	135.4	31.4
嘉　兴	193.4	187.0	3.4	89.2	84.6	5.4
湖　州	88.9	87.3	1.8	56.3	76.9	-26.8
绍　兴	180.6	171.9	5.0	109.8	104.9	4.7
舟　山	26.5	28.0	-5.6	29.3	27.0	8.4
台　州	160.3	162.1	-1.1	132.0	138.3	-4.5
珠江三角洲经济区						
广东省	**2266.6**	**2211.7**	**2.5**	**1954.0**	**1855.7**	**5.3**
广　州	312.9	297.3	5.3	397.7	361.6	10.0
深　圳	363.1	373.7	-2.8	341.8	318.4	7.3
珠　海	45.0	42.3	6.4	50.3	45.6	10.5
佛　山	204.3	205.6	-0.6	149.8	148.3	1.0
惠　州	119.9	108.0	11.1	73.6	69.2	6.3
东　莞	280.4	274.3	2.2	150.2	147.0	2.2
中　山	146.5	141.1	3.8	56.8	54.9	3.4
江　门	101.7	91.2	11.6	65.2	60.4	7.9
肇　庆	67.0	58.2	15.1	63.2	62.9	0.5

9-9 中国内地沿海三大都市圈主要城市指标对比
——生活质量

城市	城镇单位在岗职工人数(万人)			城镇单位在岗职工平均工资(元)		
	2010	2009	增长速度(%)	2010	2009	增长速度(%)
全国	**13051.5**	**12573.0**	**3.8**	**37147**	**32736**	**13.5**
京津冀经济区						
北京	587.7	560.4	4.9	65683	58140	13.0
天津	185.0	182.7	1.3	52963	44992	17.7
河北省	**480.2**	**470.2**	**2.1**	**32306**	**28383**	**13.8**
石家庄	80.5	80.2	0.3	31460	27371	14.9
唐山	77.2	75.3	2.5	37232	33332	11.7
廊坊	31.8	28.8	10.3	37224	31472	18.3
秦皇岛	27.2	26.6	2.3	35825	32234	11.1
承德	24.3	24.1	0.9	29960	26723	12.1
张家口	31.7	30.8	3.0	30592	26678	14.7
保定	61.8	59.8	3.3	28089	24968	12.5
沧州	39.7	39.8	-0.2	33015	29775	10.9
长江三角洲经济区						
上海	617.7	566.4	9.1	71874	63549	13.1
江苏省	**710.6**	**673.7**	**5.5**	**40505**	**35890**	**12.9**
南京	116.7	110.1	6.0	48780	43622	11.8
无锡	68.9	58.0	18.8	47006	43350	8.4
常州	36.7	36.0	2.0	44214	39220	12.7
苏州	127.0	115.8	9.6	45566	40261	13.2
南通	59.0	58.2	1.4	39448	35224	12.0
扬州	38.2	37.1	2.7	35429	30609	15.7
镇江	35.7	34.6	3.0	37675	34209	10.1
泰州	34.1	32.2	5.8	34488	29807	15.7
浙江省	**812.1**	**749.6**	**8.3**	**41505**	**37395**	**11.0**
杭州	194.1	174.0	11.6	48772	43947	11.0
宁波	131.1	121.2	8.2	43476	39139	11.1
嘉兴	76.6	72.6	5.5	36319	31965	13.6
湖州	36.0	31.9	12.9	36485	33843	7.8
绍兴	103.0	91.8	12.2	35125	32502	8.1
舟山	16.1	14.3	12.6	43642	40560	7.6
台州	64.8	59.7	8.5	40562	36822	10.2
珠江三角洲经济区						
广东省	**1090.4**	**1029.2**	**5.9**	**40358**	**36355**	**11.0**
广州	236.2	225.5	4.7	54807	49519	10.7
深圳	251.1	220.2	14.0	50456	46723	8.0
珠海	61.6	57.5	7.1	34405	31764	8.3
佛山	54.7	54.4	0.6	37079	34106	8.7
惠州	78.6	76.6	2.6	29599	25786	14.8
东莞	22.6	22.6	0.1	46576	42585	9.4
中山	28.0	26.0	7.8	40578	36165	12.2
江门	43.8	40.6	7.9	27497	24304	13.1
肇庆	26.7	25.9	3.4	30114	26174	15.1

注：全国在岗职工人数为城镇单位就业人员数。

9-9 续表1

单位：元

城　市	城镇居民人均可支配收入			农村居民人均纯收入		
	2010	2009	增长速度(%)	2010	2009	增长速度(%)
全　国	**19109**	**17175**	**7.8**	**5919**	**5153**	**10.9**
京津冀经济区						
北　京	29073	26738	8.7	13262	11986	10.6
天　津	24293	21402	13.5	11801	10675	10.5
河北省	**16263**	**14718**	**10.5**	**5958**	**5150**	**15.7**
石家庄	18290	16607	10.1	6577	5977	10.0
唐　山	19556	13355	46.4	8310	7420	12.0
廊　坊	19576	18333	6.8	7589	6834	11.0
秦皇岛	17203	15961	10.7	6214	5516	12.7
承　德	14668	18053	10.4	4382	3926	11.6
张家口	14649	15499	10.6	4119	3559	15.7
保　定	15048	13246	11.0	5446	4682	16.3
沧　州	16116	13282	11.0	5528	4955	11.6
长江三角洲经济区						
上　海	31838	28838	10.4	13746	12324	11.5
江苏省	**22944**	**20552**	**11.6**	**9118**	**8004**	**13.9**
南　京	27383	24678	11.0	11128	9858	12.9
无　锡	27750	25027	10.9	14002	12403	12.9
常　州	25875	23392	10.6	12637	11198	12.9
苏　州	30366	27188	11.7	14657	12969	13.0
南　通	21825	19469	12.1	9914	8696	14.0
扬　州	19537	17332	12.7	9462	8295	14.1
镇　江	23224	21041	10.4	10874	9642	12.8
泰　州	20255	18079	12.0	9324	8180	14.0
浙江省	**27359**	**24611**	**11.2**	**11303**	**10007**	**13.0**
杭　州	29139	26171	11.3	13186	11822	11.5
宁　波	29977	27237	10.1	14261	12641	12.8
嘉　兴	27487	24693	11.3	14365	12685	13.2
湖　州	25729	23280	10.5	13288	11745	13.1
绍　兴	30164	26874	12.2	13651	12026	13.5
舟　山	26242	24082	9.0	14265	12612	13.1
台　州	27212	24429	11.4	11307	10006	13.0
珠江三角洲经济区						
广东省	**23898**	**21575**	**10.8**	**7890**	**6907**	**14.2**
广　州	30658	27610	11.0	12676	11067	14.5
深　圳	32381	29245	10.7			
珠　海	25382	22859	11.0	10187	8552	19.1
佛　山	27245	24578	10.9	12202	10699	14.1
惠　州	23565	21278	10.7	9077	7583	19.7
东　莞	35690	33045	8.0	20486	13064	56.8
中　山	25357	23088	9.8	14928	13061	14.3
江　门	21153	19004	11.3	8589	7534	14.0
肇　庆	16832	15063	11.7	7524	6291	19.6

注：杭州城镇居民人均可支配收入为市区人均可支配收入。

第十篇

BEIJING AREA STATISTICAL YEARBOOK

北京在全国的位置

BEIJING ZAIQUANGUO DEWEIZHI

10-1 北京与全国主要指标对比
——经 济

项 目		2010			2009		
		北 京	全 国	北京占全国(%)	北 京	全 国	北京占全国(%)
地区生产总值	(亿元)	14113.6	401202.0	3.5	12153.0	340902.8	3.6
第一产业	(亿元)	124.4	40533.6	0.3	118.3	35226.0	0.3
第二产业	(亿元)	3388.4	187581.4	1.8	2855.5	157638.8	1.8
第三产业	(亿元)	10600.8	173087.0	6.1	9179.2	148038.0	6.2
人均地区生产总值	(元)	75943	29992		70452	25608	
地方财政收入(一般预算)	(亿元)	2353.9	40613.0	5.8	2026.8	32602.6	6.2
地方财政支出(一般预算)	(亿元)	2717.3	73884.4	3.7	2319.4	61044.1	3.8
工业总产值(现价，规模以上)	(亿元)	13699.8	698591.5	2.0	11039.1	548311.4	2.0
全社会固定资产投资	(亿元)	5493.5	278121.9	2.0	4858.4	224598.8	2.2
社会消费品零售总额	(亿元)	6229.3	156998.4	4.0	5309.9	132678.4	4.0
海关出口总额	(亿美元)	554.4	15777.5	3.5	483.6	12016.1	4.0
海关进口总额	(亿美元)	2462.2	13962.4	17.6	1664.3	10059.2	16.5
外商直接投资项目数	(个)		27406		1423	23435	6.1
实际利用外商直接投资	(亿美元)	63.6	1057.4	6.0	61.2	900.3	6.8
入境旅游人数	(万人次)	490.1	13376.2	3.7	412.5	12647.6	3.3
金融机构(含外资)人民币存款余额	(亿元)	64453.9	718238.0	9.0	54275.4	597741.0	9.1
#城乡居民储蓄存款余额	(亿元)	16876.3	303303.0	5.6	14566.3	260772.0	5.6
金融机构(含外资)人民币贷款余额	(亿元)	29563.8	479196.0	6.2	25421.8	399685.0	6.4

注：1. 部分数据取自《北京统计年鉴》、《中国统计年鉴》。
2. 全国地方财政收入和财政支出均为全国31个省市合计数。
3. 北京城乡居民储蓄存款余额为中资金融机构人民币储蓄存款余额。

10-2 北京与全国主要指标对比
——社　会

项　　目		2010			2009		
		北　京	全　国	北京占全国(%)	北　京	全　国	北京占全国(%)
年底人口数(年末常住人口)	(万人)	1961.9	134091	1.5	1755.0	133450	1.3
城镇人口	(万人)	1686.4	66978	2.5	1491.8	64512	2.3
乡村人口	(万人)	275.5	67113	0.4	263.2	68938	0.4
从业人员	(万人)	1031.6	76105	1.4	998.3	75828	1.3
城镇居民人均可支配收入	(元)	29073	19109		26738	17175	
农村居民人均纯收入	(元)	13262	5919		11986	5153	
登记结婚对数	(万对)	13.8	1241.0	1.1	18.2	1212.4	1.5
登记离婚对数	(万对)	4.4	267.8	1.6	4.1	246.8	1.7
普通高等学校在校学生数	(万人)	57.8	2231.8	2.6	57.7	2144.7	2.7
普通中学在校学生数	(万人)	50.8	7703.2	0.7	52.2	7867.9	0.7
小学在校学生数	(万人)	65.3	9940.7	0.7	64.7	10071.5	0.6
城市排水管道长度	(万公里)	1.0	37.0	2.7	0.9	34.4	2.7
客运出租小轿车	(万辆)	6.7	98.6	6.8	6.7	97.2	6.9

注：北京登记离婚对数包括在民政部门登记的对数和经法院调离和判离的对数。

第十一篇

BEIJING AREA
STATISTICAL YEARBOOK

港澳台地区及世界主要国家统计资料

GANGAOTAI DIQU
JI SHIJIE ZHUYAO GUOJIA
TONGJIZILIAO

11–1 香港特别行政区主要统计指标

项 目		2006	2007	2008	2009	2010
人口及生命统计						
年中人口	(万人)	685.7	692.6	697.8	700.4	706.8
粗出生率	(‰)	9.6	10.2	11.3	11.7	12.5
粗死亡率	(‰)	5.5	5.7	6.0	5.9	5.9
婴儿死亡率	(‰)	1.8	1.8	1.8	1.7	1.5
(按每千名登记活产婴儿计算)						
劳动、就业						
劳动人口	(万人)	357.2	363.0	364.9	367.7	365.4
劳动人口参与率	(%)	61.2	61.2	60.9	60.7	59.7
失业率	(%)	4.8	4.0	3.6	5.4	4.4
就业人数	(万人)	340.1	348.4	351.9	348.0	349.3
选定行业的就业人数①						
制 造	(万人)			16.7	15.1	13.4
建 筑	(万人)			26.9	26.9	27.1
进出口贸易及批发	(万人)			58.7	55.9	54.3
零售、住宿及膳食服务	(万人)			55.9	55.6	57.1
运输、仓库、邮政及速递服务、资讯及通讯	(万人)			43.2	42.6	42.6
金融、保险、地产、专业及商用服务	(万人)			63.6	63.6	64.4
公共行政、社会及个人服务	(万人)			84.6	86.1	87.9
实际工资指数② (1992年9月=100)		115.9	117.6	123.4	120.2	121.7
对外商品贸易						
进 口	(亿港元)	25998	28680	30253	26924	33648
港产品出口	(亿港元)	1345	1091	908	577	695
转 口	(亿港元)	23265	25784	27334	24113	29615
对外服务贸易						
服务出口	(亿港元)	5651	6609	7186	6698	8269
服务进口	(亿港元)	2879	3322	3665	3406	3952
工业生产						
工业生产指数 (2008年=100)		108.7	107.2	100.0	91.7	95.0
工业电力消费量	(万亿焦耳)	14015	13104	12182	11143	11080
工业煤气消费量	(万亿焦耳)	903	895	905	902	917
土地、楼宇、建造及地产						
新落成私人楼宇数(目)	(栋)	812	358	755	669	278
实用楼面面积						
住 宅	(万平方米)	71.5	45.1	43.4	44.3	61.2
非住宅	(万平方米)	67.3	57.8	66.3	37.2	52.8
获批准可动工兴建私人楼宇						
初次呈交	(栋)	480	313	273	403	512
重大修改	(栋)	164	853	111	182	254

11-1 续表1

项　　目		2006	2007	2008	2009	2010
房屋及物业						
永久性房屋单位						
公营租住房屋③	（万个）	71.69	71.74	72.16	74.12	74.46
资助出售单位③④	（万个）	39.17	39.76	39.7	39.58	39.29
私人房屋④⑤	（万个）	136.86	138.61	139.87	140.94	142.34
总　计	（万个）	247.72	250.12	251.73	254.64	256.10
运输、通讯、旅游						
进出香港货物						
总卸下	（万吨）	16366	16317	16571	15567	17282
总装上	（万吨）	11567	12229	12916	11745	12882
集装箱吞吐量	（万标准集装箱）	2354	2400	2449	2104	2370
电话服务	（万条操作线路）	384	409	411	419	426
访港旅客⑥	（万人次）	2525.1	2816.9	2950.7	2959.1	3603.0
政府收支、货币、金融						
政府储备结余⑦	（亿港元）	3693	4929	4944	5203	5954
政府收入总额⑦⑧	（亿港元）	2880	3585	3166	3184	3765
政府开支总额⑦⑧	（亿港元）	2294	2348	3151	2925	3014
货币供应量M_3						
港　元⑨	（亿港元）	27955	33005	32613	36048	38782
外　币⑩	（亿港元）	22942	28393	30394	30220	32781
总　计	（亿港元）	50897	61398	63008	66268	71563
港汇指数(贸易总值(进口及整体出口)加权）（2000年1月=100）		96.1	91.9	87.1	88.2	86.2
消费价格指数						
（2009年10月至2010年9月=100）						
综合消费价格指数		92.0	93.8	97.8	98.4	100.7
甲类消费价格指数		93.3	94.4	97.8	98.3	100.8
乙类消费价格指数		91.5	93.5	97.8	98.4	100.6
丙类消费价格指数		91.1	93.5	97.9	98.5	100.6
教　育						
小学学生人数	（人）	410516	385949	365056	344748	331112
中学学生人数⑪	（人）	489498	492410	489362	481188	458131
大专院校学生人数⑫	（人）	91564	171580	182499	158043	164857

11-1 续表2

项目		2006	2007	2008	2009	2010
卫生						
医生	(人)	11739	11961	12215	12424	12620
中医	(人)	5268	5540	5860	6048	6241
病床	(张)	34532	34928	35048	35062	35525
社会保障						
综合社会保障援助⑦						
个案数目⑬	(个)	294204	285773	289469	287822	282732
发放款项	(亿港元)	176	180	186	190	185
公共福利金⑦						
个案数目⑬	(个)	583474	594341	612128	627816	642979
发放款项	(亿港元)	55	60	88	89	91
交通意外伤亡援助⑦						
获批个案数目	(个)	7604	7841	7224	7350	7203
本地生产总值						
按2009年环比物量计算⑭						
年增长率	(%)	7.0	6.4	2.3	-2.7	7.0
本地生产总值	(亿港元)	15313	16291	16667	16223	17354
人均本地生产总值	(港元)	223309	235217	238856	231638	245536
按当年价格计算						
年增长率	(%)	6.7	9.5	3.8	-3.3	7.5
本地生产总值	(亿港元)	14754	16156	16770	16223	17439
人均本地生产总值	(港元)	215158	233266	240339	231638	246733
本地居民生产总值						
按当年价格计算						
本地居民生产总值	(亿港元)	15027	16600	17603	16652	17804
人均本地居民生产总值	(港元)	219146	239682	252278	237758	251907
国外净要素收入	(亿港元)	273	444	833	429	366
国际收支平衡表						
经常账户	(亿港元)	1781.7	1992.8	2295.1	1392.5	1082.4
资本及金融账户	(亿港元)	-2099.4	-2592.5	-2311.6	-1553.7	-1374.1
净误差及遗漏	(亿港元)	317.7	599.7	16.6	161.2	291.7
整体的国际收支	(亿港元)	467.4 (盈余)	1145.0 (盈余)	2638.7 (盈余)	5492.6 (盈余)	710.9 (盈余)
国际投资头寸⑮						
国际投资头寸净值⑯	(亿港元)	40297	37736	48267	55844	53940
对外金融资产	(亿港元)	149987	211941	175213	198115	224315
对外金融负债	(亿港元)	109690	174205	126946	142271	170375

11-1 续表3

注：①由2009年开始，数字是按“香港标准行业分类2.0版”编制，其数列已向前估计至2008年。

②实际工资指数是从名义工资指数中，以2009—2010年为基期的甲类消费物价指数扣除通胀的影响计算出来。工资统计数字是按“香港标准行业分类2.0版”编制。

③房屋委员会售出的公营租住房屋单位归类为资助出售单位。

④资助出售单位包括房屋委员会及香港房屋协会售出而不可在公开市场买卖的屋宇单位；可在公开市场买卖的资助出售单位则归类为私人永久性房屋。

⑤数字包括用作住宿用途的非住宅屋宇单位。

⑥访港旅客数字包括经澳门访港的非澳门居民。

⑦数字是以相应的财政年度为根据，例如2010年的数字代表2010—2011财政年度数字。

⑧2010年的数字有待审计署署长核实。

⑨所列数字已包括外币掉期存款。

⑩所列数字已扣除外币掉期存款。《中华人民共和国香港特别行政区基本法》说明，港元是香港特别行政区的法定货币。外币指港元以外的其他货币，因而人民币亦视作外币。

⑪数字涵盖日、夜校。

⑫指香港城市大学、香港浸会大学、岭南大学、香港中文大学、香港教育学院、香港理工大学、香港科技大学和香港大学就读学生。数字包括大学教育资助委员会(教资会)资助课程及教资会资助院校本部和辖下持续进修部门开办的本地经评审自资课程的学生人数。

⑬于财政年度终结时的数字。除特别注明外，财政年度是由4月1日至翌年3月31日。

⑭以环比物量计算的本地生产总值及其组成部分的参照年，已由2008年重订为2009年。重订参照年会影响环比物量估算的数值，但不会改变其变动率。

⑮期末头寸。

⑯国际投资头寸净值是对外金融资产总值与对外金融负债总值之差。

11-2 澳门特别行政区主要统计指标

项　　目		2006	2007	2008	2009	2010
人口及生命统计						
年中人口估计	(万人)	49.9	52.6	55.2	54.4	54.5
出生率	(‰)	8.1	8.6	8.5	8.8	9.4
死亡率	(‰)	3.1	2.9	3.2	3.1	3.3
婴儿死亡率	(‰)	2.7	2.4	3.2	2.1	2.9
(按每千名出生登记活产婴儿计算)						
劳动、就业①						
劳动人口	(万人)	27.5	31.0	33.3	32.9	32.8
劳动力参与率	(%)	65.9	69.2	70.6	72.0	71.5
失业率	(%)	3.8	3.1	3.0	3.6	2.8
就业不足率	(%)	1.0	1.0	1.6	1.9	1.8
就业人口	(万人)	26.5	30.0	32.3	31.8	31.8
建筑业	(万人)	3.1	3.9	3.8	3.3	2.7
批发及零售业	(万人)	3.6	3.8	4.0	4.1	4.2
酒店及饮食业	(万人)	3.0	3.5	4.1	4.4	4.3
团体、社会及个人的其他服务	(万人)	5.3	6.9	7.9	7.5	7.6
对外商品贸易						
出　口	(亿澳门元)	205	204	160	77	70
本地产品出口	(亿澳门元)	144	135	96	30	24
再出口	(亿澳门元)	61	69	64	47	46
进　口	(亿澳门元)	365	431	430	369	441
贸易价格比率　(2006=100)		100.0	96.2	93.5	93.7	93.1
工业生产						
工业电力消耗量	(亿千瓦小时)	2.4	2.4	2.1	1.6	1.6
建筑(私人部门)						
新建及扩建楼宇单位数目	(个)	3026	2051	1177	3251	4527
新建及扩建楼宇总面积	(万平方米)	128	193	58	141	127
新动工的楼宇单位数目	(个)	3871	4390	2046	1547	870
新动工的楼宇总面积	(万平方米)	99	220	53	23	18
楼宇单位买卖数目	(个)	26400	32250	21516	17310	29617
不动产买卖契约数目	(宗)	13593	14558	9712	9111	12707
不动产按揭贷款数目	(宗)	9156	13250	11847	8965	15127
运输、通讯、旅游						
进出澳门重型货运车辆数目	(万次)	66.5	67.4	56.4	40.3	35.8
进出澳门的客船班	(万次)	9.6	10.5	10.5	13.2	14.7
澳门国际机场的商业航班	(万次)	4.8	4.9	4.6	3.7	3.5
登记车辆②	(万辆)	16.4	17.6	18.3	18.9	19.7
电话线	(万条)	81.3	97.2	110.9	120.9	129.1
访澳旅客③	(万人次)	2200	2700	2293	2175	2497
酒店入住率	(%)	72	77	74	71	80
财政收支、货币、金融						
财政总收入④	(亿澳门元)	372	537	623	699	796
财政总支出④	(亿澳门元)	273	233	304	355	378
货币供应(广义货币供应量M_2)						
澳门元	(亿澳门元)	453	510	541	597	680
港　元	(亿澳门元)	910	1015	992	1138	1330
其他货币	(亿澳门元)	326	331	365	387	422
总　计	(亿澳门元)	1689	1855	1898	2122	2433
本地/私人部门贷款及垫款	(亿澳门元)	488	683	889	973	1268

11-2 续表1

项　　目		2006	2007	2008	2009	2010
居民消费价格指数						
（2008年4月至2009年3月=100）						
综合消费价格指数		87.4	92.3	100.2	101.4	104.3
甲类消费价格指数		87.1	92.3	100.7	101.5	103.8
乙类消费价格指数		87.5	92.3	100.1	101.4	104.4
房屋（期末值）						
公共房屋⑤	（套）	6637	6681	6253	7165	8174
教育⑥						
幼儿教育学生	（人）	9453	9149	9270	9923	
小学生	（人）	32674	29995	27481	25475	
中学生	（人）	44988	41124	39463	36622	
高等教育学生	（人）	17462	18743	20917	22289	
医疗卫生						
医　生	（人）	1235	1323	1373	1415	1464
护　士	（人）	1212	1335	1415	1491	1536
病　床	（张）	980	1014	1030	1109	1172
社会保障						
受益人数目	（人）	204002	228125	250476	259280	276348
供款单位数目	（个）	13760	15278	17175	34260	34294
总发放援助次数	（万次）	24.0	23.7	40.8	45.4	52.3
总发放金额	（万澳门元）	26672	31753	43616	66815	74840
治　安						
罪案数目	（宗）	10855	12921	13864	12406	11649
囚犯数目	（期末值，人）	859	812	912	930	929
本地生产总值						
按以环比物量（2009年）计算						
支出法本地生产总值实际增长率	（%）	14.5	14.5	3.4	1.6	26.4
本地生产总值	（亿澳门元）	1414.2	1618.8	1674	1700.9	2149.4
人均本地生产总值	（万澳门元）	28.3	30.8	30.5	31.3	39.4
按当年价格计算						
支出法本地生产总值名义增长率	（%）	23.5	24.6	14.6	2.5	31.5
本地生产总值	（亿澳门元）	1162.1	1448.2	1660.1	1700.9	2237.4
人均本地生产总值	（万澳门元）	23.3	27.5	30.2	31.3	41.0

注：①2009年起劳动人口的年龄下限由14岁改为16岁。

②自2008年开始不包括单车。

③自2008年开始访澳旅客不包括外地雇员及学生等。

④由于公共会计编制方法及概念的改变，2007年与前期的收支及入账方式有所不同，因此2007年的收支项目不宜与前期资料直接比较。2010年数字在日后得到更多资料时会作出修订。

⑤不包括已出售房屋。

⑥不包括特殊教育学生。第n年的学生人数是指n/n+1学年年终学生人数。

11–3 台湾省面积和人口主要指标

项　　目		2006	2007	2008	2009	2010
土地面积	(万平方公里)	3.6	3.6	3.6	3.6	3.6
户籍登记人口数	(万人)	2287.7	2295.8	2303.7	2312.0	2316.2
男	(万人)	1159.2	1160.9	1162.6	1163.7	1163.5
女	(万人)	1128.5	1135.0	1141.1	1148.3	1152.7
粗出生率	(‰)	8.96	8.92	8.64	8.29	7.21
粗死亡率	(‰)	5.95	6.16	6.25	6.22	6.30
人口自然增长率	(‰)	3.01	2.76	2.40	2.07	0.91
一般生育率	(‰)	33	32	31	31	27
结婚率	(对/千人)	6.25	5.89	6.73	5.07	6.00
离婚率	(对/千人)	2.83	2.55	2.43	2.48	2.51
期望寿命						
男	(岁)	74.86	75.46	75.59	75.88	
女	(岁)	80.41	81.72	81.94	82.46	
人口的年龄分布						
0—14岁	(%)	18.12	17.56	16.95	16.34	15.65
15—64岁	(%)	71.88	72.24	72.62	73.03	73.61
65岁及以上	(%)	10.00	10.21	10.43	10.63	10.74
性别比	(女=100)	102.72	102.28	101.89	101.34	100.94
人口密度	(人/平方公里)	632.2	634.4	636.6	638.8	640.0

资源来源：台湾省《统计月报》（以下各表同）。

11–4 台湾省劳动力和就业状况

项　　目		2006	2007	2008	2009	2010
劳动力总计	（万人）	1052.2	1071.3	1085.3	1091.7	1107.0
男	（万人）	605.6	611.6	617.3	618.0	624.2
女	（万人）	446.7	459.7	468.0	473.7	482.8
就业人数	（万人）	1011.1	1029.4	1040.3	1027.9	1049.3
男	（万人）	581.0	586.8	590.2	577.6	588.0
女	（万人）	430.1	442.6	450.1	450.2	461.3
就业者行业构成	(%)	100.0	100.0	100.0	100.0	100.0
农、林、渔、牧业	(%)	5.5	5.3	5.1	5.3	5.2
工　业	(%)	36.6	36.8	36.8	35.8	35.9
矿业及土石采取业	(%)	0.1	0.1	0.1	0.05	0.04
制造业	(%)	27.5	27.6	27.7	27.1	27.3
电力及燃气供应业	(%)	0.3	0.3	0.3	0.3	0.3
用水供应及污染整治业	(%)	0.6	0.6	0.7	0.7	0.7
建筑业	(%)	8.2	8.2	8.1	7.7	7.6
服务业	(%)	57.9	57.9	58.0	58.9	58.8
批发及零售业	(%)	17.4	17.3	17.0	16.9	16.6
运输及仓储业	(%)	4.1	4.0	4.0	3.9	3.9
金融及保险业	(%)	4.0	3.9	4.0	4.0	4.1
咨讯及通讯传播	(%)	2.1	2.0	2.0	2.0	2.0
住宿及餐饮业	(%)	6.6	6.6	6.6	6.7	6.9
教育服务业	(%)	5.6	5.7	5.8	6.0	5.9
公共行政	(%)	3.3	3.2	3.3	3.7	3.7
失业人数	（万人）	41.1	41.9	45.0	63.9	57.7
失业率	(%)	3.9	3.9	4.1	5.9	5.2

11-5 台湾省本地居民生产总值

年份	本地居民生产总值			人均本地居民生产总值	
	新台币亿元	实际年增长率(%)	亿美元①	新台币元	美元①
2003	110251	4.5	3203	488645	14197
2004	117374	6.4	3511	518280	15503
2005	120311	3.8	3739	529313	16449
2006	125552	5.5	3860	550099	16911
2007	132433	6.0	4033	577869	17596
2008	129348	0.5	4101	562439	17833
2009	128908	-1.2	3899	558565	16895
2010	140206	10.6	4432	605921	19155

注：①按当年汇率折算。

11-6 中国与世界主要国家(地区)对比资料
——2009年国土面积和人口

国家和地区	国土面积（万平方公里）	年中人口数（万人）	人口增长率（%）	人口密度（人/平方公里）
世界总计	**13412.3**	**677524**	**1.16**	**52**
中　　国	960.0	133146	0.51	143
中国香港	0.1	700	0.37	6721
中国澳门		54	2.22	19213
孟加拉国	14.4	16222	1.38	1246
文　　莱	0.6	40	1.87	76
柬 埔 寨	18.1	1481	1.66	84
印　　度	328.7	115535	1.34	389
印度尼西亚	190.5	22996	1.15	127
伊　　朗	174.5	7290	1.31	45
以 色 列	2.2	744	1.80	344
日　　本	37.8	12756	-0.11	350
哈萨克斯坦	272.5	1589	1.36	6
韩　　国	10.0	4875	0.29	503
老　　挝	23.7	632	1.84	27
马来西亚	33.1	2747	1.67	84
蒙　　古	156.4	267	1.12	2
缅　　甸	67.7	5002	0.92	77
巴基斯坦	79.6	16971	2.14	220
菲 律 宾	30.0	9198	1.79	308
新 加 坡	0.1	499	3.02	7125
斯里兰卡	6.6	2030	0.73	324
泰　　国	51.3	6776	0.56	133
越　　南	33.1	8728	1.23	281
埃　　及	100.2	8300	1.79	83
尼日利亚	92.4	15473	2.30	170
南　　非	121.9	4932	1.08	41
加 拿 大	998.5	3374	1.28	4
墨 西 哥	196.4	10743	1.01	55
美　　国	983.2	30701	0.86	34
阿 根 廷	278.0	4028	0.98	15
巴　　西	851.5	19373	0.91	23
委内瑞拉	91.2	2838	1.60	32
捷　　克	7.9	1049	0.63	136
法　　国	54.9	6262	0.54	114
德　　国	35.7	8188	-0.28	235
意 大 利	30.1	6022	0.65	205
荷　　兰	4.2	1653	0.52	490
波　　兰	31.3	3815	0.06	125
俄罗斯联邦	1709.8	14185	-0.07	9
西 班 牙	50.5	4596	0.88	92
土 耳 其	78.4	7482	1.21	97
乌 克 兰	60.4	4601	-0.54	79
英　　国	24.4	6184	0.70	256
澳大利亚	774.1	2187	2.05	3
新 西 兰	26.8	432	1.09	16

资料来源：世界银行数据库。

11-7 中国与世界主要国家(地区)对比资料
——按三次产业分就业人员构成

单位：%

国家和地区	第一产业		第二产业		第三产业	
	2005	2008	2005	2008	2005	2008
中　　国③	44.8	38.1	23.8	27.8	31.4	34.1
中国香港	0.3	0.2①	15.0	14.2①	84.7	85.6①
中国澳门	0.1	0.1①	25.0	21.2①	74.7	78.6①
孟加拉国	48.1		14.5		37.4	
印度尼西亚	44.0	41.2①	18.7	18.8①	37.2	39.9①
伊　　朗	24.9	22.8①	30.4	32.0①	44.6	45.1①
以 色 列	2.0	1.6①	21.7	21.9①	75.6	75.6①
日　　本	4.4	4.2①	27.9	27.9①	66.4	66.7①
韩　　国	7.9	7.4①	26.8	25.9①	65.1	66.6①
马来西亚	14.6	14.8①	29.7	28.5①	55.6	56.7①
蒙　　古	39.9	40.6	16.8	15.2	43.3	44.2
巴基斯坦	43.0	43.6①	20.3	21.0①	36.6	35.4①
菲 律 宾	37.0	36.1①	14.9	15.1①	48.1	48.8①
新 加 坡		1.1①		22.6①		76.2①
斯里兰卡	30.3	31.3①	25.2	26.6①	38.4	38.7①
泰　　国	42.6	41.7①	20.2	20.7①	37.1	37.4①
埃　　及	30.9	31.2②	21.5	22.0②	47.5	46.6②
南　　非	7.5	8.8①	25.6	26.0①	66.6	64.9①
加 拿 大	2.7	2.5①	22.5	21.6①	74.7	75.9①
墨 西 哥	14.9	13.5①	25.7	25.9①	58.9	59.9①
美　　国	1.6	1.4①	20.6	20.6①	77.8	78.0①
阿 根 廷	1.1	0.8②	23.5	23.7②	75.1	75.2②
巴　　西	20.5	19.3②	21.4	21.4②	57.9	59.1②
委内瑞拉		8.7①		23.3①		67.7
捷　　克	4.0	3.3	39.5	40.5	56.5	56.1
法　　国	3.6	3.0	23.7	23.1	72.3	72.9
德　　国	2.3	2.2	29.7	29.7	67.8	68.0
意 大 利	4.2	3.8	30.8	29.7	65.0	66.3
荷　　兰	3.2	2.7	19.6	18.2	72.4	73.1
波　　兰	17.4	14.7①	29.2	30.7①	53.4	54.5①
俄罗斯联邦	10.2	9.0①	29.8	29.2①	60.0	61.8①
西 班 牙	5.3	4.3	29.7	27.8	65.0	67.9
土 耳 其	29.5	26.2	24.8	25.7	45.8	48.1
乌 克 兰	19.4	16.7①	24.2	23.9①	56.4	59.4①
英　　国	1.3	1.4	22.2	21.4	76.2	76.9
澳大利亚	3.6	3.4①	21.1	21.2①	75.0	75.1①
新 西 兰	7.1	7.2①	22.0	21.9①	70.6	70.5①

注：①2007年数据。②2006年数据。③中国数据来源于《中国统计年鉴》。
资料来源：世界银行数据库。

11-8 中国与世界主要国家(地区)对比资料
——国内生产总值及其增长率

国家和地区	2010 国内生产总值①（亿美元）	国内生产总值增长率（%）				
		2005	2007	2008	2009	2010
世　界	**629093**	**4.57②**	**5.40②**	**2.87②**	**-0.52②**	**5.01②**
中　国	58783	11.30	14.20	9.60	9.20	10.30
中国香港	2250	7.08	6.39	2.31	-2.67	6.81
孟加拉国	1049	6.30	6.31	5.96	5.79	6.02
文　莱	130	0.39	0.16	-1.94	-1.77	4.10
柬埔寨	116	13.25	10.21	6.69	-1.96	6.02
印　度	15380	9.17	9.88	6.18	6.76	10.37
印度尼西亚	7067	5.69	6.35	6.01	4.58	6.11
伊　朗	3572	4.67	7.83	1.04	0.07	1.03
以色列	2131	4.87	5.32	4.23	0.80	4.61
日　本	54589	1.93	2.36	-1.16	-6.28	3.94
哈萨克斯坦	1384	9.70	8.90	3.20	1.18	7.00
韩　国	10071	3.96	5.11	2.30	0.20	6.11
老　挝	63	6.77	7.84	7.79	7.59	7.75
马来西亚	2380	5.33	6.48	4.71	-1.71	7.16
蒙　古	61	7.25	10.25	8.90	-1.27	6.14
缅　甸	430	13.57	11.99	3.60	5.14	5.26
巴基斯坦	1749	7.67	5.64	1.64	3.37	4.79
菲律宾	1887	4.95	7.09	3.69	1.06	7.33
新加坡	2227	7.38	8.78	1.49	-0.77	14.47
斯里兰卡	497	6.24	6.80	5.95	3.80	9.13
泰　国	3189	4.61	5.04	2.48	-2.33	7.80
越　南	1036	8.44	8.46	6.31	5.32	6.78
埃　及	2185	4.47	7.09	7.16	4.67	5.15
尼日利亚	2168	5.39	6.97	5.98	6.96	8.39
南　非	3573	5.28	5.57	3.58	-1.68	2.78
加拿大	15741	3.02	2.20	0.52	-2.46	3.07
墨西哥	10391	3.18	3.25	1.50	-6.11	5.52
美　国	146578	3.05	1.95		-2.63	2.83
阿根廷	3703	9.18	8.64	6.79	0.84	9.16
巴　西	20903	3.16	6.09	5.16	-0.64	7.49
委内瑞拉	2907	10.32	8.15	4.78	-3.29	-1.90
捷　克	1922	6.32	6.13	2.46	-4.15	2.32
法　国	25825	1.96	2.32	0.09	-2.55	1.49
德　国	33156	0.91	2.78	0.70	-4.67	3.50
意大利	20551	0.66	1.48	-1.32	-5.22	1.30
荷　兰	7833	2.05	3.92	1.88	-3.91	1.75
波　兰	4685	3.62	6.79	5.13	1.65	3.82
俄罗斯联邦	14651	6.39	8.54	5.23	-7.80	3.96
西班牙	14100	3.62	3.57	0.86	-3.72	-0.15
土耳其	7419	8.40	4.67	0.66	-4.69	8.20
乌克兰	1364	2.75	7.94	1.95	-14.82	4.21
英　国	22475	2.17	2.69	-0.06	-4.87	1.25
澳大利亚	12355	3.13	4.59	2.59	1.33	2.75
新西兰	1404	3.27	2.84	-0.15	-2.09	1.52

注：①按汇率法计算。②按购买力平价法加权。
资料来源：国际货币基金组织数据库。

11-9 中国与世界主要国家(地区)对比资料
——居民消费价格指数

(2000年=100)

国家和地区	总指数			其中：食品和非酒精饮料		
	2008	2009	2010	2008	2009	2010
中　　国	120.4	119.6		152.8	153.9	
中国香港	101.6	95.1			114.1	
中国澳门	119.4	120.8		133.2	140.6	147.2
孟加拉国①	160.7	169.4	183.2	168.7	177.9	195.9
文　　莱	103.8					
柬 埔 寨	151.4	159.0	165.4	100.0	64.1	104.0
印　　度②	147.5	163.2			173.1	194.2
印度尼西亚	207.2	216.1			225.7	247.0
伊　　朗	309.1	350.7			146.5⑦	164.8⑦
以 色 列	116.6	114.7			116.8	119.8
日　　本	99.5	98.1			101.9	101.7
哈萨克斯坦	197.5			223.1③		
韩　　国	129.2	132.9			149.5	159.2
老　　挝	195.9	195.9			214.7	
马来西亚	121.5	122.3		126.1	131.4	
蒙　　古⑧	140.3	151.0		158.2	160.9	
缅　　甸	610.3			638.3		
巴基斯坦	180.8	205.5		202.6	229.6	268.0
菲 律 宾	155.0	160.0		152.3	161.1	
新 加 坡	113.4	113.6		117.8	120.5	122.2
斯里兰卡（科伦坡）⑨	199.9	206.8		213.3	219.2	234.2
泰　　国	126.1	125.0	129.2	139.4	145.6	153.5
越　　南	177.0	188.9		221.4	239.9	
埃　　及	186.4	208.4	161.3		188.1⑥	137.6⑥
尼日利亚	264.0	296.6		270.0	309.6	355.7
南　　非	160.0	171.4		100.0⑩	109.5⑩	111.0⑩
加 拿 大	119.6	119.9	122.2	124.1	130.2	132.0
墨 西 哥	144.0	151.6		154.1	167.5	174.0
美　　国④	125.0			127.6		130.9
阿根廷(布宜诺斯艾利斯)	211.9	225.5	248.8	244.0	250.9	287.0
巴　　西	172.8	181.2			192.9	
委内瑞拉(加拉加斯)	452.1	581.4		738.0	958.3	
捷　　克	125.4					
法　　国	116.6	116.7			120.4	121.4
德　　国		115.9			116.8	118.5
意 大 利	120.7⑤	121.6⑤			127.7	127.9
荷　　兰	119.1	120.6		115.6	116.8	116.7
波　　兰	123.6	127.9		122.5	127.8	131.1
俄罗斯联邦	272.5			274.6		
西 班 牙	125.8	125.5			132.0	131.0
土 耳 其	433.7	460.8	500.3	155.9	168.4	186.2
乌 克 兰	226.4	262.4		100.0	110.9	
英　　国	126.1	125.5		125.2	131.8	136.0
澳大利亚	128.4	130.7	134.4	138.5	143.6	145.9
新 西 兰	124.4	127.0		129.1	136.8	138.1

注：①政府官员。②指产业工人。③包括酒精饮料和烟草。④城市消费者。⑤不包含烟草。⑥2004年为100。
⑦2007年为100。⑧2006年为100。⑨2002年为100。⑩2008年为100。

资料来源：联合国ILO数据库。

11-10 中国与世界主要国家(地区)对比资料
——货物进出口额

单位：亿美元

国家和地区	2009		2010	
	出　口	进　口	出　口	进　口
世　　界①	**125220**	**127180**	**152380**	**153760**
中　　国	12016	10059	15778	13951
中国香港	3294	3522	4010	4420
中国澳门	10	48	9	61
孟加拉国	151	218	192	278
文　　莱	72	25	92	34
柬 埔 寨	43	59	50	75
印　　度	1649	2572	2162	3227
印度尼西亚	1196	900	1582	1317
伊　　朗	788	505	1009	627
以 色 列	479	493	584	613
日　　本	5807	5520	7698	6926
哈萨克斯坦	432	284	592	298
韩　　国	3635	3231	4664	4252
老　　挝	10	14	16	18
马来西亚	1574	1238	1988	1647
蒙　　古	19	21	29	33
缅　　甸	67	43	86	47
巴基斯坦	175	317	215	378
菲 律 宾	384	459	514	583
新 加 坡	2698	2458	3519	3108
斯里兰卡	73	102	85	136
泰　　国	1524	1337	1953	1824
越　　南	571	699	722	848
埃　　及	231	449	264	529
尼日利亚	530	339	790	370
南　　非	617	732	818	940
加 拿 大	3167	3299	3872	4015
墨 西 哥	2297	2415	2984	3106
美　　国	10560	16053	12781	19681
阿 根 廷	557	388	685	564
巴　　西	1530	1337	2019	1915
委内瑞拉	576	406	658	408
捷　　克	1130	1050	1330	1262
法　　国②	4846	5601	5205	6058
德　　国	11200	9263	12688	10671
意 大 利	4069	4151	4478	4840
荷　　兰	4979	4432	5719	5167
波　　兰	1365	1495	1559	1738
俄罗斯联邦	3034	1918	4000	2484
西 班 牙	2273	2932	2445	3122
土 耳 其	1021	1409	1139	1855
乌 克 兰	398	455	515	609
英　　国	3529	4829	4047	5575
澳大利亚	1543	1655	2124	2016
新 西 兰	249	256	314	306

注：①包括中国香港的转口贸易。②包括法属圭亚那、瓜德罗普、马提尼克和留尼汪的贸易值。
资料来源：世界贸易组织数据库。

附录篇

BEIJING AREA
STATISTICAL YEARBOOK

“十一五”时期主要指标数据及指标解释

SHIYIWU SHIQI
ZHUYAO ZHIBIAO SHUJU
JI ZHIBIAO JIESHI

附录1："十一五"时期主要指标数据

附1 "十一五"时期主要指标数据

单位：万人

区 县	户籍人口					
	"十一五"基年	"十一五"时期				
	2005	2006	2007	2008	2009	2010
全　市	**1180.7**	**1197.6**	**1213.3**	**1229.9**	**1245.8**	**1257.8**
首都功能核心区	**225.7**	**225.3**	**226.3**	**227.4**	**228.7**	**230.1**
东 城 区	97.0	95.7	95.4	95.4	95.6	95.6
原东城区	61.2	61.4	61.8	61.9	62.1	62.0
原崇文区	35.8	34.3	33.6	33.5	33.5	33.6
西 城 区	128.7	129.6	130.9	132.0	133.1	134.5
原西城区	75.7	76.4	77.4	78.3	79.3	80.4
原宣武区	53.0	53.2	53.5	53.7	53.7	54.1
城市功能拓展区	**495.3**	**508.2**	**519.4**	**531.0**	**542.2**	**550.7**
朝 阳 区	171.1	174.5	178.4	181.8	185.3	188.6
丰 台 区	97.4	99.6	101.7	103.6	105.2	106.3
石景山区	35.0	35.2	35.4	35.7	36.0	36.2
海 淀 区	191.8	198.9	203.9	209.9	215.8	219.6
城市发展新区	**299.0**	**302.4**	**305.6**	**308.7**	**311.7**	**314.6**
房 山 区	75.4	75.8	76.1	76.5	76.7	76.8
通 州 区	62.9	63.7	64.3	64.9	65.6	66.3
顺 义 区	55.9	56.2	56.7	57.4	57.8	58.2
昌 平 区	48.2	49.2	50.4	51.2	52.3	53.3
大 兴 区	56.6	57.5	58.1	58.7	59.3	59.9
生态涵养发展区	**160.7**	**161.7**	**162.0**	**162.6**	**163.2**	**162.4**
门头沟区	23.8	23.9	24.0	24.1	24.4	24.6
怀 柔 区	27.3	27.4	27.6	27.7	27.8	27.7
平 谷 区	39.5	39.7	39.6	39.7	39.8	39.5
密 云 县	42.5	42.9	42.9	43.1	43.1	42.8
延 庆 县	27.6	27.8	27.9	28.0	28.1	27.9

资料来源：北京市公安局。

附1 续表1

单位：万人

区 县	暂住人口					
	"十一五"基 年	"十一五"时 期				
	2005	2006	2007	2008	2009	2010
全 市	**355.1**	**516.9**	**554.9**	**748.3**	**874.9**	**886.1**
首都功能核心区	**29.7**	**40.4**	**40.8**	**53.7**	**47.3**	**50.5**
东 城 区	13.6	19.6	18.5	20.8	21.0	22.0
原东城区	9.2	12.5	11.2	14.0	12.5	
原崇文区	4.4	7.1	7.3	6.8	8.5	
西 城 区	16.1	20.8	22.3	32.9	26.3	28.5
原西城区	7.3	10.3	10.4	18.2	11.9	
原宣武区	8.8	10.5	11.9	14.7	14.4	
城市功能拓展区	**209.4**	**318.9**	**342.2**	**420.2**	**506.9**	**522.9**
朝 阳 区	90.7	130.6	135.3	188.2	222.0	219.2
丰 台 区	38.4	80.4	85.8	87.8	108.9	111.7
石景山区	15.0	15.4	17.4	23.4	19.9	19.0
海 淀 区	65.3	92.5	103.7	120.8	156.1	173.0
城市发展新区	**98.0**	**133.2**	**152.8**	**243.5**	**289.6**	**275.9**
房 山 区	13.4	16.1	12.0	19.5	19.9	20.9
通 州 区	21.6	24.2	33.7	48.5	59.6	64.8
顺 义 区	14.8	21.9	23.8	34.0	27.0	25.4
昌 平 区	18.8	35.5	41.8	69.0	89.5	84.2
大 兴 区	29.4	35.5	41.5	72.6	93.6	80.6
生态涵养发展区	**18.0**	**24.5**	**19.1**	**30.9**	**31.1**	**36.8**
门头沟区	4.9	8.1	6.4	8.0	7.9	9.6
怀 柔 区	5.3	7.0	5.2	8.9	9.5	10.8
平 谷 区	2.4	2.6	2.3	3.7	4.4	6.3
密 云 县	3.6	4.5	3.0	7.3	6.0	6.9
延 庆 县	1.8	2.2	2.2	3.0	3.3	3.2

注：暂住人口是指不具有本市户口，来自外省(市)、在京暂住三日以上，并向公安机关申报暂住登记以及领取暂住证的人员。
资料来源：北京市公安局。

附1 续表2

单位：万人

区　县	常住人口					
	"十一五"基　年	"十一五"时　期				
	2005	2006	2007	2008	2009	2010
全　　市	**1538.0**	**1581.0**	**1633.0**	**1695.0**	**1755.0**	**1961.2**
首都功能核心区	**205.2**	**206.1**	**206.9**	**208.3**	**211.1**	**216.2**
东 城 区	86.0	85.2	85.1	85.0	86.5	91.9
原东城区	54.9	55.1	55.2	55.3	56.3	57.3
原崇文区	31.1	30.1	29.9	29.7	30.2	34.6
西 城 区	119.2	120.9	121.8	123.3	124.6	124.3
原西城区	66.0	66.6	66.5	67.3	68.1	67.4
原宣武区	53.2	54.3	55.3	56.0	56.5	56.9
城市功能拓展区	**748.0**	**773.6**	**805.4**	**835.6**	**868.9**	**955.4**
朝 阳 区	280.2	291.1	300.1	308.3	317.9	354.5
丰 台 区	156.8	161.6	169.3	175.3	182.3	211.2
石景山区	52.4	52.2	54.6	59.0	60.5	61.6
海 淀 区	258.6	268.7	281.4	293.0	308.2	328.1
城市发展新区	**411.6**	**424.7**	**446.2**	**470.8**	**491.7**	**603.2**
房 山 区	87.0	88.6	88.7	90.5	91.2	94.5
通 州 区	86.7	89.5	96.5	103.9	109.3	118.4
顺 义 区	71.1	71.8	73.6	72.5	73.2	87.7
昌 平 区	78.2	82.9	89.6	94.2	102.1	166.1
大 兴 区	88.6	91.9	97.8	109.7	115.9	136.5
生态涵养发展区	**173.2**	**176.6**	**174.5**	**180.3**	**183.3**	**186.4**
门头沟区	27.7	27.7	27.0	27.5	28.0	29.0
怀 柔 区	32.2	33.0	31.6	35.8	38.0	37.3
平 谷 区	41.4	42.3	42.4	42.6	42.7	41.6
密 云 县	43.9	45.0	44.9	45.7	45.8	46.8
延 庆 县	28.0	28.6	28.6	28.7	28.8	31.7

注：2005年数据根据2005年1%人口抽样调查数据推算；2006—2009年数据根据历年人口变动情况抽样调查数据推算；2010年数据为第六次全国人口普查数据，普查标准时点为2010年11月1日零时。

附1 续表3

单位：万人

区　　县	常住人口中的外来人口					
	"十一五"基　年	"十一五"时　期				
	2005	2006	2007	2008	2009	2010
全　　市	**357.3**	**383.4**	**419.7**	**465.1**	**509.2**	**704.5**
首都功能核心区	**36.4**	**37.2**	**37.5**	**38.1**	**43.4**	**54.7**
东 城 区	15.3	15.4	15.6	15.4	17.8	22.0
原东城区	10.2	10.2	10.1	10.1	12.0	13.7
原崇文区	5.1	5.2	5.5	5.3	5.8	8.3
西 城 区	21.1	21.8	21.9	22.7	25.6	32.7
原西城区	11.8	11.7	11.0	11.2	13.1	18.1
原宣武区	9.3	10.1	10.9	11.5	12.5	14.6
城市功能拓展区	**209.2**	**222.0**	**242.5**	**260.1**	**279.7**	**379.1**
朝 阳 区	84.0	91.5	96.3	99.8	105.6	151.5
丰 台 区	36.6	39.3	44.7	48.9	52.5	81.3
石景山区	14.9	14.5	16.7	20.8	21.5	20.7
海 淀 区	73.7	76.7	84.8	90.6	100.1	125.6
城市发展新区	**94.4**	**104.5**	**122.3**	**144.3**	**161.0**	**240.0**
房 山 区	11.9	13.1	13.0	14.5	15.0	19.5
通 州 区	19.7	21.5	27.8	34.7	39.9	43.5
顺 义 区	15.6	16.0	17.3	15.4	15.3	27.9
昌 平 区	21.9	25.5	30.5	34.2	39.5	84.7
大 兴 区	25.3	28.4	33.7	45.5	51.3	64.4
生态涵养发展区	**17.3**	**19.7**	**17.4**	**22.6**	**25.1**	**30.7**
门头沟区	4.1	4.0	3.2	3.6	3.8	4.7
怀 柔 区	5.3	6.0	4.5	8.6	10.6	10.3
平 谷 区	2.4	3.1	3.2	3.2	3.3	4.9
密 云 县	3.5	4.1	4.0	4.7	4.8	6.9
延 庆 县	2.0	2.5	2.5	2.5	2.6	3.9

注：2005年数据根据2005年1%人口抽样调查数据推算；2006—2009年数据根据历年人口变动情况抽样调查数据推算；2010年数据为第六次全国人口普查数据，普查标准时点为2010年11月1日零时。

附1 续表4

单位：亿元

区　县	地区生产总值						
	“十一五”基　年	“十一五”时　期					“十一五”时期平均增速(%)
	2005	2006	2007	2008	2009	2010	
全　　市	**6969.5**	**8117.8**	**9846.8**	**11115.0**	**12153.0**	**14113.6**	**11.4**
首都功能核心区	**1703.8**	**1950.5**	**2360.4**	**2666.8**	**2937.9**	**3281.3**	**14.0**
东 城 区	641.3	754.9	881.5	1000.0	1122.4	1223.6	13.8
原东城区	530.8	628.7	738.3	844.9	945.4		
原崇文区	110.5	126.1	143.2	155.1	177.0		
西 城 区	1062.6	1195.6	1478.9	1666.8	1815.6	2057.7	14.1
原西城区	841.7	955.8	1219.3	1373.8	1506.7		
原宣武区	220.8	239.8	259.6	293.0	308.8		
城市功能拓展区	**3249.0**	**3815.9**	**4618.5**	**5264.6**	**5703.3**	**6606.0**	**15.2**
朝 阳 区	1301.7	1559.1	1904.9	2144.0	2380.4	2804.2	16.6
丰 台 区	379.6	439.0	501.9	565.6	627.4	734.8	14.1
石景山区	206.3	223.2	260.4	256.9	248.7	295.5	7.5
海 淀 区	1361.5	1594.6	1951.2	2298.0	2446.9	2771.6	15.3
城市发展新区	**1206.4**	**1445.6**	**1735.5**	**2070.1**	**2468.7**	**2994.5**	**19.9**
房 山 区	209.3	189.9	200.7	200.3	293.5	371.5	12.2
通 州 区	143.2	166.0	194.7	225.8	278.9	344.8	19.2
顺 义 区	258.3	304.7	382.1	542.4	690.2	867.9	27.4
昌 平 区	193.1	225.8	272.5	316.2	342.4	399.9	15.7
大 兴 区	153.5	173.4	202.3	230.5	271.2	311.9	15.2
北京经济技术开发区	249.0	385.9	483.1	554.8	592.5	698.6	22.9
生态涵养发展区	**305.2**	**345.9**	**399.9**	**450.2**	**494.2**	**561.5**	**13.0**
门头沟区	46.0	51.4	59.7	73.2	74.8	86.4	13.4
怀 柔 区	83.1	95.3	114.9	121.5	131.4	148.0	12.2
平 谷 区	57.1	66.6	76.6	87.3	107.0	117.9	15.6
密 云 县	78.7	87.6	98.6	112.7	119.5	141.5	12.4
延 庆 县	40.2	44.9	50.1	55.5	61.5	67.7	11.0

注：1. 本表平均增速：全市按可比价计算，区县按现价计算。
2. 本表根据全国第二次农业普查和全国第二次经济普查结果对2005—2008年数据进行了修订。
3. 地区生产总值区县合计不等于全市是由于区县中扣除了划归市一级核算部分。

附1 续表5

单位：亿元

区　县	地方财政收入						
	"十一五"基　年	"十一五"时　期					"十一五"时期平均增速(%)
	2005	2006	2007	2008	2009	2010	
全　市	**1007.35**	**1235.78**	**1882.04**	**2282.04**	**2678.77**	**3810.91**	**30.5**
首都功能核心区	**120.44**	**147.81**	**202.90**	**286.62**	**293.33**	**318.84**	**21.5**
东 城 区	49.20	55.31	67.51	87.85	94.49	103.81	16.1
原东城区	37.95	41.75	51.81	69.73	73.89		
原崇文区	11.25	13.56	15.70	18.13	20.60		
西 城 区	71.24	92.50	135.39	198.76	198.84	215.03	24.7
原西城区	46.07	64.13	97.13	154.53	152.17		
原宣武区	25.17	28.37	38.26	44.23	46.67		
城市功能拓展区	**184.66**	**230.03**	**301.32**	**354.48**	**413.42**	**491.55**	**21.6**
朝 阳 区	85.30	106.59	141.55	168.32	190.66	234.26	22.4
丰 台 区	18.03	23.31	30.33	34.81	39.80	47.28	21.3
石景山区	10.27	10.54	13.76	15.13	18.16	19.07	13.2
海 淀 区	71.06	89.59	115.68	136.22	164.80	190.94	21.9
城市发展新区	**66.95**	**79.72**	**152.10**	**205.30**	**340.76**	**888.88**	**67.7**
房 山 区	13.35	12.09	23.22	21.03	52.72	168.58	66.1
通 州 区	11.63	14.75	24.30	34.04	66.09	174.67	71.9
顺 义 区	16.85	22.34	44.09	73.74	85.23	145.70	53.9
昌 平 区	14.03	17.19	32.73	42.60	51.96	140.28	58.5
大 兴 区	11.09	13.35	27.76	33.89	84.76	259.65	87.9
生态涵养发展区	**30.42**	**35.06**	**47.32**	**63.12**	**69.89**	**122.78**	**32.2**
门头沟区	7.08	7.47	7.60	15.90	14.10	25.31	29.0
怀 柔 区	7.46	9.24	13.97	20.34	20.27	23.39	25.7
平 谷 区	5.48	7.04	9.06	8.96	13.65	40.14	48.9
密 云 县	7.59	7.30	9.84	11.91	14.91	24.02	25.9
延 庆 县	2.81	4.01	6.85	6.01	6.96	9.92	28.7

注：分区县财政收入为区县级财政收入。
资料来源：北京市财政局。

附1 续表6

单位：亿元

区　县	地方财政支出						
	"十一五"基　年	"十一五"时　期					"十一五"时期平均增速(%)
	2005	2006	2007	2008	2009	2010	
全　市	**1137.28**	**1411.58**	**2067.65**	**2400.93**	**2820.86**	**4064.97**	**29.0**
首都功能核心区	**123.73**	**145.02**	**225.74**	**255.78**	**297.70**	**376.96**	**25.0**
东 城 区	54.97	60.57	94.79	108.12	124.47	128.21	18.5
原东城区	34.70	36.43	62.91	62.19	70.66		
原崇文区	20.27	24.15	31.88	45.92	53.81		
西 城 区	68.76	84.44	130.94	147.67	173.23	248.75	29.3
原西城区	42.27	55.70	92.40	98.57	122.25		
原宣武区	26.49	28.74	38.55	49.10	50.98		
城市功能拓展区	**192.38**	**247.68**	**366.13**	**417.41**	**497.00**	**649.75**	**27.6**
朝 阳 区	60.44	83.84	130.63	150.78	168.66	228.03	30.4
丰 台 区	33.02	42.53	62.02	72.87	89.84	101.69	25.2
石景山区	17.05	18.45	24.07	27.37	36.66	50.91	24.4
海 淀 区	81.87	102.86	149.41	166.39	201.84	269.12	26.9
城市发展新区	**143.82**	**181.22**	**285.74**	**345.16**	**544.31**	**1008.62**	**46.3**
房 山 区	31.76	38.90	55.90	63.51	100.46	219.61	47.2
通 州 区	26.03	35.11	55.27	59.76	89.58	181.57	47.5
顺 义 区	31.95	42.35	68.59	94.86	123.94	161.55	38.3
昌 平 区	26.82	33.78	51.41	63.65	93.25	143.20	39.8
大 兴 区	27.26	31.08	54.57	63.38	137.08	302.69	61.8
生态涵养发展区	**105.08**	**125.19**	**165.25**	**193.82**	**265.88**	**356.71**	**27.7**
门头沟区	19.79	22.52	27.37	36.91	45.20	64.27	26.6
怀 柔 区	22.60	28.06	40.61	48.00	54.65	78.26	28.2
平 谷 区	21.00	25.00	30.82	34.27	53.43	80.32	30.8
密 云 县	24.41	27.94	37.42	41.31	64.67	78.81	26.4
延 庆 县	17.28	21.67	29.03	33.33	47.93	55.04	26.1

注：地方财政支出为决算数；分区县财政支出为区县级实际支出，含市级下拨部分。
资料来源：北京市财政局。

附1 续表7

单位：亿元

区　县	全社会固定资产投资额						
	“十一五”基年	“十一五”时期					“十一五”时期平均增速(%)
	2005	2006	2007	2008	2009	2010	
全　市	**2827.2**	**3371.5**	**3966.6**	**3848.5**	**4858.4**	**5493.5**	**14.4**
首都功能核心区	**522.4**	**633.0**	**655.9**	**591.0**	**522.2**	**362.4**	**1.9**
东 城 区	242.2	270.0	299.7	262.4	286.5	180.7	2.4
原东城区	157.5	155.0	214.9	198.7	205.8		
原崇文区	84.7	114.9	84.8	63.7	80.7		
西 城 区	280.2	363.0	356.2	328.6	235.7	181.7	1.5
原西城区	201.7	275.5	266.8	253.5	145.3		
原宣武区	78.4	87.5	89.4	75.1	90.4		
城市功能拓展区	**1466.6**	**1677.9**	**1999.7**	**1872.4**	**2120.0**	**2456.9**	**11.0**
朝 阳 区	729.5	930.2	1180.4	1096.3	1104.9	1230.7	14.3
丰 台 区	232.2	270.5	346.0	306.3	389.3	504.6	15.3
石景山区	76.5	71.6	76.5	84.4	136.3	154.5	10.6
海 淀 区	428.3	405.6	396.8	385.4	489.5	567.0	1.6
城市发展新区	**665.4**	**848.6**	**1038.9**	**1077.2**	**1805.8**	**2216.0**	**25.9**
房 山 区	127.0	159.7	180.2	159.6	349.8	403.8	23.6
通 州 区	112.3	143.6	156.2	157.1	310.2	364.7	24.3
顺 义 区	133.8	174.3	296.4	255.0	343.9	413.7	27.8
昌 平 区	120.5	169.2	190.3	221.5	290.5	374.4	25.4
大 兴 区	171.8	201.8	215.8	284.0	511.4	659.3	27.2
生态涵养发展区	**172.8**	**212.1**	**272.1**	**308.1**	**410.4**	**458.2**	**22.6**
门头沟区	22.8	22.7	52.4	71.0	85.5	94.8	37.4
怀 柔 区	54.9	62.9	79.1	71.6	93.3	103.6	13.8
平 谷 区	33.5	41.6	42.8	52.0	70.6	82.4	18.8
密 云 县	44.8	59.6	65.8	80.7	112.7	121.7	23.4
延 庆 县	16.7	25.3	32.0	32.8	48.2	55.7	29.6

注：本表按项目所在建设地址划分。

附1 续表8

单位：亿元

区县	社会消费品零售额						
	“十一五”基年	“十一五”时期					“十一五”时期平均增速(%)
	2005	2006	2007	2008	2009	2010	
全市	**2911.66**	**3295.33**	**3835.26**	**4645.52**	**5309.89**	**6229.30**	**16.4**
首都功能核心区	**583.47**	**642.11**	**756.98**	**924.59**	**1007.16**	**1197.87**	**15.5**
东城区	293.88	325.35	394.55	473.29	532.48	645.01	17.0
原东城区	205.31	227.27	278.76	332.87	374.08		
原崇文区	88.58	98.08	115.79	140.42	158.40		
西城区	289.59	316.76	362.43	451.31	474.68	552.86	13.8
原西城区	207.09	225.47	257.06	317.63	329.39		
原宣武区	82.50	91.29	105.38	133.68	145.28		
城市功能拓展区	**1821.96**	**2074.58**	**2372.84**	**2862.35**	**3315.68**	**3861.34**	**16.2**
朝阳区	795.81	931.83	1074.98	1290.23	1478.33	1737.50	16.9
丰台区	317.32	353.40	398.95	517.14	635.04	722.02	17.9
石景山区	132.38	140.56	140.98	152.32	175.92	217.58	10.4
海淀区	576.46	648.79	757.93	902.66	1026.38	1184.25	15.5
城市发展新区	**377.29**	**439.31**	**551.96**	**680.43**	**786.88**	**940.03**	**20.0**
房山区	63.31	69.82	76.29	90.82	99.05	119.79	13.6
通州区	82.33	95.41	122.35	147.16	161.85	187.69	17.9
顺义区	68.19	84.88	108.55	133.51	155.20	180.50	21.5
昌平区	56.17	66.64	86.06	114.95	144.95	168.35	24.5
大兴区	64.64	75.74	85.18	100.70	115.25	133.70	15.6
北京经济技术开发区	42.66	46.81	73.54	93.30	110.57	150.01	28.6
生态涵养发展区	**128.94**	**139.33**	**153.48**	**178.14**	**200.17**	**230.06**	**12.3**
门头沟区	12.84	14.78	16.14	19.49	21.66	25.36	14.6
怀柔区	32.89	32.62	35.18	42.78	48.65	56.16	11.3
平谷区	20.29	22.71	24.36	27.81	31.97	38.21	13.5
密云县	35.94	39.80	45.41	51.15	56.98	64.29	12.3
延庆县	26.97	29.42	32.38	36.91	40.91	46.04	11.3

注：2005—2007年社会消费品零售额数据按第二次经济普查进行了修订，2008年数据为第二次经济普查数据。

附1 续表9

单位：亿元

区 县	农林牧渔业总产值						
	"十一五"基 年	"十一五"时 期					"十一五"时期平均增速(%)
	2005	2006	2007	2008	2009	2010	
全 市	**239.30**	**240.19**	**272.30**	**303.90**	**314.95**	**328.02**	**6.5**
城市功能拓展区	**9.99**	**10.72**	**10.78**	**11.40**	**11.57**	**11.13**	**2.2**
朝阳区	3.91	4.24	4.17	4.36	4.19	4.08	0.9
丰台区	2.71	2.69	2.74	2.91	3.05	3.03	2.3
海淀区	3.38	3.78	3.86	4.13	4.33	4.02	3.5
城市发展新区	**154.69**	**155.54**	**175.22**	**194.32**	**199.64**	**206.02**	**5.9**
房山区	31.41	32.87	37.09	39.74	41.26	42.64	6.3
通州区	28.94	30.60	33.20	37.96	38.46	39.79	6.6
顺义区	49.55	44.42	50.20	54.49	56.65	58.58	3.4
昌平区	10.08	11.34	12.49	14.69	15.38	16.80	10.8
大兴区	34.71	36.31	42.24	47.44	47.89	48.21	6.8
生态涵养发展区	**68.78**	**73.93**	**86.30**	**98.18**	**103.41**	**109.92**	**9.8**
门头沟区	2.06	2.19	2.52	3.13	3.63	3.93	13.8
怀柔区	12.07	13.56	15.45	16.38	16.58	17.08	7.2
平谷区	17.65	18.67	21.74	25.08	26.39	29.44	10.8
密云县	24.01	25.53	30.69	35.29	36.91	39.17	10.3
延庆县	12.99	13.98	15.90	18.29	19.90	20.30	9.3

注：1. 总产值按现价计算，农林牧渔业总产值中含农林牧渔服务业产值。
2. 农林牧渔业总产值使用的价格为农产品生产价格。
3. 2006年为与农业普查衔接的数据，2005年为历史修订数据。

附1 续表10

单位：亿元

区 县	规模以上工业总产值						
	"十一五"基年	"十一五"时期					"十一五"时期平均增速(%)
	2005	2006	2007	2008	2009	2010	
全 市	**6946.20**	**8210.00**	**9648.40**	**10413.09**	**11039.13**	**13699.84**	**14.5**
首都功能核心区	**424.26**	**471.68**	**510.22**	**598.57**	**646.04**	**753.35**	**12.2**
东 城 区	89.34	89.87	82.15	66.78	62.00	67.10	-5.6
原东城区	48.94	53.05	45.64	37.98	38.22		
原崇文区	40.40	36.82	36.51	28.80	23.78		
西 城 区	334.92	381.81	428.07	531.79	584.04	686.25	15.4
原西城区	302.29	347.93	395.21	488.73	535.70		
原宣武区	32.63	33.88	32.85	43.06	48.34		
城市功能拓展区	**2429.39**	**2520.76**	**2774.83**	**2874.71**	**2920.78**	**3447.42**	**7.3**
朝 阳 区	707.75	675.17	674.50	667.42	822.30	1040.46	8.0
丰 台 区	268.92	290.90	328.96	387.43	370.05	433.47	10.0
石景山区	602.30	616.59	676.34	691.92	539.68	630.51	0.9
海 淀 区	850.42	938.10	1095.03	1127.94	1188.76	1342.97	9.6
城市发展新区	**3466.38**	**4259.61**	**5110.96**	**5537.17**	**5809.01**	**7065.18**	**15.3**
房 山 区	611.11	568.55	637.09	821.33	756.07	949.64	9.2
通 州 区	228.74	286.18	348.17	418.06	426.35	592.99	21.0
顺 义 区	864.29	1028.11	1089.44	1215.73	1525.43	1851.56	16.5
昌 平 区	438.57	481.68	633.81	704.82	775.17	987.75	17.6
大 兴 区	204.17	244.51	291.24	348.56	365.81	455.11	17.4
北京经济技术开发区	1119.50	1650.58	2111.21	2028.67	1960.18	2228.13	14.8
生态涵养发展区	**366.40**	**492.02**	**614.30**	**663.18**	**795.03**	**976.58**	**21.7**
门头沟区	48.36	48.61	55.99	68.90	64.99	78.67	10.2
怀 柔 区	119.99	221.53	302.73	302.31	394.69	484.81	32.2
平 谷 区	86.15	100.13	114.49	129.82	148.89	184.72	16.5
密 云 县	92.86	100.80	113.15	126.08	145.63	176.97	13.8
延 庆 县	19.04	20.95	27.95	36.06	40.82	51.41	22.0

注：1. 2005—2006年为全部国有及年主营业务收入在500万元及以上非国有工业口径；2007年及以后调整为年主营业务收入500万元及以上的全部法人工业企业。
2. 根据有关规定，国家电网公司、华北电网有限公司的"工业总产值(当年价格)"由市统计局统一核算，故表中"工业总产值(当年价格)"指标分区县数据之和不等于全市合计。

附1 续表11

单位：万美元

区　县	地区进出口总额						
	"十一五"基　年	"十一五"时　期					"十一五"时期平均增速(%)
	2005	2006	2007	2008	2009	2010	
全　市	**12550643**	**15803663**	**19299976**	**27169290**	**21479103**	**30166129**	**19.2**
首都功能核心区	**3993484**	**4605301**	**5735210**	**8509423**	**6037754**	**8266412**	**15.7**
东 城 区	883813	932884	1205322	1595317	1293913	1397766	9.6
原东城区	845975	886721	1145319	1518436	1220371		
原崇文区	37838	46163	60003	76881	73542		
西 城 区	3109671	3672417	4529888	6914106	4743841	6868646	17.2
原西城区	2865216	3408614	4227450	6554309	4392970		
原宣武区	244455	263803	302438	359797	350871		
城市功能拓展区	**7246984**	**9545088**	**11452986**	**16134859**	**13180004**	**18760537**	**21.0**
朝 阳 区	4964633	6934664	8201607	12469799	9498172	13552098	22.2
丰 台 区	206799	364655	540084	560669	705512	947791	35.6
石景山区	40662	59610	59000	82681	52096	63789	9.4
海 淀 区	2034890	2186159	2652295	3021710	2924224	4196859	15.6
城市发展新区	**1169743**	**1482427**	**1919878**	**2323169**	**2048804**	**2863055**	**19.6**
房 山 区	22847	22148	30198	42274	45145	64141	22.9
通 州 区	88888	121972	166668	192381	175035	236368	21.6
顺 义 区	263902	343574	426734	522285	494459	758057	23.5
昌 平 区	68028	89394	125410	152671	181305	190905	22.9
大 兴 区	726078	905339	1170868	1413558	1152860	1613585	17.3
生态涵养发展区	**140099**	**169889**	**179873**	**193475**	**204827**	**253681**	**12.6**
门头沟区	24399	24685	27921	24136	25894	31745	5.4
怀 柔 区	38387	48854	57174	61704	60020	65318	11.2
平 谷 区	44048	48533	45889	51324	52400	72677	10.5
密 云 县	28034	38464	38177	43121	49084	68187	19.5
延 庆 县	5231	9353	10712	13190	17429	15754	24.7
其　他	**333**	**958**	**12029**	**8364**	**7714**	**22443**	**132.2**

注：其他是指外商常驻机构、外国驻华使领馆、国际组织和外籍专家等进出口单位。
资料来源：中华人民共和国北京海关。

附1 续表12

单位：万美元

区 县	实际利用外商直接投资额						
	“十一五”基 年	“十一五”时 期					“十一五”时期平均增速(%)
	2005	2006	2007	2008	2009	2010	
全 市	**352638**	**455191**	**506572**	**608172**	**612094**	**636358**	**12.5**
首都功能核心区	**41171**	**67051**	**69032**	**121959**	**139728**	**115126**	**22.8**
东 城 区	29433	52734	32655	46018	69529	53592	12.7
原东城区	22333	43198	25789	35011	58520		
原崇文区	7100	9536	6866	11007	11009		
西 城 区	11738	14317	36377	75941	70199	61534	39.3
原西城区	11019	12259	34121	73404	67577		
原宣武区	719	2058	2256	2537	2622		
城市功能拓展区	**194140**	**268679**	**327158**	**347090**	**368687**	**395982**	**15.3**
朝 阳 区	140029	193163	201275	215696	217761	240298	11.4
丰 台 区	5734	10029	13443	11625	10587	12758	17.3
石景山区	841	703	1366	2361	11994	6583	50.9
海 淀 区	47536	64784	111074	117408	128345	136343	23.5
城市发展新区	**104042**	**100950**	**92413**	**119550**	**86012**	**107725**	**0.7**
房 山 区	1415	2571	2364	572	2718	7455	39.4
通 州 区	8419	7726	10330	13754	8088	9042	1.4
顺 义 区	25217	28086	29769	38213	39586	40014	9.7
昌 平 区	3909	6530	7837	7140	8801	8894	17.9
大 兴 区	4878	5085	5351	5837	10205	11554	18.8
北京经济技术开发区	60204	50952	36762	54034	16614	30766	-12.6
生态涵养发展区	**13285**	**18511**	**17969**	**19573**	**17667**	**17525**	**5.7**
门头沟区	430	223	82	1008	1281	200	-14.2
怀 柔 区	5713	10788	12911	7136	7194	6575	2.9
平 谷 区	4202	3670	790	6628	4074	5363	5.0
密 云 县	2569	2689	3750	3527	4504	4552	12.1
延 庆 县	371	1141	436	1274	614	835	17.6

资料来源：北京市商务委员会。

附1 续表13

单位：万人次

区　县	入境旅游者人数						
	"十一五"基　年	"十一五"时　期					"十一五"时期平均增速(%)
	2005	2006	2007	2008	2009	2010	
全　　市	**362.9**	**390.3**	**435.5**	**379.0**	**412.5**	**490.1**	**6.2**
首都功能核心区	**137.1**	**153.5**	**181.6**	**153.9**	**143.0**	**157.2**	**2.8**
东 城 区	95.1	107.1	126.2	104.2	95.2	111.8	3.3
原东城区	84.3	89.5	111.7	96.6	88.7		
原崇文区	10.8	17.6	14.5	7.6	6.5		
西 城 区	42.0	46.4	55.4	49.7	47.8	45.3	1.5
原西城区	18.4	19.6	28.8	29.6	27.9		
原宣武区	23.6	26.8	26.6	20.1	19.9		
城市功能拓展区	**201.4**	**210.7**	**222.7**	**195.3**	**235.0**	**279.8**	**6.8**
朝 阳 区	153.9	160.3	165.8	147.1	171.9	214.0	6.8
丰 台 区	2.7	7.1	5.4	7.4	13.6	8.1	24.4
石景山区	0.2	0.2	0.5	1.1	3.0	4.7	88.2
海 淀 区	44.6	43.1	50.9	39.7	46.6	53.1	3.5
城市发展新区	**23.7**	**25.0**	**28.7**	**27.2**	**33.2**	**51.4**	**16.8**
房 山 区	0.1		…	0.1	0.04	0.04	
通 州 区	2.3	3.7	4.2	3.1	1.8	4.4	13.6
顺 义 区	8.7	8.8	10.6	14.3	17.3	20.0	18.1
昌 平 区	12.0	7.8	10.0	6.6	4.5	6.8	-10.6
大 兴 区	0.6	4.7	3.9	3.1	9.5	20.2	102.0
生态涵养发展区	**0.6**	**1.2**	**2.4**	**2.6**	**1.4**	**1.7**	**22.8**
门头沟区			…	0.1	0.01	0.03	
怀 柔 区	0.2	0.1	0.2	0.3	0.2	0.1	-9.1
平 谷 区	0.2	0.2	0.2	0.2	0.2	0.3	5.8
密 云 县	0.2	0.7	0.9	1.0	0.5	0.5	19.9
延 庆 县	…	0.2	1.1	1.0	0.6	0.8	

附1 续表14

单位：元

区 县	城镇居民人均可支配收入						
	"十一五"基 年	"十一五"时 期					"十一五"时期平均增速(%)
	2005	2006	2007	2008	2009	2010	
全 市	**17653**	**19978**	**21989**	**24725**	**26738**	**29073**	**11.2**
首都功能核心区	**18035**	**20335**	**23548**	**26512**	**28750**	**31231**	**11.6**
东 城 区				26037	28274	30684	
原东城区	18280	20665	23522	26151	28458		
原崇文区	17805	20146	23281	25826	27941		
西 城 区				26861	29099	31633	
原西城区	18515	21570	25204	28059	30442		
原宣武区	17024	18249	21743	25289	27320		
城市功能拓展区	**17204**	**19469**	**22487**	**25517**	**28003**	**30509**	**12.1**
朝 阳 区	17506	19422	22377	25535	27608	30134	11.5
丰 台 区	15795	18024	20574	23006	24835	27081	11.4
石景山区	16183	18045	20745	23805	25736	28051	11.6
海 淀 区	18479	21357	25312	28418	30677	33351	12.5
城市发展新区	**15643**	**17010**	**18858**	**20800**	**22526**	**24352**	**9.3**
房 山 区	15175	16987	18713	20329	21955	23769	9.4
通 州 区	15603	17070	18887	20708	22455	24427	9.4
顺 义 区	16167	17654	19843	21470	23179	24825	9.0
昌 平 区	15684	17002	18874	20834	22556	24428	9.3
大 兴 区	15179	16321	17899	20707	22548	24368	9.9
生态涵养发展区	**15502**	**16866**	**18400**	**20537**	**22113**	**23994**	**9.1**
门头沟区	16006	17650	19466	21613	23345	25313	9.6
怀 柔 区	15661	16948	18628	20143	21540	23428	8.4
平 谷 区	15050	16419	18018	20148	21757	23606	9.4
密 云 县	15106	16548	17962	20135	21600	23438	9.2
延 庆 县	15596	16703	17955	20120	21573	23329	8.4

附1 续表15

单位：元

区　县	城镇居民人均消费性支出						
	"十一五"基年	"十一五"时期					"十一五"时期平均增速(%)
	2005	2006	2007	2008	2009	2010	
全　市	**13244**	**14825**	**15330**	**16460**	**17893**	**19934**	**9.6**
首都功能核心区	**14068**	**15544**	**17406**	**18725**	**20577**	**22243**	**9.6**
东 城 区				18934	20434	22196	
原东城区	14392	16163	18345	18821	20683		
原崇文区	13337	15077	17707	19142	19983		
西 城 区				19265	20682	22277	
原西城区	14458	16105	18472	20528	21970		
原宣武区	13841	14583	15082	17608	18977		
城市功能拓展区	**12618**	**14170**	**15587**	**17132**	**18659**	**21017**	**10.7**
朝 阳 区	13257	14855	16710	18410	20330	22406	11.1
丰 台 区	11988	13537	14305	16095	16962	18207	8.7
石景山区	11636	12475	13526	15370	17081	18903	10.2
海 淀 区	12942	14836	16787	16801	18218	21597	10.8
城市发展新区	**10842**	**11488**	**12294**	**13121**	**14324**	**15915**	**8.0**
房 山 区	11648	12310	12734	12664	13886	15870	6.4
通 州 区	11077	11666	12431	12741	14041	16046	7.7
顺 义 区	10208	10853	11751	12701	13466	14257	6.9
昌 平 区	10849	12157	13001	14108	15690	17123	9.6
大 兴 区	10107	10127	11113	12872	14097	15805	9.4
生态涵养发展区	**10741**	**11473**	**12127**	**13051**	**14285**	**15711**	**7.9**
门头沟区	11975	13539	14118	14881	15953	17617	8.0
怀 柔 区	10549	11372	11888	12457	13992	15137	7.5
平 谷 区	10478	11279	11471	12360	13513	14895	7.3
密 云 县	10175	10410	11381	12766	14090	15628	9.0
延 庆 县	10384	10506	11084	11296	11823	13467	5.3

附1 续表16

单位：元

区　　县	农村居民人均纯收入						
	"十一五"基　年	"十一五"时　期					"十一五"时期平均增速(%)
	2005	2006	2007	2008	2009	2010	
全　　市	**7860**	**8620**	**9559**	**10747**	**11986**	**13262**	**11.0**
城市功能拓展区	**10179**	**10977**	**12196**	**13812**	**15393**	**16973**	**10.8**
朝 阳 区	11085	11941	13284	15090	16633	18331	10.6
丰 台 区	8995	9570	10350	11584	13179	14544	10.1
海 淀 区	9987	11002	12548	14319	16011	17661	12.1
城市发展新区	**7421**	**8163**	**9085**	**10179**	**11354**	**12574**	**11.1**
房 山 区	7205	8013	8981	10073	11315	12492	11.6
通 州 区	7661	8349	9115	10213	11361	12613	10.5
顺 义 区	7459	8298	9266	10402	11648	12898	11.6
昌 平 区	7416	8091	9037	10121	11318	12548	11.1
大 兴 区	7405	8093	9040	10103	11132	12335	10.7
生态涵养发展区	**7233**	**7894**	**8678**	**9738**	**10864**	**12024**	**10.7**
门头沟区	7556	8330	9198	10282	11475	12672	10.9
怀 柔 区	7201	7862	8805	9871	11013	12256	11.2
平 谷 区	7336	7985	8749	9790	10872	12036	10.4
密 云 县	7203	7814	8489	9529	10682	11858	10.5
延 庆 县	6985	7619	8311	9385	10470	11531	10.5

附1 续表17

单位：元

区 县	农村居民人均生活消费支出						
	"十一五"基 年	"十一五"时 期					"十一五"时期平均增速(%)
	2005	2006	2007	2008	2009	2010	
全 市	**5515**	**6061**	**6828**	**7656**	**9141**	**10109**	**12.9**
城市功能拓展区	**7662**	**8414**	**9372**	**10702**	**12558**	**14150**	**13.1**
朝 阳 区	8017	8828	9872	11260	13297	15224	13.7
丰 台 区	6848	7670	8282	9385	10971	12089	12.0
海 淀 区	8069	8615	9868	11400	13305	14891	13.0
城市发展新区	**5278**	**5848**	**6468**	**7156**	**8594**	**9703**	**13.0**
房 山 区	5204	5813	6155	6889	8234	8915	11.4
通 州 区	4566	5472	5965	6766	8296	9840	16.6
顺 义 区	5450	5832	6266	6906	8056	8639	9.7
昌 平 区	6735	7217	7870	8667	9724	11379	11.1
大 兴 区	4426	4846	6086	6541	8671	9806	17.2
生态涵养发展区	**4610**	**4991**	**5840**	**6561**	**7886**	**8251**	**12.3**
门头沟区	5532	6120	6888	7444	8312	8632	9.3
怀 柔 区	4502	4795	5872	6960	8939	9106	15.1
平 谷 区	4231	4604	5927	6329	7626	8348	14.6
密 云 县	4716	5169	5926	7008	8831	8860	13.4
延 庆 县	4383	4669	5003	5536	6239	6754	9.0

附1 续表18

单位：万人

区 县	小学在校学生数					
	"十一五"基 年	"十一五"时 期				
	2005	2006	2007	2008	2009	2010
全 市	**49.45**	**47.33**	**66.66**	**65.95**	**64.71**	**65.33**
首都功能核心区	**8.12**	**7.81**	**9.58**	**9.53**	**9.47**	**9.56**
东 城 区	3.99	3.88	4.63	4.63	4.57	4.57
原东城区	2.68	2.65	3.12	3.15	3.13	
原崇文区	1.31	1.22	1.51	1.48	1.44	
西 城 区	4.13	3.93	4.94	4.89	4.91	4.99
原西城区	2.63	2.56	3.15	3.14	3.15	
原宣武区	1.50	1.37	1.79	1.75	1.75	
城市功能拓展区	**17.64**	**17.20**	**28.36**	**28.69**	**28.58**	**28.99**
朝 阳 区	4.78	4.58	8.28	8.22	8.17	8.41
丰 台 区	3.28	2.93	6.34	6.42	6.44	6.43
石景山区	1.33	1.28	1.94	2.06	2.09	2.07
海 淀 区	8.25	8.40	11.80	11.99	11.89	12.08
城市发展新区	**14.50**	**13.74**	**19.54**	**19.19**	**18.78**	**19.22**
房 山 区	3.80	3.56	4.09	3.96	3.74	3.71
通 州 区	2.87	2.69	4.51	4.46	4.58	4.79
顺 义 区	2.50	2.38	3.37	3.21	3.05	3.21
昌 平 区	2.22	2.15	3.40	3.44	3.37	3.50
大 兴 区	3.11	2.96	4.16	4.12	4.04	4.01
生态涵养发展区	**9.19**	**8.58**	**9.19**	**8.54**	**7.88**	**7.55**
门头沟区	1.07	1.02	1.41	1.33	1.24	1.19
怀 柔 区	1.65	1.51	1.71	1.62	1.52	1.48
平 谷 区	2.39	2.19	2.03	1.85	1.67	1.59
密 云 县	2.46	2.31	2.40	2.22	2.04	1.97
延 庆 县	1.61	1.55	1.63	1.52	1.40	1.32

注：从2007年开始，普通中学、小学、工读学校、特殊教育、学前教育在校学生数包括外省市户口借读学生。
数据来源：北京市教育委员会。

附1 续表19

单位：万人

区　县	普通中学在校学生数					
	“十一五”基　年	“十一五”时　期				
	2005	2006	2007	2008	2009	2010
全　市	**59.99**	**54.77**	**57.68**	**54.43**	**52.24**	**50.83**
首都功能核心区	**12.89**	**11.96**	**11.76**	**10.80**	**10.30**	**9.92**
东 城 区	5.97	5.59	5.50	4.99	4.75	4.56
原东城区	4.02	3.77	3.63	3.31	3.15	
原崇文区	1.95	1.82	1.87	1.68	1.60	
西 城 区	6.92	6.37	6.26	5.81	5.54	5.36
原西城区	4.49	4.18	4.15	3.91	3.79	
原宣武区	2.43	2.19	2.11	1.90	1.76	
城市功能拓展区	**19.06**	**18.02**	**20.62**	**19.91**	**19.64**	**19.50**
朝 阳 区	5.29	4.86	5.66	5.26	5.05	5.00
丰 台 区	3.11	2.77	3.36	3.26	3.18	3.09
石景山区	1.42	1.35	1.52	1.48	1.47	1.46
海 淀 区	9.24	9.03	10.08	9.91	9.93	9.95
城市发展新区	**18.04**	**15.91**	**16.60**	**15.56**	**14.71**	**14.29**
房 山 区	4.52	3.94	3.75	3.44	3.26	3.14
通 州 区	4.06	3.58	3.74	3.50	3.20	3.06
顺 义 区	4.05	3.46	3.57	3.34	3.13	3.04
昌 平 区	1.98	1.87	2.30	2.24	2.18	2.19
大 兴 区	3.42	3.06	3.24	3.05	2.93	2.87
生态涵养发展区	**9.99**	**8.89**	**8.70**	**8.16**	**7.59**	**7.12**
门头沟区	1.01	0.94	0.99	0.94	0.88	0.82
怀 柔 区	1.63	1.53	1.59	1.52	1.47	1.38
平 谷 区	3.14	2.63	2.34	2.09	1.85	1.70
密 云 县	2.40	2.16	2.22	2.20	2.07	1.95
延 庆 县	1.81	1.63	1.56	1.41	1.33	1.27

数据来源：北京市教育委员会。

附1 续表20

单位：人

区　县	幼儿园在园幼儿数					
	"十一五"基　年	"十一五"时　期				
	2005	2006	2007	2008	2009	2010
全　市	**202301**	**197546**	**214423**	**226681**	**247778**	**276994**
首都功能核心区	**24547**	**20124**	**23410**	**22751**	**24812**	**27051**
东 城 区	11908	9344	10364	9948	11124	11877
原东城区	6641	5439	5680	5626	6403	
原崇文区	5267	3905	4684	4322	4721	
西 城 区	12639	10780	13046	12803	13688	15174
原西城区	8382	6831	7765	7456	8175	
原宣武区	4257	3949	5281	5347	5513	
城市功能拓展区	**99967**	**102095**	**105094**	**111165**	**120954**	**136649**
朝 阳 区	33662	32252	35329	37709	41365	48324
丰 台 区	19481	19702	24699	25341	27388	31410
石景山区	6703	6144	6504	8194	9040	9879
海 淀 区	40121	43997	38562	39921	43161	47036
城市发展新区	**49554**	**48041**	**58513**	**64674**	**71619**	**80139**
房 山 区	14136	13460	15459	17013	18407	22466
通 州 区	8951	8629	10900	11701	13259	13514
顺 义 区	8112	7497	6924	9181	10043	12545
昌 平 区	10076	9346	13851	14140	15929	16069
大 兴 区	8279	9109	11379	12639	13981	15545
生态涵养发展区	**28233**	**27286**	**27406**	**28091**	**30393**	**33155**
门头沟区	4285	4259	4492	4754	5097	5229
怀 柔 区	4874	4461	4591	4914	5749	6190
平 谷 区	6451	6129	5411	4966	5229	6448
密 云 县	6564	6783	7711	8223	8881	9473
延 庆 县	6059	5654	5201	5234	5437	5815

数据来源：北京市教育委员会。

附1 续表21

单位：个

区　县	卫生机构数					
	“十一五”基　年	“十一五”时　期				
	2005	2006	2007	2008	2009	2010
全　市	**4818**	**4878**	**6189**	**6523**	**6603**	**6539**
首都功能核心区	**1102**	**1017**	**1087**	**1053**	**1065**	**1073**
东 城 区	458	461	470	460	468	484
原东城区	327	338	335	318	324	
原崇文区	131	123	135	142	144	
西 城 区	644	556	617	593	597	589
原西城区	432	375	392	368	369	
原宣武区	212	181	225	225	228	
城市功能拓展区	**2065**	**2153**	**2564**	**2718**	**2804**	**2773**
朝 阳 区	798	842	1052	1247	1234	1185
丰 台 区	248	278	434	452	467	482
石景山区	203	187	177	158	176	192
海 淀 区	816	846	901	861	927	914
城市发展新区	**1109**	**1154**	**1875**	**2040**	**2046**	**2001**
房 山 区	227	220	434	494	516	472
通 州 区	205	235	210	239	243	257
顺 义 区	165	170	209	229	233	275
昌 平 区	284	299	574	569	570	517
大 兴 区	228	230	448	509	484	480
生态涵养发展区	**542**	**554**	**663**	**712**	**688**	**692**
门头沟区	117	118	119	122	126	110
怀 柔 区	146	142	192	192	159	175
平 谷 区	68	71	68	104	109	113
密 云 县	106	119	185	195	208	208
延 庆 县	105	104	99	99	86	86

数据来源：北京市卫生局。

附1 续表22

单位：张

区　县	卫生机构床位数					
	“十一五”基　年	“十一五”时　期				
	2005	2006	2007	2008	2009	2010
全　　市	**79067**	**81440**	**83736**	**86196**	**90100**	**92871**
首都功能核心区	**23074**	**22927**	**22887**	**22864**	**22956**	**23925**
东 城 区	10904	10766	10322	9999	9735	10106
原东城区	8838	8709	8347	8027	7866	
原崇文区	2066	2057	1975	1972	1869	
西 城 区	12170	12161	12565	12865	13221	13819
原西城区	7838	7870	8300	8608	8872	
原宣武区	4332	4291	4265	4257	4349	
城市功能拓展区	**30743**	**31807**	**32027**	**33021**	**36366**	**36946**
朝 阳 区	12064	13037	12978	13821	14948	15709
丰 台 区	6158	6194	6555	6518	7830	7876
石景山区	2897	2869	2951	3196	3239	3529
海 淀 区	9624	9707	9543	9486	10349	9832
城市发展新区	**18102**	**19181**	**21408**	**22421**	**22686**	**23725**
房 山 区	4569	4478	5097	5365	5587	6077
通 州 区	2351	2449	2503	2538	2527	2608
顺 义 区	2259	2313	3196	3120	3144	3149
昌 平 区	5885	6569	6859	7209	7147	7457
大 兴 区	3038	3372	3753	4189	4281	4434
生态涵养发展区	**7148**	**7525**	**7414**	**7890**	**8092**	**8275**
门头沟区	2381	2446	2376	2513	2534	2651
怀 柔 区	1284	1447	1339	1441	1401	1377
平 谷 区	1229	1339	1681	1863	1907	1900
密 云 县	1182	1211	1022	1055	1207	1270
延 庆 县	1072	1082	996	1018	1043	1077

数据来源：北京市卫生局。

附录2：指标解释

（一）法人情况

法人单位 指具备以下条件的单位：（1）依法成立、有自己的名称、组织机构和场所、能够独立承担民事责任；（2）独立拥有和使用（或授权使用）资产、承担负债、有权与其他单位签订合同；（3）会计上独立核算、能够编制资产负债表。法人单位包括企业法人、事业单位法人、机关法人、社会团体法人、民办非企业法人和其他法人。

单产业法人 指只位于一个场所并主要从事一种社会经济的法人单位。

多产业法人 指从事多种经济活动，或者位于多个地点的法人单位。多产业法人单位由两个或两个以上产业活动单位组成。

登记注册类型 以在工商行政管理机关登记注册的各类企业为划分对象。行政机关、事业单位和社会团体及其他经济组织参照执行。

国有企业 指企业全部资产归国家所有，并按《中华人民共和国企业法人登记管理条例》规定登记注册的非公司制的经济组织。不包括有限责任公司中的国有独资公司。

集体企业 指企业资产归集体所有，并按《中华人民共和国企业法人登记管理条例》规定登记注册的经济组织。

股份合作企业 以合作制为基础，由企业职工共同出资入股，吸收一定比例的社会资产投资组建，实行自主经营、自负盈亏，共同劳动，民主管理，按劳分配与按股分红相结合的一种集体经济组织。

联营企业 指两个及两个以上相同或不同所有制的企业法人或事业单位法人按自愿、平等、互利的原则，共同投资组成的经济组织。包括国有联营、集体联营、国有与集体联营和其他联营企业。

有限责任公司 指根据《中华人民共和国公司登记管理条例》规定登记注册，由2个以上、50个以下的股东共同出资，每个股东以其所认缴的出资额对公司承担有限责任，公司以其全部资产对其债务承担责任的经济组织。有限责任公司包括国有独资公司、其他有限责任公司。

股份有限公司 指根据《中华人民共和国公司登记管理条例》规定登记注册，其全部注册资本由等额股份构成并通过发行股票筹集资本，股东以其认购的股份对公司承担有限责任，公司以其全部资产对其债务承担责任的经济组织。

私营企业 指由自然人投资设立或由自然人控股，以雇佣劳动为基础的盈利性经济组织。包括按照《公司法》、《合伙企业法》、《私营企业暂行条例》、《个人独资企业法》规定登记注册的私营独资企业、私营合伙企业、私营有限责任公司、私营股份有限公司和个人独资企业。

其他企业 指上述类型之外的其他内资经济组织。

港、澳、台商投资企业 指港澳台地区投资者依照中华人民共和国有关涉外经济的法律、法规，以合资、合作、独资、股份有限公司的形式在内地设立的企业。凡其中港澳台股本占公司注册资本比例小于25%的，属于内资企业中的股份有限公司。

外商投资企业 指外国企业或外国人依照中华人民共和国有关涉外经济的法律、法规，以合资、合作、独资、股份有限公司的形式在中国内地投资设立的企业。凡其中外资股本占公司注册资本比例小于25%的，属于内资企业中的股份有限公司。

（二）人口和就业

户籍人口　指根据户籍登记情况统计的人口，以派出所办理的户籍登记和监狱管理局、劳教工作管理局掌握的服刑人员的情况为基础进行汇总而成。

暂住人口　指不具有本市户籍户口，来自北京市行政区划以外的省、自治区、直辖市，在京暂住三日以上，并向公安机关申报暂住登记以及领取暂住证件的人员。

常住人口　指在某地区实际居住半年以上的人口。

常住外来人口　指不具有本市户籍户口，来自北京市行政区划以外的省、自治区、直辖市，在京居住半年以上的人口。

从业人员　指在各级国家机关、党政机关、社会团体及企业、事业单位中工作，取得工资或其他形式的劳动报酬的全部人员。包括在岗职工、聘用的离退休人员以及在单位中工作的港澳台及外籍人员、兼职人员、借用的外单位人员和第二职业者。不包括本单位的不在岗职工。

在岗职工　指在本单位工作并由单位支付工资的人员，以及有工作岗位，但由于学习、病伤产假（6个月以内）等原因暂未工作，仍由单位支付工资的人员。

在岗职工工资总额　与“在岗职工”指标相对应，根据1990年1月1日的国家统计局令（一号）修订，指单位在报告期内直接支付给本单位在岗职工的劳动报酬总额。包括基础工资、职务工资、级别工资、工龄工资、计件工资、奖金、各种津贴和补贴、交通补贴、洗理费、书报费、旅游费、过节费、伙食补助、住房补贴、住房提租补贴、由单位从个人工资中直接为其代扣或代缴的个人所得税、房水电费以及住房公积金和社会保险基金个人缴纳部分等。

在岗职工平均工资　指企业、事业、机关等单位的在岗职工在一定时期内的人均劳动报酬。它表明一定时期在岗职工工资收入的高低程度，是反映在岗职工工资水平的主要指标。

城镇登记失业人数　指年末实有的城镇登记失业人员数（包括全部正在领取失业保险金的失业人员）。

（三）国民经济核算

地区生产总值　指按市场价格计算的地区生产总值的简称。它是一个地区所有常住单位在一定时期内生产活动的最终成果。地区生产总值有三种表现形式，即价值形态、收入形态和产品形态。从价值形态看，它是所有常住单位在一定时期内所生产的全部货物和服务价值超过同期投入的全部非固定资产货物和服务价值的差额，即所有常住单位的增加值之和；从收入形态看，它是所有常住单位在一定时期内所创造并分配给常住单位和非常住单位的初次分配收入之和；从产品形态看，它是最终使用的货物和服务减去进口货物和服务。在实际核算中，地区生产总值的三种表现形态表现为三种计算方法，即生产法、收入法和支出法。三种方法分别从不同的方面反映地区生产总值及其构成。

三次产业　根据社会生产活动历史发展的顺序对产业结构的划分，产品直接取自自然界的部门称为第一产业，对初级产品进行再加工的部门称为第二产业。为生产和消费提供各种服务的部门称为第三产业。它是世界上通用的产业结构分类，但各国的划分不尽一致。我国2002年版国民经济行业分类标准：

第一产业：农、林、牧、渔业（包括农业、林业、畜牧业、渔业和农、林、牧、渔服务业）。

第二产业：工业（包括采矿业、制造业、电力、燃气及水的生产及供应业）和建筑业。

第三产业：除第一、第二产业以外的其他各业。

（四）财　　政

地方财政收入　包括一般预算财政收入和基金预算收入。

一般预算财政收入　指通过一定的形式和程序，由各级财政部门组织并纳入预算管理的各项收入，也就是会计制度改革以前所称的“预算收入”。

税收收入　包括增值税、营业税、企业所得税、个人所得税、资源税、城市维护建设税、房产税、印花税、城镇土地使用税、土地增值税、车船税、耕地占用税、契税等。

地方财政支出　包括一般预算财政支出和基金预算支出。

一般预算财政支出　指各级财政部门对集中的一般预算收入有计划地分配和使用而安排的支出。

一般公共服务支出　指政府提供基本公共管理与服务的支出，包括人大事务、政协事务、政府办公厅(室)及相关机构事务、发展与改革事务、统计信息事务、财政事务、税收事务、审计事务、海关事务、人力资源事务、纪检监察事务、人口与计划生育事务、 商贸事务、知识产权事务、工商行政管理事务、国土资源事务、 海洋管理事务、 测绘事务、地震事务、气象事务、民族事务、宗教事务、港澳台侨事务、档案事务、共产党事务、民主党派事务及工商联事务、群众团体事务、彩票事务等。

教育支出　指政府教育事务支出，包括教育行政管理、学前教育、小学教育、初中教育、普通高中教育、普通高等教育、初等职业教育、中专教育、技校教育、职业高中教育、高等职业教育、广播电视教育、留学生教育、特殊教育、干部继续教育、教育机关服务等。

社会保障和就业支出　指政府在社会保障与就业方面的支出，包括社会保障和就业管理事务、民政管理事务、财政对社会保险基金的补助、补充全国社会保障基金、行政事业单位离退休、企业改革补助、就业补助、抚恤、退役安置、社会福利、残疾人事业、城市居民最低生活保障、其他城镇社会救济、农村社会救济、自然灾害生活救助、红十字事务等。

医疗卫生支出　指政府医疗卫生方面的支出，包括医疗卫生管理事务支出、医疗服务支出、医疗保障支出、疾病预防控制支出、卫生监督支出、妇幼保健支出、农村卫生支出等。

环境保护支出　指政府环境保护支出，包括环境保护管理事务支出、环境监测与监察支出、污染治理支出、自然生态保护支出、天然林保护工程支出、退耕还林支出、风沙荒漠治理支出、退牧还草支出、已垦草原退耕还草、能源节约利用、污染减排、可再生能源和资源综合利用等支出。

交通运输支出　指政府交通运输和邮政业方面的支出，包括公路运输支出、水路运输支出、铁路运输支出、民用航空运输支出、邮政业支出等。

城乡社区事务支出　指政府城乡社区事务支出，包括城乡社区管理事务支出、城乡社区规划与管理支出、城乡社区公共设施支出、城乡社区住宅支出、城乡社区环境卫生支出、建设市场管理与监督支出等。

农林水事务支出　指政府农林水事务支出，包括农业支出、林业支出、水利支出、扶贫支出、农业综合开发支出等。

（五）投资和建筑业

全社会固定资产投资　包括城镇固定资产投资（含房地产开发投资）和农村固定资产投资。

城镇固定资产投资　指城镇各种登记注册类型的企业、事业、行政单位及个体户进行的计划总投资在50万元及以上的建设项目投资。镇及镇以上各级政府及主管部门直接领导、管理的建设项目和企事业单位的投资均为城镇固定资产投资。

农村固定资产投资　农村投资统计以投资项目建设地址所在的地域为农村投资统计的范围，即农村投资是指各种投资主体建设的建设项目地址在农村区域范围内的、以满足农村居民生产、生活需要为主要目的的各种投资活动。包括农户和非农户固定资产投资。

房地产开发投资　指从本年1月1日起至本年最后一天止完成的全部用于房屋建设工程和土地开发工程的投资额及公益性建筑和土地购置费等投资。

房屋施工面积　指报告期内施工的全部房屋建筑面积。包括本期新开工的面积和上年开工跨入本期继续施工房屋面积，以及上期已停建在本期恢复施工的房屋面积。本期竣工和本期施工后又停建、缓建的房屋面积仍包括在施工面积中，多层建筑应填各层建筑面积之和。

房屋竣工面积　指报告期内房屋建筑按照设计要求已全部完工，达到住人和使用条件，经验收鉴定合格(或达到竣工验收标准)，可正式移交使用的各栋房屋建筑面积的总和。

商品房销售面积　指在报告期内出售商品房屋的合同总面积（即双方签署的正式买卖合同中所确定的建筑面积）。由现房销售建筑面积和期房销售建筑面积两部分组成。

建筑业总产值　指以货币表现的建筑业企业在一定时期内生产的建筑产品和服务的总和。包括建筑工程产值、设备安装工程产值、其他产值三部分内容。

年末从业人员　指在本单位工作并取得劳动报酬或收入的期末实有人员数。年末从业人员包括在各单位工作的外方人员和港澳台方人员、兼职人员、再就业的离退休人员、借用的外单位人员和第二职业者。不包括离开本单位仍保留劳动关系的职工。

利润总额　指企业在生产经营过程中各种收入扣除各种耗费后的盈余，反映企业在报告期内实现的亏盈总额，包括营业利润、补贴收入、投资净收益和营业外收支净额。

（六）能源、环境、城市公用

能源消费总量　指一定地域（行政或地理区域）内，国民经济各行业和居民家庭在一定时期所消费的各种能源的总和。能源消费总量包括终端能源消费量、能源加工转换损失量、能源运输和管理过程的损失量三部分。

平均每万元地区生产总值能源消费量　能源总消费量或分品种能源消费量与地区生产总值之比。

生活垃圾无害化处理量　指报告期内简易处理场和各种垃圾无害化处理场（厂）处理垃圾的总量。垃圾简易处理量指垃圾简易填埋场所处理的垃圾总量。垃圾无害化处理量指垃圾无害化处理场（厂）所处理的垃圾总量。

生活垃圾无害化处理率　指报告期垃圾无害化处理量与垃圾产生量的比率。在统计时，如果生活垃圾产生量不易取得，可用清运量代替。

公路里程 指公路的长度，凡达到《公路工程技术标准（JTGB01—2003）》规定的技术等级的公路，均统计公路里程，包括大、中城市的郊区公路里程，公路通过城镇（指县城、集镇）街道的里程和公路桥梁长度、隧道长度、渡口的宽度以及分期修建的公路已验收交付使用的里程。国道、省道、县道、乡道和专用公路中新增的人工修建的、路基宽度在4.5米以上的等外路里程也纳入公路里程统计。按技术等级公路可分为高速公路、一级公路、二级公路、三级公路、四级公路和等外公路。

（七）农　　业

农林牧渔业总产值 指以货币表现的农林牧渔业的全部产品总量和对农林牧渔业生产活动进行的各种支持性服务活动的价值。包括辖区内全部农林牧渔业生产单位、非农行业单位附属的农林牧渔业生产活动单位以及农户的农业生产活动。军委系统的农林牧渔业生产(除军马饲养外)也包括在内，但不包括农业科学试验机构进行的农业生产。

农作物播种面积 指实际播种或移植有农作物的面积。凡是实际种植有农作物的面积，不论种植在耕地上还是种植在非耕地上，均包括在农作物播种面积中。在播种季节基本结束后，因遭灾而重新改种和补种的农作物面积，也包括在内。

有效灌溉面积 指具有一定的水源，地块比较平整，灌溉工程或设备已经配套，在一般年景下当年能够进行正常灌溉的耕地面积。

设施农业 指以工厂化生产方式，建造人工设施，改变气候条件，提高农作物抵御自然灾害的能力，改良生物特性，使作物实现错季或反季节生产，达到农作物均衡生产的目的。

农业机械总动力 指主要用于农、林、牧、渔业的各种动力机械的动力总和。包括耕作机械、排灌机械、收获机械、农用运输机械、植物保护机械、牧业机械、渔业机械和其他农用机械[内燃机按引擎马力折成瓦（特）计算，电动机按功率折成瓦（特）计算]。不包括专门用于乡、镇、村、组办工业、基本建设、非农业运输、科学实验和教学等非农业生产方面用的动力机械与作业机械。

农村用电量 指本年度内，扣除在农村中的国有经济工业交通、基建等单位的用电量以后的农村生产和生活的全年用电总量（计量单位千瓦小时，按全年累计数统计），包括国家电网供电及农村自办电站供电量。

农用化肥施用量 指本年度内实际用于农业生产的化学肥料数量，包括氮肥、磷肥、钾肥和复合肥。施用量要求按折纯量计算数量，即各类化学肥料的实际施用数量按其含氮、含五氧化二磷、含氧化钾的比例折成百分之百计算。

乡镇及行政村户数 指长期（一年以上）居住在乡镇（不包括城关镇）行政管理区域内的住户，还包括居住在城关镇所辖行政村范围内的农村住户。户口不在本地而在本地居住一年及以上的住户也包括在本地农村住户内；有本地户口，但举家外出谋生一年以上的住户，无论是否保留承包耕地都不包括在本地农村住户范围内。不包括乡村地区内的国有经济的机关、团体、学校、企业、事业单位的集体户及集中连片的商品住宅小区居民户。

乡镇及行政村人口 指乡村地区常住居民户数中的常住人口数，即经常在家或在家居住6个月以上，而且经济和生活与本户连成一体的人口。外出从业人员在外居住时间虽然在6个月以上，但收入主要带回家庭中，经济与本户连为一体，仍视为家庭常住人口；在家居住，生活和本户连成一体的国家职工、退休人员也为家庭常住人口。现役军人、中专及以上（走读生除外）的在校学生、常年在外（不包括探亲、看病等）且已有稳定的职业与居住场所的外出从业人员，不应当作家庭常住人口。

乡镇及行政村从业人员 指全部乡镇及行政村人口中16岁以上实际参加生产经营活动并取得实物或货币收入的人员，既包括劳动年龄内经常参加劳动的人员，也包括超过劳动年龄（男16—60岁；女16—55岁）但经常参加劳动的人员。不包括户口在家的在外学生、现役军人和丧失劳动能力的人，也不包括待业人员和家务劳动者。从业人员按从事主业时间最长（时间相同按收入）分为农业从业人员、工业从业人员、建筑业从业人员、交运仓储及邮电通讯业从业人员、批零贸易及餐饮业从业人员、其它从业人员。

（八）工　业

工业总产值 指工业企业在报告期内生产的以货币形式表现的工业最终产品和提供工业劳务活动的总价值量。包括在本企业内不再进行加工，经检验、包装入库（规定不需包装的产品除外）的成品价值，对外加工费收入，自制半成品、在产品期末期初差额价值。工业总产值采用"工厂法"计算，即以工业企业作为一个整体，按企业生产活动的最终成果来计算，企业内部不允许重复计算，不能把企业内部各个车间（分厂）生产的成果相加。但在企业之间、行业之间、地区之间存在着重复计算。

轻工业 指主要提供生活消费品和制作手工工具的工业。按其所使用的原料不同，可分为两大类：（1）以农业为原料的轻工业：指直接或间接以农产品为基本原料的轻工业，主要包括食品制造、饮料制造、烟草加工、纺织、缝纫、皮革和毛皮制作、造纸以及印刷等工业。（2）以非农产品为原料的轻工业：指以工业品为原料的轻工业，主要包括文教体育用品、化学药品制造、合成纤维制造、日用化学制品、日用玻璃制品、日用金属制品、手工工具制造、医疗器械制造、文化和办公用机械制造等工业。

重工业 指为国民经济各部门提供物质技术基础的主要生产资料的工业。按其生产性质和产品用途，可以分为下列三类：（1）采掘（伐）工业：指对自然资源的开采，包括石油开采、煤炭开采、金属矿开采、非金属矿开采和木材采伐等工业。（2）原材料工业：指向国民经济各部门提供基本材料、动力和燃料的工业，包括金属冶炼及加工、炼焦及焦炭化学、化工原料、水泥、人造板以及电力、石油和煤炭加工等工业。（3）加工工业：指对工业原材料进行再加工制造的工业，包括装备国民经济各部门的机械设备制造工业、金属结构、水泥制品等工业，以及为农业提供的生产资料如化肥、农药等工业。

工业销售产值 指以货币形式表现的，工业企业在报告期内销售的本企业生产的工业产品或提供工业性劳务价值的总价值量。包括企业在报告期内实际销售（包括本期生产和非本期生产）的全部成品、半成品的总价值，报告期内完成的对外承接的工业品加工的加工费收入，对外工业品修理作业可获取的加工费收入和对内非工业部门提供的加工修理、设备安装等收入。已销售的成品、半成品不论是本期生产的、还是非本期生产的，只要是本期销售出去的均包括在内。企业为本单位基本建设部门、生活福利部门等提供的产品和工业性作业及自制设备也应视同销售，这部分也应作为销售统计。

资产总计 指企业拥有或控制的能以货币计量的经济资源，包括各种财产、债权和其他权利。资产按其流动性（即资产的变现能力和支付能力）划分为流动资产、长期投资、固定资产、无形资产、递延资产和其他资产。

负债合计 指企业所承担的能以货币计量，将以资产或劳务偿付的债务，偿还形式包括货币、资产或提供劳务。

所有者权益 指所有者在企业资产中享有的经济利益，它等于企业资产减去负债后的余额。包括实收资本（或股本）、资本公积、盈余公积和未分配利润等。

主营业务收入 指企业经营主要业务所取得的收入总额。

利润总额 指企业在生产经营过程中各种收入扣除各种耗费后的盈余，反映企业在报告期内实现的亏盈总额，包括营业利润、补贴收入、投资净收益和营业外收支净额。

应交增值税 指企业按税法规定，从事货物销售或提供加工、修理修配劳务等增加货物价值的活动本期应交纳的税金。

（九）商　　业

社会消费品零售额 指企业（单位、个体户）通过交易直接售给个人、社会集团非生产、非经营用的实物商品金额，以及提供餐饮服务所取得的收入金额。个人包括城乡居民和入境人员，社会集团包括机关、社会团体、部队、学校、企事业单位、居委会或村委会等。

批发和零售业单位 指在流通环节从事商品批发活动和零售活动的单位。

餐饮业企业 指在一定场所，专门从事对食物进行现场烹饪、调制，并出售给顾客主要供现场消费服务活动的企业。如各种饭馆、中西餐厅、酒馆、茶馆和火车餐车、车站食堂、飞机场餐厅等。

住宿业企业 指有偿为顾客提供临时住宿服务活动的单位。如旅游饭店、宾馆、酒店和旅馆、旅店等。

（十）对外贸易

进出口总额 海关进出口总额指实际进、出我国海关并能引起我国境内物质资源增加或减少的进出口货物总金额。包括我国境内法人和其他组织以一般贸易、易货贸易、加工贸易、补偿贸易、寄售代销贸易等方式进出口的货物、租赁期一年及以上的租赁进出口货物、边境小额贸易货物、国际援助物资或捐赠品、保税区和保税仓库进出口货物等的金额合计。进出口总额用以观察一个国家在对外贸易方面的总规模。我国规定出口货物按离岸价格统计，进口货物按到岸价格统计。

实际使用外商直接投资额 指批准的合同外资金额的实际执行数，外国投资者根据批准外商投资企业的合同（章程）的规定实际缴付的出资额和企业投资总额内外国投资者以自己的境外自有资金实际直接向企业提供的贷款。

（十一）旅　　游

入境旅游者　指来中国（大陆）观光、度假、探亲访友、就医疗养、购物、参加会议或从事经济、文化、体育、宗教活动，且在中国（大陆）的旅游住宿设施内至少停留一夜的外国人、港澳台同胞等游客。入境旅游者不包括以下人员：（1）应邀来华访问的政府部长以上官员及其随行人员；（2）外国驻华使领馆官员、外交人员以及随行的家庭服务人员和受赡养者；（3）常住我国一年以上的外国专家、留学生、记者、商务机构人员等；（4）乘坐国际航班过境不需要通过护照检查进入我国口岸的中转旅客；（5）边境地区往来的边民；（6）回大陆定居的港澳台同胞。

（十二）价格指数

居民消费价格指数　是度量消费商品及服务项目价格水平随着时间而变动的相对数，反映居民家庭购买的消费品及服务价格水平的变动情况。居民消费价格指数变动率通常被用来作为反映通货膨胀（或紧缩）程度的指标。

工业品出厂价格指数　是反映全部工业产品出厂价格总水平变动程度的相对数。包括工业企业售给商业、外贸、物资部门的产品，还包括售给工业和其他部门的生产资料及直接售给居民的生活消费品。通过工业生产价格指数观察工业产品出厂价格变动对工业总产值的影响。

原材料、燃料、动力购进价格指数　是反映全部工业原材料、燃料、动力购进价格总水平变动程度的相对数。用其可以观察和研究工业企业原材料价格变动对生产的影响，以及企业对原材料涨价的消化能力和承受能力，为制定价格政策提供依据。

（十三）城乡居民收支

城镇居民可支配收入　指调查户可用于最终消费支出和其他非义务性支出以及储蓄的总和，即居民家庭可以用来自由支配的收入。它是家庭总收入扣除交纳的个人所得税、个人交纳的社会保障支出以及调查户的记账补贴后的收入。

城镇居民消费性支出　指调查户用于满足家庭日常生活消费需要的全部支出，包括食品、衣着、居住、家庭设备用品及服务、医疗保健、交通和通信、教育文化娱乐服务、其他商品和服务等八大类；包括用于赠送的商品或服务。消费性支出构成是按照商品或服务的用途进行分类，如果消费支出的目的与用途不一致时，必须按照用途归入相应类内。

农村居民纯收入　指农村住户当年从各个来源得到的总收入相应地扣除所发生的费用后的收入总和。纯收入主要用于再生产投入和当年生活消费支出，也可用于储蓄和各种非义务性支出。“农民人均纯收入”是按人口平均的纯收入水平，反映的是一个地区或一个农户农村居民的平均收入水平。

农村居民家庭生活消费支出　指农村住户用于物质生活和精神生活方面的支出。包括食品、衣着、居住、家庭设备用品及服务、医疗保健、交通和通讯、文化教育娱乐用品及服务、其他商品和服务等消费支出。

（十四）教　　育

毕业生数　指上学年度内，具有学籍的学生学完教学计划规定的全部课程，考试及格，取得毕业证书，实际毕业的学生数。不包括结业生和肄业生数。

招生数　指新学年开始时，按照国家计划实际招收入学的新生数。不包括留级生和复读学生数。

在校学生数　指学年初开学以后，具有学籍的注册学生数。

教职工数　指在学校(机构)工作并由学校(机构)支付工资的教职工人数。教职工数包括校本部教职工、科研机构人员、校办企业职工、其他附设机构人员。

专任教师　指主要从事教育工作的人员。包括临时（一年以内）调去帮助做其他工作的教学人员。不包括调离教学岗位，担任行政领导工作或其他工作的原教学人员；不包括兼任教师和代课教师。

（十五）文化、科技

公共图书馆藏书　指各级文化部门举办的面向社会服务的独立的图书馆（不包括文化馆的图书室，也不包括文化系统以外的图书馆藏书）数量。

广播综合覆盖率　根据国家广电总局制定的《广播电视人口覆盖率统计技术标准和方法》进行统计调查的，在对象区内能接收到广播节目的覆盖人口数占本行政区域内人口总数的比率。

电视综合覆盖率　根据国家广电总局制定的《广播电视人口覆盖率统计技术标准和方法》进行统计调查的，在对象区内能接收到电视节目的人口数占本行政区域内人口总数的比率，包括中央、省、地市、县电视节目综合覆盖人口。

专利　是专利权的简称，是对发明人的发明创造经审查合格后，由专利局依据专利法授予发明人和设计人对该项发明创造享有的专有权。包括发明、实用新型和外观设计。

发明　指专利法及其实施细则所称的发明，指对产品、方法或者改进所提出的新的技术方案。

实用新型　指专利法及其实施细则所称的实用新型，指对产品的形状、构造或者其结合所提出的适于实用的新的技术方案。

外观设计　指专利法及其实施细则所称的外观设计，指对产品的形状、图案、色彩或者其结合所做出的富有美感并适于工业上应用的新设计。

（十六）卫生、体育

卫生机构　指从卫生行政部门取得《医疗机构执业许可证》，或从民政、工商行政、机构编制管理部门取得法人单位登记证书，为社会提供医疗保健、疾病控制、卫生监督服务或从事医学科研和教育等工作的单位。

卫生技术人员　指由卫生机构支付工资的全部固定职工和合同制职工中现任职务为卫生技术工作的专业人员，不包括从事管理工作的人员。

执业医师和注册护士　指领取医师执业证书和注册护士证书的人员，不包括从事管理工作的医师和护士。与2002年以前年鉴中的医生和护（师）士口径基本相同。

体育场地　指专门用于体育训练、比赛和健身活动的，有一定投资的公益性或经营性体育建筑设施。

（十七）社会福利

优抚对象　依照法律和政策的规定，享受国家、社会和群众抚恤优待的人员，包括中国人民解放军（包括中国人民武装警察部队）现役军人、革命伤残人员、复员退伍军人、革命烈士家属、因公牺牲军人家属、病故军人家属、现役军人家属。

社会救济对象总人数　指在报告期末生活在当地规定的最低生活保障线以下的家庭人员及国家规定由民政部门救济的特殊人员和60年代精简退职老职工救济人员等。

城市居民最低生活保障人数　指报告期末家庭平均收入在当地规定的最低生活保障线以下的城镇居民数。包括“三无”对象、失业人员和在职、下岗、退休人员等。

农村最低生活保障人数　指报告期末在建立农村最低生活保障制度的地区，得到当地政府或集体给予最低生活保障的农业人口家庭人数。

城镇社区服务设施数　指报告期末城镇(街道办事处、居委会）设立的以非盈利为目的，为本社区居民服务，特别是为老年人、残疾人、儿童服务的社区服务中心、活动站、服务站、养老院、老年公寓（托老所）、残疾人工疗站、残疾儿童日托所、家务服务站、婚姻介绍所等福利性设施以及职工社会保险管理服务的机构数。几种不同类型的社区服务单位，共用一个场所的，只能统计为一个社区服务设施。成为社区服务设施的条件：(1)是独立核算单位；(2)有固定的从业人员；(3)有一定的服务项目；(4)有一定的服务场所。